❻ 閉塞感

例　**現代人の多くが時代の閉塞感の中で生きている。**

「閉塞」とは、〈閉じてふさがること〉という意味。「閉塞感」は、〈その場から出られない感じや、外から新しいものが入ってくることを期待できない感じ〉を表す。

❼ 有機的

例　**環境を守るためには、企業と行政、そして地[illegible]民団体が有機的な結びつきをもつことが望まし[illegible]**

〈有機体のように多くの部分が集まって一つの全体[illegible]成され、それぞれの部分の間には密接な関係があり、[illegible]分と全体との関係が保たれている様子〉を表す。それ[illegible]れの部分に〈血を通わせる〉、それぞれの部分同士を〈[illegible]味をもったつながりにする〉などの意味で用いられる。

❽ 周知のように

例　**周知のように、環境問題は地球的規模の差し迫った課題である。**

〈広く知れ渡っているように〉という意味。〈私がこれから述べることは、すでに広く確認されていることですが〉という意味で、非常に便利な表現である。

なお、これを「承知のように」と混同する場合があるが、「承知」は話し言葉において「皆さんご承知のように」とか「承知しました」などと〈わかる〉といった意味で使われる言葉であり、小論文の中ではあまり使わない表現である。

❾ 能動態と受動態の使い分け

例　**彼の決断を尊重する**
　　彼の決断が尊重される

[illegible]ことを言う場合でも、能動態にするか受動態にす[illegible]によって、二通りの言い方ができる。両者を意識的[illegible]けることで、文章の単調さを破るのにも便利で[illegible]だし、能動態で書くつもりが受動態で書いてし[illegible]あるいはその逆も起こるので注意したい。

[illegible]「には」の使い分け

例　**現代社会は、さまざまな環境問題を抱えている。**
　　現代社会には、さまざまな環境問題がある。

両者の違いをしいて言えば、前の文は翻訳調で、あとの方が和文調ということになろう。なお、格助詞の「に」は場所や対象を意味するので、「に」に対応する文末が必要になる。意識的に使い分けることで、表現の幅を広げ、単調な文章を避けることができる。

Z-KAI

羽場　雅希 著　Z会編集部 編

SMART STEP

スマートステップ

小論文

学習法・表現スキルからはじめる小論文入門

はしがき

昨今の社会を見渡せば、あらゆるものが目覚ましい進歩を遂げており、私たちの身の回りには生活を便利に、豊かにしてくれるものがあふれています。しかし、その一方で「社会的課題」にも直面しています。

たとえば、経済的格差や環境問題には、長年多くの専門家たちが取り組んできましたが、いまだに解決していないのです。さらに、社会の情報化やグローバル化、人工知能の発達、少子高齢化、国際情勢などにも考慮する必要があり、私たちの生きる現代は、将来が予測できない時代だといえるでしょう。

こうした社会時代の状況に呼応するように、大学入試においても「思考力」が重視される傾向が強くなってきています。中でも小論文という試験形態は、大学入試にとどまらず、大学入学以後の学問や経済活動、さらには私たちが生きていく上で折に触れて必要とされる力を測る試験といえましょう。小論文の学習を通して、これからの時代を生き抜くための基礎とも呼べる力を身につけていってもらいたいと考えています。

本書は、そんな小論文学習の第一歩を踏み出そうとするみなさんが、三つのステップで小論文に必要な力を効果的に習得していけるように構成しました。

第1章の「学習法編」では、そもそも小論文とはどのようなものか、どのような点に意識を向けながら学習をしていくことが必要なのかを、具体的な学習方法・手順とともに学びます。第2章の「表現スキル編」では、小論文を実際に書く際のプロセスを細分化して、それぞれの段階で要求されるスキルを身につけていきます。第3章の「問題演習編」では、五つのパターンの小論文問題と志望理由書についての演習を通して本書で身につけた表現スキルを定着させていきます。

ぜひ、本書の学習を通して小論文という科目と正面から向き合いながら、一段上の思考力・表現力を手に入れてもらいたいと願っています。本書が、小論文学習の第一歩を踏み出すみなさんの助けになれば幸いです。

羽場雅希・Z会編集部

目次

第3章 問題演習編

本書の構成と利用法

第1章 学習法編 第1節～第6節 本書p11～72

小論文全般の学習のはじめ方から説明しています。各節にある の項目ごとに読んで、自分の学習法を組み立てましょう。**第2節**では、自己分析フローチャートを設けています。フローチャートのタイプ別に、**第1章**で優先的に読むべき節を示しています。

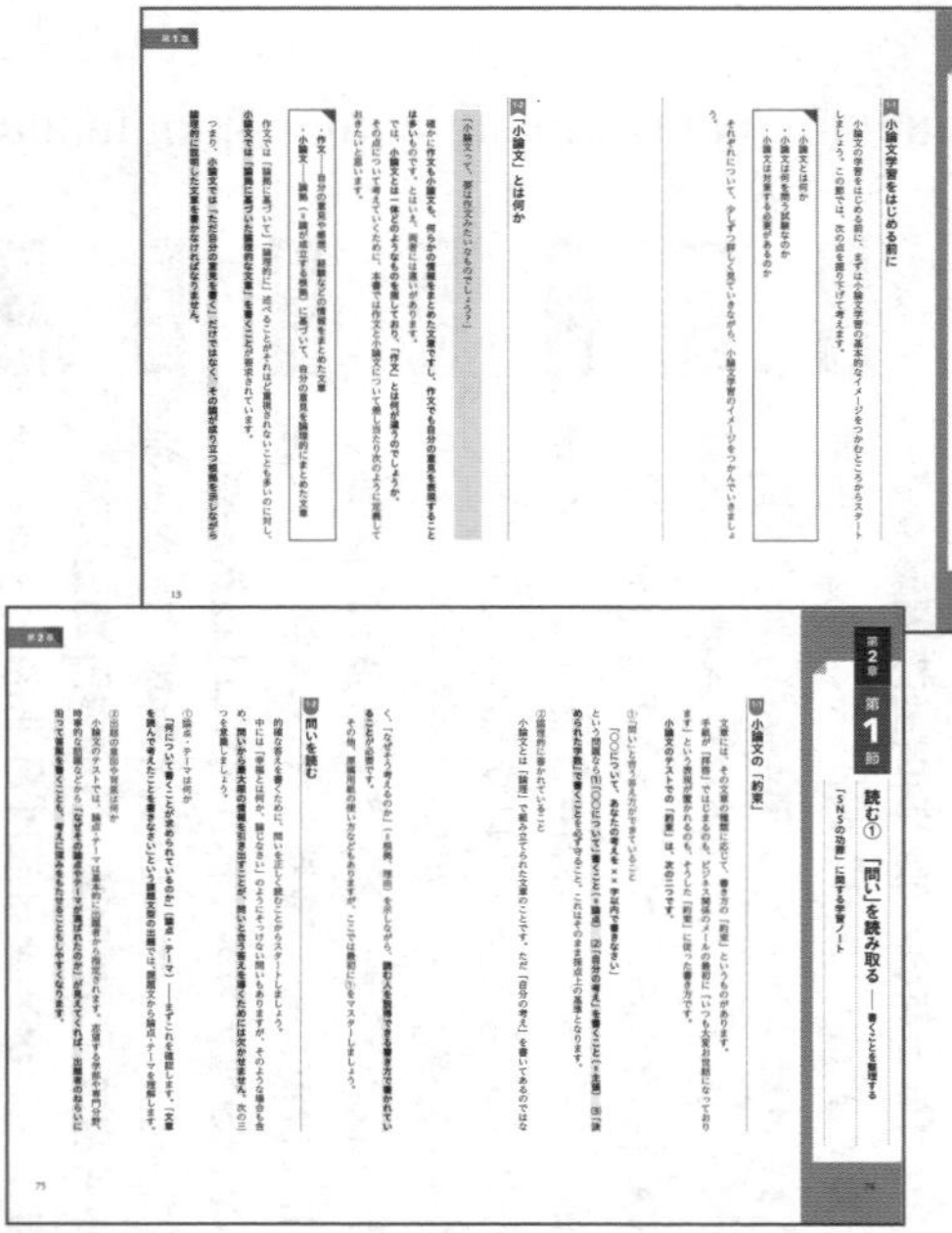

第2章 表現スキル編 第1節～第12節 本書p73～170

表現スキル解説・短文演習

表現スキルを説明しています。各節にある の項目ごとに読んだあと、短文演習で表現スキルを習得します。

①解答時間・得点…解答時間は目標時間です。時間を意識して解答しましょう。得点は10点満点になります。

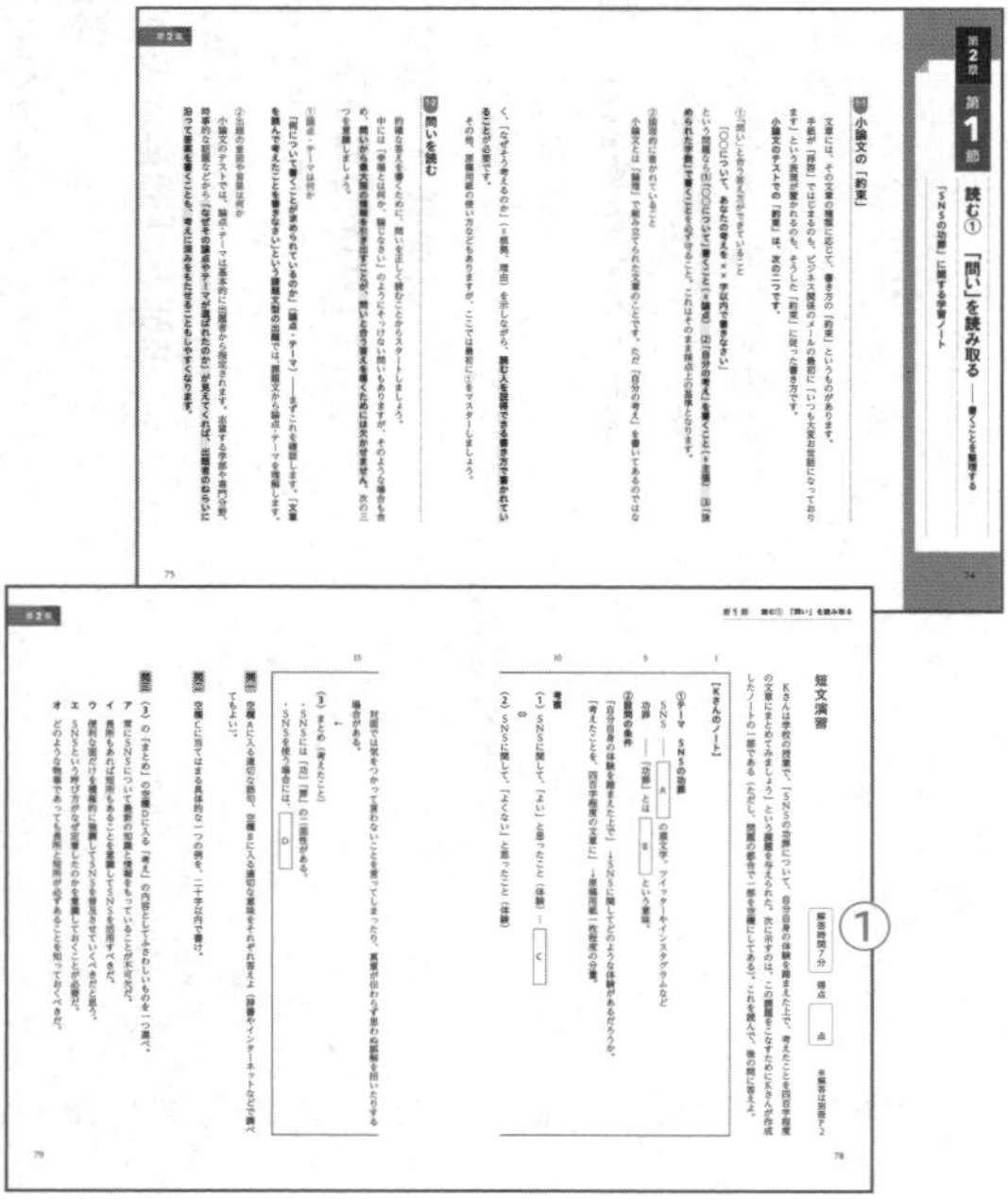

第3章 問題演習編 第1節～第6節 本書p171～238

事前解説・問題演習

各節にある▼の項目ごとに読んだあと、問題演習に取り組みましょう。あらゆる形式の小論文試験～志望理由書対策の基礎力を養います。解答には巻末の解答用紙・構成メモシートを適宜コピーして利用するとよいでしょう。

②**解答時間・自己評価**…解答時間は目標時間です。時間を意識して解答しましょう。自己評価は別冊の解答・解説にある評価基準（ⓐ～項目）ごとに○・△・×を記入します。

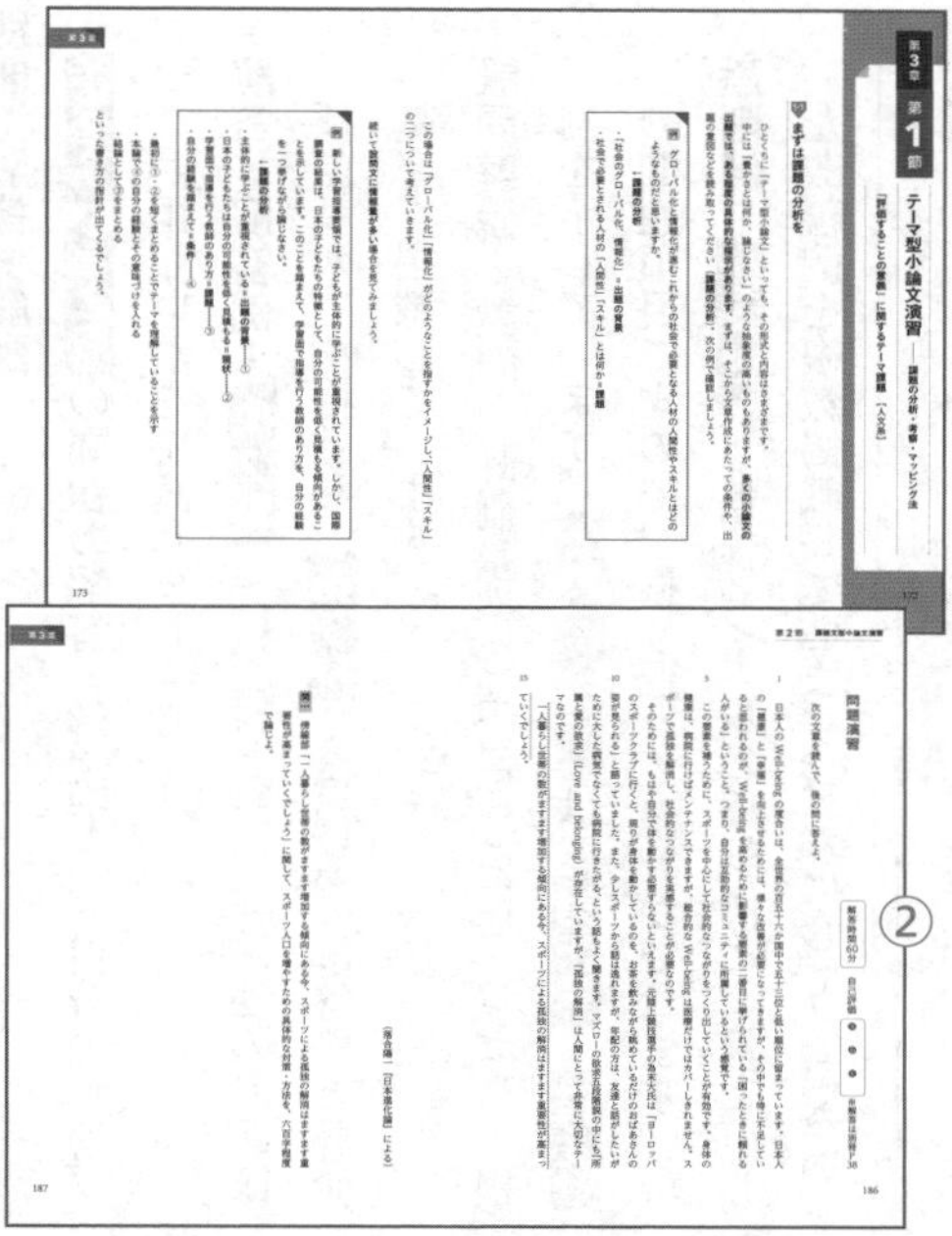

問題チェック

第2章・**第3章**の問題のあとに掲載されています。問題を解いたあとに、文章や資料などを正確に読めているかを確認します。

③**問題チェック**…課題文・設問を再掲し、問題の構造や流れ、解答のヒントを示しています。

④☑**考え方**…読解のポイントを示しています。

▭…設問を解く上で根拠となる箇所です。

▭…設問を解く上で注意したい箇所です。

問…各設問の解答を導く上で着目すべき箇所です。

↓…論理展開を示します。

＝…同義の関係を示します。

⇕…対比・逆の関係を示します。

⑤**100字要約・構成メモ例**…文章問題で要約が課されないものには、100字要約を掲載しています。**第3章**には構成メモを掲載していますので、参考にしてください。

⑥**出典**…作者・出典などの解説をしています。

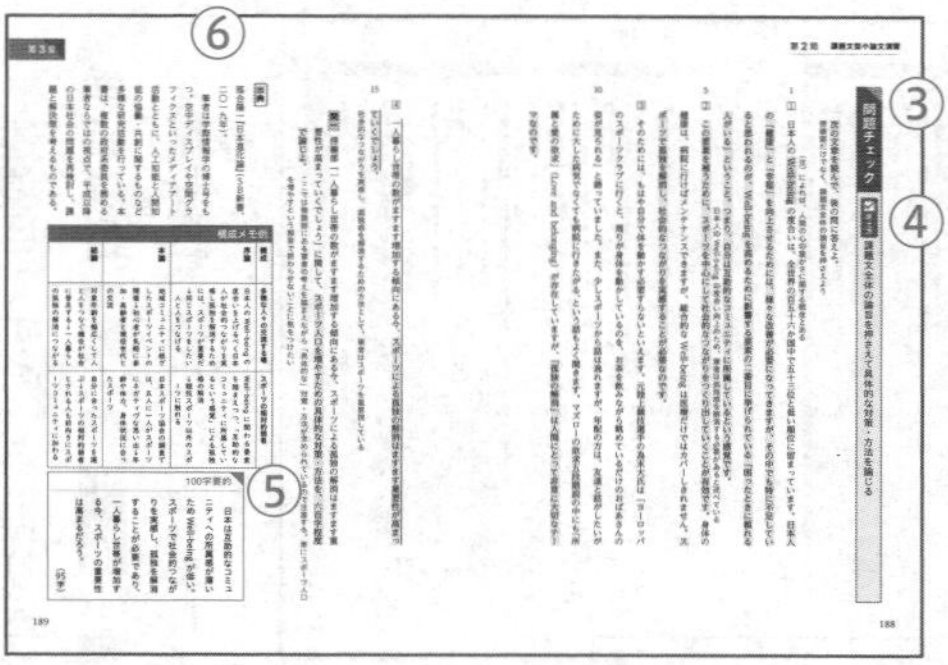

別冊：解答・解説

第2章・第3章の問題の解答・解説です。自分の解答プロセスが正しいかを確認しましょう。

①**解答・解答例**…第2章では解答と配点（論述の問題は採点基準）を掲載し、第3章では複数の解答例と評価基準を掲載しています。

②**設問解説**…設問や評価基準の項目ごとにプロセス・根拠を示しています。・・は、第1章～第3章の関連項目ですので、振り返って確認ができます。

③**添削例**…第3章ではオリジナルの添削例と、書き直した改善例を複数掲載しています。参考にしてください。

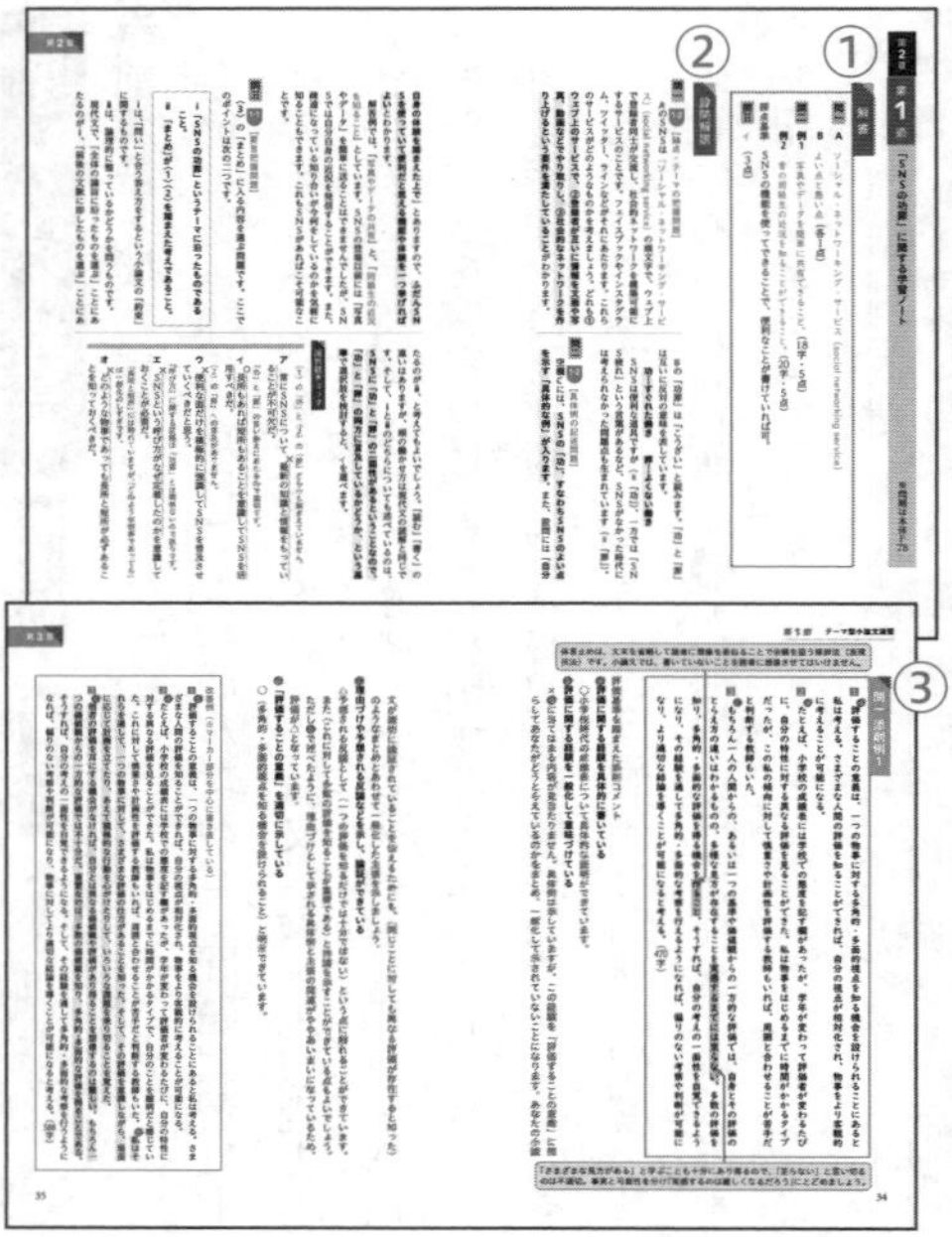

別冊：付録

④**学習チェックシート**…学習記録・問題の得点・評価を記録するものです。自分の得意・不得意を確認しましょう。各設問の・・は、第1章～第3章の関連項目ですので、振り返って確認ができます。

⑤**学習項目一覧**…第1章～第3章の学習項目一覧です。振り返る際に活用しましょう。

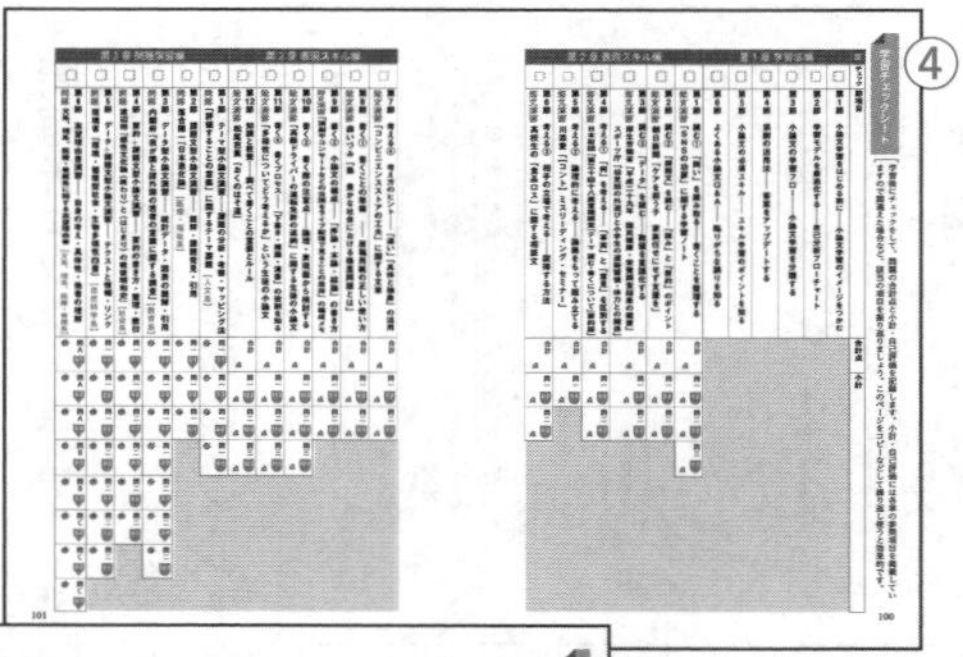

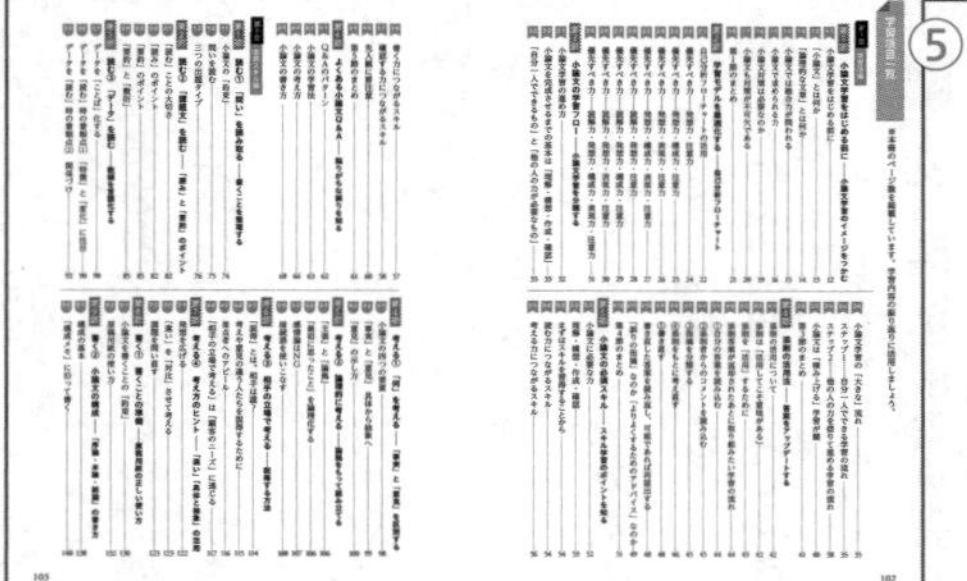

ステップ1 第1章 学習法編 の利用法

小論文の学習をはじめるための心構えや学習を進める上での注意点・手順から説明しています。すべての節を読む、あるいは、第2節のフローチャートを踏まえて読む節を選ぶなど、各自のペースで読み進めてください。

フローチャートを活用した場合、優先的に読むべき節を読み終えたあとで余裕があれば、残りの節にも目を通しましょう。

ステップ2 第2章 表現スキル編 の利用法

第1章を読み終えたら、第2章→第3章の順に進んでください。第2章は次の流れで取り組むとよいでしょう。

①表現スキル解説を読み込む
②短文演習に取り組む
③解答と答え合わせ→確認

①表現スキル解説を読み込む

各節の最初に書かれている表現スキル解説を読み込みましょう。小論文の答案を仕上げていくために必要な各段階で求められているスキルをきちんと理解します。

②短文演習に取り組む

表現スキル解説で読み取ったことを踏まえて短文演習に取り組みます。理解したスキルを意識しながら実際に解いてみましょう。

③答え合わせ→確認

答え合わせをしたあと、まずは次ページにある問題チェックのページを見ながら、**問題を解く上で必要なプロセスを踏むことができたか**を確認します。また、**その節で扱われていた表現スキルの中で見落としていたものがあったら、もう一度表現スキル解説のページに戻ってください。**

設問については別冊の解説を見ながら、「自分の考え方は正しかったか」「表現スキルを適切に活用できたか」を確認しましょう。

第2章の内容が身についたという実感がもてるまで、第2章に繰り返し取り組んでください。そのあとで第3章に進みます。

ステップ3 第3章 問題演習編 の利用法

第3章は次の流れで取り組むとよいでしょう。

> ①各節はじめの解説ページを読み込む
> ②問題演習に取り組む
> ③解答例・添削例を確認する
> ④自分の解答を添削してみる／添削してもらう
> ⑤知識を確認する

①各節はじめの解説ページを読み込む

各節の初めに、その節で扱う問題形式に向き合うためのポイントを解説しています。丁寧に読み込み、意識すべきポイントを理解しましょう。

②問題演習に取り組む

これまでに学習したポイントを意識しながら、自力で問題を解きます。どうしても解けないという場合、あとのページにある「問題チェック」の内容や「構成メモ例」をヒントに考えてみても構いません。

③解答例・添削例を確認する

まずは、あとのページにある問題チェックを見ながら、**意識すべきポイントに着目できたか**を確認します。そのあとに別冊の解答例・設問解説・添削例を熟読しましょう。設問解説でその問題の鍵になる考え方を扱った箇所を・・で示しています。**その考え方を意識できていなかった場合、もう一度その節の箇所に戻って確認してください**。

④自分の解答を添削してみる／添削してもらう

「問題チェック」や別冊の解説・添削例を参考に、自分なりに添削するつもりで自分の解答を読み直してみましょう。その際、解答例の中に掲載されている「評価基準」を参照しながら、自分の答案がその評価基準をきちんと満たしているか、確認するようにしてください。

添削をお願いできる人がいる場合、添削してもらうのもよいでしょう。添削の活用法については、第1章の第4節を参考にしてください。

⑤知識を確認する

課題文、解答例や解説などで気になった内容やわからない事項・表現は調べましょう。調べ方は第2章の第12節を参考にしてください。

第1章 学習法編

ステップ 1

第1章 第1節

小論文学習をはじめる前に

――小論文学習のイメージをつかむ

1-1 小論文学習をはじめる前に

小論文の学習をはじめる前に、まずは小論文学習の基本的なイメージをつかむところからスタートしましょう。この節では、次の点を掘り下げて考えます。

- 小論文とは何か
- 小論文は何を問う試験なのか
- 小論文は対策する必要があるのか

それぞれについて、少しずつ詳しく見ていきながら、小論文学習のイメージをつかんでいきましょう。

1-2
「小論文」とは何か

「小論文って、要は作文みたいなものでしょう?」

確かに**作文も小論文も、何らかの情報をまとめた文章ですし、作文でも自分の意見を表現することは多い**ものです。とはいえ、両者には違いがあります。

では、**小論文とは一体どのようなものを指しており、「作文」とは何が違うのでしょうか。**

その点について考えていくために、本書では作文と小論文について差し当たり次のように定義しておきたいと思います。

- **作文**……自分の意見や感想、経験などの情報をまとめた文章
- **小論文**……論拠(＝論が成立する根拠)に基づいて、自分の意見を論理的にまとめた文章

作文では「論拠に基づいて」「論理的に」述べることがそれほど重視されないことも多いのに対し、**小論文では「論拠に基づいた論理的な文章」を書くこと**が要求されています。

つまり、**小論文では「ただ自分の意見を書く」だけではなく、その論が成り立つ根拠を示しながら論理的に説明した文章を書かなければなりません。**

1-3 「論理的な文章」とは何か

では、ここで言う「論理的な文章」とはどのようなものなのでしょうか。

それは、**主張が筋道立てて書かれている文章**のこと。もう少し詳しく言い換えるなら、

読み手が、そこに書かれている通りに読み進めていけば納得できる文章のことを指します。

たとえば、

> 風邪を引いてしまった。おかげで、普段よりも元気になった。

と言われると、「どういうことだ?」と感じるでしょう。「**風邪を引いたこと**」と「**普段よりも元気になったこと**」**との間につながりが見出せない**からです。もう少しわかりやすくしてみましょう。

> 風邪を引いてしまった。しかし、しっかり休んだおかげで、普段よりも元気になった。

作文であれば、このくらいの説明でよいかもしれません。ですが、**読み手が納得できる論理的文章にするためには、より具体的な論拠を示したい**ところです。

風邪を引いてしまったので、三日間ずっと寝ていた。最近はずっと睡眠不足が続いて疲れていたのだが、この機会にしっかり睡眠を取れたおかげで、普段より元気になったように感じた。

こう書かれていたらどうでしょうか。

風邪を引いた↓三日間寝ていた↓睡眠不足が解消された↓普段より元気になった

というつながり（論理）がはっきりしており、納得のいく文章になっているはずです。

この例はあくまで個人な経験について述べたものですが、小論文でも考え方は同様です。小論文を書く際は、このように**具体的な「論拠」を示しながら自分の論を筋道立ててつないでいく**、「論理的な文章」を書くことを目指しましょう。

1-4 小論文では総合力が問われる

ところで、なぜ小論文が出題されるのでしょうか。小論文でどんな力が測れるのでしょう。

小論文では**資料や課題文、設問を理解し、自分の論を組み立て、読者に対して説得力のある論理的な文章で表現する**ことが要求されます。**その際に必要となるのが、広い意味での読解力や基礎知識、**

分析力、論理的な思考力、そして適切な表現力などです。

これらの力は、**学問を修める上での基礎になる力**と言えるでしょう。もちろん、大学入試で課されている英語や現代文、数学……などの各科目でも、こうした力を細分化された形で測っていますが、**小論文ではこうした「学問の基礎になる力」を総合的に測っている**というわけです。

1-5 小論文で求められる力

小論文で求められる、学問の基礎となる力。それは次の五つです。

①読解力……課題文や資料、設問などを正確に読み取り分析する、広い意味での読解力
②発想力……①に基づいて書くべき内容を考える力
③構成力……論理的に考えたり、自由な発想で思いついた内容を論理的に組み立てたりする力
④表現力……考えていることを文章で正確に表現する力
⑤注意力……自分の文章を確認し、誤りを防ぐ力

詳しくは**第5節**で解説しますが、ここでは概要を紹介しておきましょう。

①読解力

小論文では通常、課題文やグラフ・統計データなどの資料、設問が与えられており、それらに基づいて答案を書き上げていかなければなりません。

当然、**「課題文を読み取る力」「資料を読み取る力」「問いを読み取る力」**、そしてそれらを**「分析する力」**といった、広い意味での「読解力」が要求されます。

②発想力

先に述べた通り、小論文では**「論理的」に書く**ことが求められます。

とはいえ、それは「書き方」を練習し、習得すればそれでよいというわけではありません。どんなに上手に文章を書けたとしても内容が不十分であれば、その答案の評価は高くないでしょう。

「何を書くか」を考える力をつけていかなければなりません。

③構成力

論理的な文章を書くためには、普段から**論理的に物事を考える力**を養うことも必要です。

もちろん、「論理的な考え方をしたわけではないけれど、とてもよいアイディアが浮かんだ」ということもあるでしょう。とはいえ、**それを「思いついたまま」に表現するなら、「論理的な文章」からは程遠いものになってしまいかねません。**

したがって、**思いついたことを論理的な文章へとつなげていく**ために**「論理的に組み立てる力」**を身につけていくことが欠かせません。

④表現力

小論文の試験においては、どんなによいことを思いつき、どれだけ論理的に考えられていたとしても、最終的にそれがきちんと答案で表現されていなければ評価されません。

そこで、**自分の考えたことを文章で正確に表現し、かつ、読み手が納得できるよう論理的に内容を練り上げていくための技術を身につける**ことが重要です。

⑤注意力

最後に、忘れてはならないのが「**注意力**」、すなわち、**自分の答案の誤りや違和感に気づき、修正する力**のことだと思ってください。

文章というのは「それなりに書けていればよい」というものではありません。できるだけ誤りのない正確なものにしなければ、自分の真意が読み手に伝わらない可能性すらあります。

答案を書き上げたら、答案の最初から最後まで自分で読み直します。事実に反する内容はないか、誤解されかねない表現をしていないか、誤字や脱字はないかなど、さまざまな点を確認し、誤りに気づいたら修正する力をつけておきましょう。

そうすることで、より説得力のある文章を書くことができるでしょう。

1-6 小論文対策は必要なのか

小論文の試験を対策する人の中には、

「普段から文章は書いているし、対策しなくてもよいのでは」

と思っている人もいるかもしれません。

確かに、小論文対策をしなくても完成度の高い答案を作れる人は一定数います。しかし、**多くの人にとって、小論文は対策をしていく必要がある科目です。**

なぜそう言えるのか、考察してみましょう。

①「とりあえず書いてみる」と案外書けない／論理的な文章にならない

あなたは、あるテーマについて「論理的な文章を書け」と言われて、いきなり**完璧な文章を指定された長さで書くことができますか？** 多くの場合、**何を書けばよいのかわからなかったり、途中で論理的なつながりに欠ける文章になってしまったりする**ものです。

②小論文の試験には時間制約がある

小論文に限らず、試験には制限時間が存在します。

時間が無制限に与えられているなら納得のいく文章が書けるかもしれませんが、実際には**決められた制限時間の中で内容を考え、文章にして答案を作成しなければならない**のです。

このように**限られた時間の中で、指示通りの長さの文章をきちんと書き上げるためには訓練が必要です**。

③出題されるのが自分の得意分野とは限らない

「自分の得意分野ならいくらでも文章が書ける」という人もいるでしょう。

しかし、**小論文で出題されるテーマは必ずしも自分の得意分野とは限らず、自分にとっては縁がないと感じられるテーマが出題されることも少なくありません**。

テーマとして与えられている分野のことを**まったく知らない状態や、誤った知識や偏見をもった状態では、論理的で説得力のある文章を書くことはできません。日頃から幅広い分野にアンテナを張り、知識と教養を身につけることが必要**です。

1-7 小論文も対策が不可欠である

こうしたことを考えてみるだけでも、少なくともある程度は「小論文の対策」が必要なのは理解できるでしょう。**小論文も他の科目を学習する場合と同じように、知識をつけ、考え方を学び、答案を作成する訓練をしていく必要がある**のです。

1-8

第1節のまとめ

□ **小論文が「作文」とは異なるものであることを理解する。**

論拠や、論理的であるかどうかがそれほど重視されない「作文」に対して、小論文は「論拠に基づいて論理的な文章を書く」ものであると理解する。

□ **「論理的な文章」とは筋道立った文章であると理解する。**

小論文で求められている文章が「読み手が、そこに書かれている通りに読み進めていけば納得できる文章」であると理解する。

□ **学問の基礎となる力が総合的に問われていると理解する。**

小論文では「①読解力　②発想力　③構成力　④表現力　⑤注意力」という「学問の基礎」となる力が総合的に問われていると認識し、それぞれの力を身につけていくことを目指す。

学習モデルを最適化する
——自己分析フローチャート

2-1 自己分析フローチャートの活用

小論文の学習法の前に、次のフローチャートで簡単な自己分析をしてみましょう。まず、対策期間の質問に答え、そのあと各項目の「**はい／いいえ**」を選んでいくと、Type **A～Hで優先的に身につけたい力とアドバイス**（↓1-5参照）がわかります。**次ページ以降にそれぞれの**Type**ごとの学習アドバイス、**および**第1章**で**優先して読むべき節**をCheckで示しています。学習の参考にしてください。

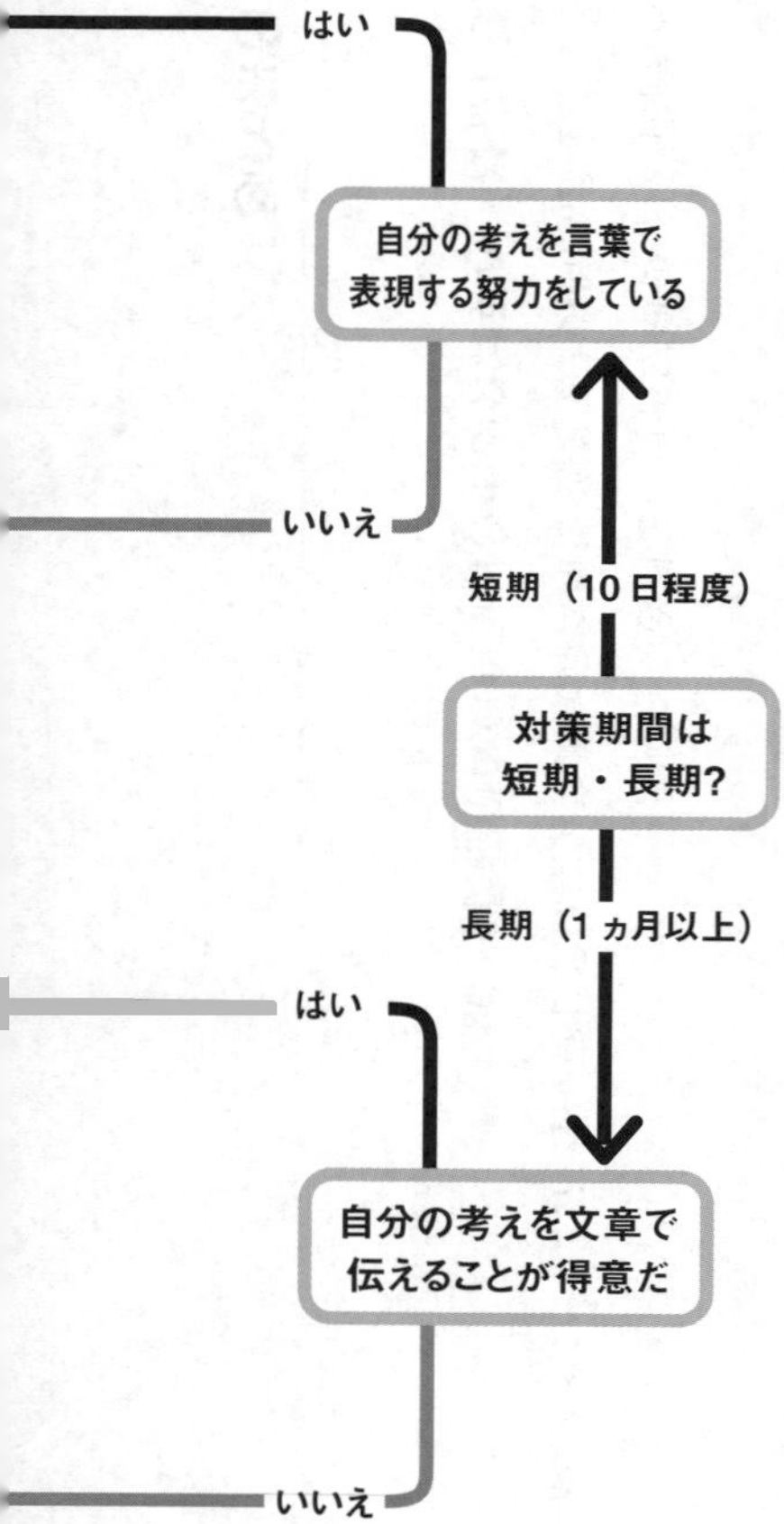

対策期間は短期・長期?
短期（10日程度）
自分の考えを言葉で表現する努力をしている
はい
いいえ
長期（1ヵ月以上）
自分の考えを文章で伝えることが得意だ
はい
いいえ

Type 優先的に身につけたい力とアドバイス

A 発想力・注意力
基本的な学習を怠らず、「発想力」と「注意力」を重点的に高める

B 発想力・構成力・注意力
「論理的な思考」を養いながら、解答の精度を高める

論の展開に注意して文章を書いている → はい：A／いいえ：B

C 発想力・表現力・注意力
「書くべき内容」を見つける力と、自分の考えを正確に表現する力をつける

D 発想力・構成力・表現力・注意力
「書くべき内容」を論理的に考える力と、考えたことを適切に表現する力をつける

物事を順序立てて考えることが好きだ → はい：C／いいえ：D

E 読解力・発想力・注意力
並行して現代文を学習し、解答を作り上げるための「発想力」を養う

F 読解力・発想力・構成力・注意力
並行して現代文を学習し、論を組み立てるための力を養う

読み手を意識して文章を書いている → はい：E／いいえ：F

G 読解力・発想力・表現力・注意力
現代文読解の力を重点的につけながら、解答を作り上げ、伝えるための力を養う

H 読解力・発想力・構成力・表現力・注意力
まずは現代文読解の力をつけ、小論文で必要な力を段階的に養う

段落構成を意識して書くようにしている → はい：G／いいえ：H

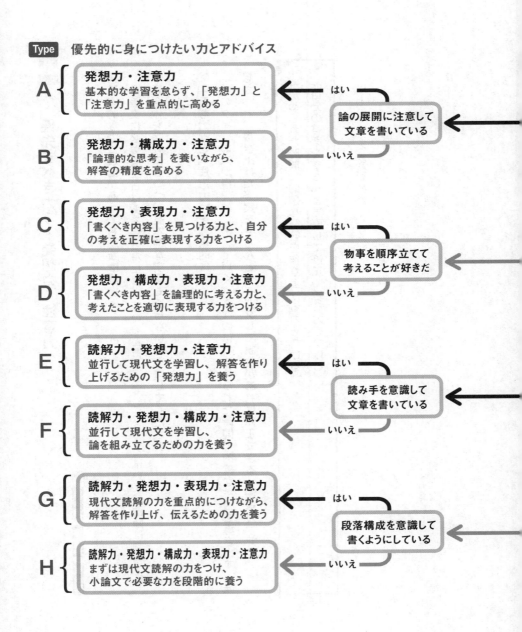

2-2 Type A

優先すべき力……発想力・注意力

Check 第3節・第5節・第6節

①基本的な力に自信があっても油断は禁物

小論文に必要な土台はある程度身についていると言えるでしょう。とはいえ、油断は禁物です。**本章全体を参考にしつつ、基本的な学習も怠らないようにしてください。**

②「発想力」と「注意力」を重点的に高める

このタイプの人が優先的に鍛えていくべきなのは、**決められた時間で的確な主張を導き出す「発想力」と、書き上げた答案をきちんとチェックして誤りがあれば修正できる「注意力」**です。

> 「決められた時間で的確な解答を作り上げる力をつける」
> 「自分の答案をきちんと見直して修正できる力をつける」

以上のことを意識しましょう。

2-3 Type B

優先すべき力……発想力・構成力・注意力

Check 第3節・第5節・第6節

①「論理的な思考」を養う

小論文では、決められた時間で自分の主張を「論理的に」構成する必要があります。

このタイプの人は、**設問の要求に応じて決められた時間で自分の主張を作り上げる「発想力」、文章を論理的に構成する「論理的な思考」**を意識して身につけることが重要です。

②解答の精度を高める

解答がどんなに論理的に構成されていたとしても、その答案に誤字脱字が多ければ、伝えたいことが正確に伝わりません。**自分が書き上げた答案を見直して、ミスがないかどうか、伝えたい内容がきちんと伝わる答案になっているかを確認する習慣を身につけましょう。**

> 「論理的な思考ができるようになる」
> 「自分の答案を見直し、完成度を高める」

これらができるようになるための訓練に力を入れていきましょう。

2-4 Type C

優先すべき力……発想力・表現力・注意力

Check 第4節・第5節・第6節

①「書くべき内容」を見つける力を養う

小論文を書くためには、「書くべき内容」を思いつかなければなりません。**設問に対して的確な解答を作るために必要な「発想力」を鍛えていきましょう。**

②自分の考えを正確に表現する力をつける

自分の頭の中で優れた論が完成していても、それが答案で正確に表現できていなければ得点にはつながりません。自分の考えていることを正確に表現するための力を養いましょう。詳しくは第5節で説明していますが、**普段から「その時考えていること」を書き表す訓練**が有効です。

また、**「注意力」を身につけて、自分の答案を冷静に見直すことも重要です。**

「さまざまな問題について、表現すべき『内容』を見つける訓練を積む」
「自分の考えを正確に表現する力を養う」

これらのことを意識して学習に取り組んでいきましょう。

2-5 Type D

優先すべき力……発想力・構成力・表現力・注意力

Check 第4節・第5節・第6節

①「書くべき内容」を論理的に考える力を養う

小論文では、「書くべき内容」を「論理的に」構成する必要があります。**設問に対して的確な解答を作るために必要な「発想力」を鍛え、文章を論理的に構成する「論理的な思考」ができるように訓練しましょう。**

②考えたことを適切に表現する力をつける

「表現力」を身につけることも大切です。自分の考えていることを正確に表現するために、第5節を参考にしながら、**「自分の考えたこと」を書き出して表現する練習をしてください。**

また、**自分の答案を冷静に見直すための「注意力」を身につけるよう心がけましょう。**

「さまざまな問題について、表現すべき『内容』を見つける訓練を積む」
「論理的な思考力と、自分の考えを正確に表現する力をつける」

これらのことを意識して学習に取り組んでいきましょう。

2-6

Type E　優先すべき力……読解力・発想力・注意力

Check 第3節・第5節・第6節

①並行して現代文読解の力をつける

現代文の学習で身につける「読解力」は小論文でも重要です。**小論文と並行して現代文の学習に取り組み、課題文や資料、設問の内容や意図を正確に読み取る力をつけていきましょう。**

②解答を作り上げるための「発想力」を養う

このタイプの人は、論理的に考えたり、論を展開したりすることは得意かもしれません。**解答の方向性や自分の主張（結論）が見えれば、きちんとした解答を作り上げることができる**でしょう。ただし、小論文では制限時間内で自分の論を組み立てる必要があります。**設問の要求に応じて決められた時間で自分の主張を作り上げる訓練**を積みながら、**書き上げた答案をチェックして誤りがあれば修正できる「注意力」**を優先的に身につけてください。

> 「現代文学習に取り組み、『読解力』を養成する」
> 「決められた時間で設問に対して適切な解答を作り上げ、必要があれば修正する力を養成する」

これらのことを意識して学習に取り組んでいきましょう。

2-7 Type F

優先すべき力……読解力・発想力・構成力・注意力

Check 第3節・第5節・第6節

①並行して現代文読解の力をつける

現代文の学習で身につける「読解力」は小論文でも重要です。**小論文と並行して現代文の学習に取り組み、課題文や資料、設問の内容や意図を正確に読み取る力をつけていきましょう。**

②論を組み立てるための力を養う

小論文では、制限時間内で設問の要求に従って自分の主張を論理的に組み立てなければなりません。**自分の主張を作り上げるために必要な「発想力」や論理的に組み立てる「構成力」**を鍛えつつ、**自分の答案に誤りがないかを確認し、必要に応じて修正するための「注意力」を身につけていきましょう。**

「現代文学習に取り組み、『読解力』を養成する」
「自分の主張を組み立て、答案を確認・修正する力を養成する」

これらのことを意識して学習に取り組んでいきましょう。

2-8 Type G

優先すべき力……読解力・発想力・表現力・注意力

Check 第3節・第4節・第5節・第6節

①現代文読解の力を重点的につける

現代文の学習で身につける「読解力」は小論文でも重要です。**現代文の学習にも重点的に取り組み、課題文や資料、設問の内容や意図を正確に読み取る力をつけること**からはじめていきましょう。

②解答を作り上げ、伝えるための力を養う

小論文では、設問の要求に従って自分の主張を組み立て、それを採点者に誤解なく伝わるように表現する必要があります。**設問に対して的確な解答を作るために必要な「発想力」**を鍛えつつ、**できれば添削指導を活用しながら組み立てた論を適切に表現するための「表現力」や「注意力」を身につけていきましょう。**

「現代文学習に取り組み、『読解力』を養成する」
「自分の主張を組み立て、表現する力を養成する」

これらのことを意識して学習に取り組んでいきましょう。

2-9

Type H

優先すべき力……読解力・発想力・構成力・表現力・注意力

Check 第3節・第4節・第5節・第6節

①まずは現代文読解の力をつける

現代文の学習で身につける「読解力」は小論文でも重要です。**まずは現代文の学習に取り組み、課題文や資料、設問の内容や意図を正確に読み取る力をつけること**からはじめていきましょう。

②小論文で必要な力を段階的に養う

小論文では学問の基礎となる力が総合的に要求されます。現代文学習を通して基本的な読解力を鍛えつつ、**設問に対して的確な解答を導き出す「発想力」や論理的に考えて解答を組み立てる「構成力」、自分の主張を正確に伝えるための「表現力」、書き上げた答案をきちんとチェックして誤りを修正する「注意力」を段階的に身につけていきましょう。**

「現代文学習に取り組み、『読解力』を養成する」
「小論文で必要とされる力を段階的に身につけていく」

これらのことを意識して学習に取り組んでいきましょう。

第1章 第3節

小論文の学習フロー

——小論文学習を分類する

3-1 小論文学習の進め方

この節では、小論文学習をどのような流れで進めていくべきか、解説していきます。

・小論文を完成させるまでの流れ
・小論文学習における「分類」
・小論文学習の具体的な流れ

それぞれの点について少しずつ掘り下げていきましょう。

3-2 小論文を完成させるまでの基本は「理解・構想・作成・確認」

第5節で詳しく見ていきますが、小論文を書き上げるまでに必要なステップを簡単にまとめると次の四つになります。

①**理解**……資料や課題文、設問の要求、書くべきポイントを理解する
②**構想**……答案の構成を考える
③**作成**……答案を書き上げる
④**確認**……自分の答案をチェックする

小論文の学習をする際には、それぞれの段階で必要な考え方や技術、知識を身につけていくことが必要です。

3-3 「自分一人でできるもの」と「他の人の力を借りる必要があるもの」

そのために、まずは「小論文の学習」というものを大きく次の二つに分けて考えることが欠かせません。

A……自分一人でできるもの
B……他の人の力を借りる必要があるもの

たとえば、自分が書いた答案が説得力のある文章になっているか、表現が適切かなどを見てもらったり添削してもらったりと、**小論文の学習には「他者」の存在が欠かせません。**一方で、**課題文の読解の訓練は現代文学習と同じ要領で進めていけますし、知識を身につけるための学習は自分一人で取り組んでいくことができます。**

したがって、

「小論文は添削してもらわないと意味がないから、自分で取り組むことは少ない」
「文章を書くのは得意だから、小論文は自分だけでなんとかなるだろう」

というのは大きな誤解です。

自分一人でできる部分もあるし、その一方、「自分一人だけ」で完結させるのは難しいと考えておいた方がよいでしょう。

3-4 小論文学習の「大きな」流れ

小論文学習は次の二つの段階に分けて考えるのが基本です。

> ①自分一人でできるものの学習に取り組む
> ②他の人の力を借りながら自分一人でできることも並行して行う

まずは考え方や書き方の基本を身につけ、基本的な技術をある程度習得したら、身近な指導者や添削指導サービスを活用して添削してもらう（並行して自分一人でできることにも引き続き取り組む）というイメージです。

具体的に解説していきます。

3-5 ステップ1……自分一人でできる学習の流れ

□①設問・資料・課題文を「読む力」を学ぶ

小論文というと、「書く」ことに焦点が当てられがちですが、「書き方」以上に大切なのが書くべき内容を「考える力」を養うことです。

どんなに表現力があっても、表現したい内容（＝主張）がなければよい答案を作れるはずがありま

せん。そして、自分の主張をもつためには設問や資料、課題文を「理解」し、それに対して自分の論を組み立てていく訓練をする必要があります。

小論文学習は、こうした**「理解」を支える設問や資料、課題文の読み方を身につけること**からはじめましょう。まずは本書の第2章の第1節～第3節に取り組みましょう。

なお、課題文の読み方については現代文の学習が役に立ちます。**課題文型の小論文を受験する人は、まず現代文の学習からはじめてください**。

□② 考え方を学ぶ

「読み方」についての学習がある程度進んだら、今度は**理解したことに対して自分の主張をもつための「考え方」**を学んでいきます。

アイディアは突然生まれることもありますが、**「何も思いつかない」状態を避けるための方法や、突拍子もないアイディアにならないための論理的な考え方を身につけておくこと**が欠かせません。

本書の第2章の第4節～第7節を通して、この「考え方」を身につけるための学習に取り組んでください。

□③ 構成メモの作り方を学ぶ

小論文では、自分の主張を「論理的に」表現する必要があります。

思いついたことを思いついた通りに書いてしまうと論の方向性が徐々に逸れてしまったり、論理に「飛躍」がある答案になったりしかねません。

そうならないためにも、**事前に文章の構成を「構成メモ」の形で俯瞰《ふかん》する**とよいでしょう。

この「構成メモ」も、いきなり完璧なものが作れるようになるわけではありません。**構成メモを作る上で基本となる考え方を学び、実際に構成メモを作る訓練を積んでおきたいものです。**

本書の**第2章**の**第9節**に取り組み、構成メモの作り方を習得しましょう。

□④書き方を学ぶ

ここまでの段階を通して身につけてきた「読む力」「考え方」「構成（力）」の基本を答案に活かすためには「書き方」を身につけることが不可欠です。

> 原稿用紙の使い方や文構造などの基本から、自分の主張を伝えるために適切な表現の仕方といった実践的なものまで、「書き方」で身につけるべきものもたくさんあります。

まずは本書の**第2章**の**第8節**～**第11節**に取り組んで**基本を押さえた上で、さまざまな文章に触れながら「書き方」を習得していきましょう。**

□⑤知識を補強する

ここまで順を追って取り組むべき要素を紹介してきましたが、これらと並行して行うべきことがあります。それは「**知識の獲得**」です。

設問や資料、課題文を正確に理解するためにも、そこから自分の主張を組み立てていく上でも知識は欠かせませんし、小論文で出題されるテーマが多岐にわたる以上、**幅広い分野についての豊富な知識が必要です**。

詳しくは本章の第5節や第2章の第12節で紹介しますが、知識を増やしていくためにはいわゆる「ネタ本」のような、小論文の頻出テーマで必須の知識を解説した書籍を使う、その分野の新書を用いる、インターネットを活用するなど、多くの方法があります。**隙間時間を活用しながらさまざまな知識を仕入れるようにしましょう**。

知識の獲得にゴールなどありません。背景となる知識を正確に理解するのは簡単なことではありませんし、小論文でよく扱われる「社会的課題」は常に更新されていくものです。「ここまで理解したからもう終わりにしてよい」と考えるのではなく、**より深い知識と最新の情報を求めるアンテナを常に張っておきたいものです**。

3-6 ステップ2……他の人の力を借りて進める学習の流れ

自分の中では完璧な答案が書けていたとしても、他の人の目から見れば論が破綻していたり、うまく伝わらなかったりすることはしばしば起こるものです。これまでに順を追って身につけてきた力を答案に活かしていくためには、**実際に答案を作成し、それを自分以外の人に見てもらうことが欠かせません**。

ステップ1の学習がある程度進んだ段階で、他の人の力も借りる**ステップ2**の学習に移行しましょう。**それと並行して知識や表現の学習など、自分でできることには取り組み続けてください。**

□①実践を通して書く演習を積む

まずは問題集や過去問などに取り組みましょう。この際、**設問や資料、課題文を読み取り、論を構成し適切に表現するという、ステップ１で学習したことを意識して取り組みます。**

答案が出来上がったら必ず自分で読み返し、納得のいくものになっているかどうかを確認します。

□②添削をお願いする

答案が出来上がったら、できれば信頼のおける人に添削をお願いしたいところです。とはいえ添削は時間もかかり、相手に負担を強いることになりますし、適切な添削をするのは案外難しいものです。誰彼構わず気軽に頼めばよいというわけではありません。

身近にお願いできる人がいない、負担をあまりかけたくないという場合は、通信添削サービスなどの活用を考えるのも一つの方法です。

□③添削をもとに、答案をアップデートする

誰かに添削をお願いできたとしても、それをきちんと活用しなければ意味がありません。**添削結果をもとに、自分の答案をよりよいものにしていくことを意識した学習に取り組む必要があります。**

詳しい取り組み方は本章の第４節で解説しています。参考にしてください。

3-7 小論文は「積み上げる」学習が鍵

小論文の学習は「とりあえず答案を書いて、添削してもらうこと」と考えている人もいるかもしれません。

もちろん、場合によってはそれでよいという場合もあるでしょう。しかし、その学習では必要な力が身につくまでに途方もなく時間がかかったり、「たまたま発覚しなかった穴」の存在に気づかぬまま本番を迎えてしまったりしかねません。

まずは、「**理解**」する力を身につけ、答案の構成を考える（「**構想**」する）力を習得し、実際に答案を「**作成**」する力を手に入れるための基礎学習を積んだ上で、実際に答案を作成し、自分の答案を適切に「**確認**」する訓練を重ねていきたいものです。

小論文も他の科目と同様、積み上げていく学習が不可欠だという意識をもってください。

3-8
第3節のまとめ

□ **小論文学習を「自分一人でできるもの」と「他の人の力を借りる必要があるもの」とに分類する。**

□ **自分一人でできるものの学習に取り組む。**

□ 読む力を養う　設問・資料・課題文を読み取る力を養う。
□ 考える力を養う　自分の主張をもつための考える力を養う。
□ 構成力を養う　「構成メモ」の作り方を学び、構成を練る力を養う。
□ 書く力を養う　考えたことを適切に文章で表現する力を養う。
□ 知識を補強する　幅広い分野についての豊富な知識を手に入れる。

□ **他の人の力を借りながら自分一人でできることも並行して行う。**

□ 実践する　身につけたことを意識しながら実際に答案を作成する。
□ 添削依頼する　書き上げた答案を他者に見てもらう。
□ 添削を活用する　添削内容を理解し、それをきちんと活用してよりよいものにしていく。

第1章 第4節

添削の活用法
——答案をアップデートする

4-1 添削の活用について

小論文には、誰かに「添削」してもらうことが欠かせません。しかし、添削指導を受けたあと、それをきちんと活用できていない人も少なくありません。

ここでは、

・添削を活用する意義
・添削を活用するための具体的な流れ

のそれぞれの点について解説していきます。

4-2 添削は「活用してこそ意味がある」

自分が書いた小論文の答案を誰かに添削してもらうことは重要です。ただし、「書く→添削してもらう」だけではあまり効果がありません。**添削を活用し、自分の答案をよりよいものに仕上げていく作業をしてこそ意味のある学習になります。**

4-3 添削を「活用」するために

とはいえ、一体どうすれば添削を最大限活用できるのでしょうか。次のような学習はどうでしょう。

> 返却された答案は「過去のもの」だから、気にせず新しい問題に取り組む

当然、これでは添削を活用できるはずがありません。このような学習を避けるべきなのは言うまでもないことです。では、次のようなケースはどうでしょうか。

> 返却されたその場で添削者からのコメントを読んで理解しているだけ
> 添削コメントに沿って、指摘された内容の表面的な部分や、誤字・脱字のみを直している

先ほどのケースよりは添削を活用できていると言えます。しかし、もう一歩踏み込んだ学習をしたいものです。

4-4 添削答案が返却されたあとに取り組みたい学習の流れ

では、「もう一歩踏み込んだ学習」とはどのようなものでしょうか。それは、**自分の答案に施された添削を次の自分の答案に反映し、よりよいものへと進化させていく学習**です。

答案が返却されたあとは、以下の流れで添削答案と向き合ってみましょう。

①　**自分の答案を読み込む**
②　**添削者からのコメントを読み込む**
③　**指摘を分類する**
④　**添削をもとに考え直す**
⑤　**書き直す**

4-5 ①自分の答案を読み込む

まずは添削された自分の答案を読み返してみましょう。

自分の答案の全体像を把握した上で添削コメントを見ていくことで、自分の論や表現のどんなところに誤り・不十分な要素があったのかがつかみやすくなります。

添削者からのコメントを読むのはそのあとです。

4-6
②添削者からのコメントを読み込む

自分の答案を再読し、その全体像を把握したら、今度は添削者からのコメントを読んでいきます。その際、**コメント「だけ」を見るのではなく、指摘されている箇所を含む文全体も読み直すこと**を意識してください。

4-7
③指摘を分類する

コメントを読みながら、指摘されたポイントを大きく次の五つに分類していきましょう。

1. 論点の指摘
2. 論理展開の指摘
3. 表現の指摘
4. 知識の指摘
5. その他

とくに「表現の指摘」については、ノートなどに書き出しておくのがおすすめです。

文章の書き方や言葉選び、文体には「癖」のようなものがあり、気づかずに同じ間違いを繰り返してしまいかねません。**表現に関して指摘された箇所を、正しい表現に書き直し、記録しておきましょう。**

4-8

④添削をもとに考え直す

□1．「論点の指摘」を確認する

先ほどの分類のうち、「論点の指摘」があった場合はまず次のように考え直していきます。

> 自分の論の立て方についてどこがよくなかったのかを考え、きちんとした論にするためにはどうすればよかったのか、他にどんな論点が考えられるのかを考え直してみます。

□2．「論理展開の指摘」を確認する

次に、「論理展開の指摘」を確認し、どう修正していくべきなのか考えましょう。

> この際、書いた時の「構成メモ」が残っていればそれを参照し、残っていなければ自分の答案の流れをメモ程度に書き出してみるとわかりやすいです。

たとえば、「論が飛躍している」と書かれていたなら、「なぜ飛躍していると指摘されてしまったのか」「どんな要素を加えれば飛躍を避けられたのか」といった点をよく考えていきます。

□3.「表現の指摘」を確認する

「表現の指摘」については、指摘された箇所をただ書き換えるだけでは不十分です。**「なぜそのような表現が好ましくないのか」「なぜそう書き換えた方がよいのか」**を理解しましょう。こうしたことが理解できたら、先ほども述べた通りノートなどに書き出しておくことがおすすめです。

□4.「知識の指摘」を確認する

「知識の指摘」については、**詳しい解説が書かれていたらそれを読んで正しい知識を仕入れ、さらに知りたいことがある場合は調べてみましょう。**知識の仕入れ方（調べ方）については後ほど詳しく紹介します。

最初のうちは指摘されている箇所も多く、その一つ一つを丁寧に考えていくのは時間がかかるかもしれませんが、「考える」という作業は小論文に不可欠です。**この訓練を繰り返しながら「自ら考える力」を養っていくつもりで、すべての指摘と向き合っていきましょう**。

4-9
⑤書き直す

ここまでの段階で、添削されたコメントを丁寧に読み込み、それに基づいて考え方や書き方、知識を頭の中でアップデートしてきました。最後に、それを**答案に反映する練習**をしていきます。

結局のところ、**小論文の試験で評価対象になるのは「実際に完成した答案」**です。どんなに頭の中では完璧な理論が構築されたとしても、それが答案に表れていなければ評価してもらうことはできません。

添削を通して指摘された誤りや改善点を頭の中にとどめておくのではなく、実際に答案に反映しましょう。頭の中でイメージできていることをしっかりと表現するつもりで、よりよい答案を作成する練習を積んでください。

4-10
書き直した答案を読み返し、可能であれば再提出する

当然、「書き直して終わり」というわけではありません。完成した答案を読み直し、再提出ができる場合は再度提出し、チェックしてもらいましょう。

もちろん、「無制限に見てもらえるわけではない」という人もいるはずです。そんな場合は、自分でチェックするしかありません。その際は**添削された答案（これまで考える材料にしていた答案）と**

丁寧に比較し、自分の答案がよりよいものになっているかを確認してください。

なお、この確認作業は、答案を再提出できる人も必ず行うべきです。

4-11 「誤りの指摘」なのか「よりよくするためのアドバイス」なのか

添削で添えられたコメントには、大きく分けて二種類あります。**「誤りの指摘」と「よりよくするためのアドバイス」の二つ**です。

前者は答案の中の「誤り」が指摘されているわけですから、修正しなければなりません。なぜ誤りだとされているのか考えたり調べたりしながら、次回以降同じ誤りを繰り返さないように気をつけましょう。

一方で、**後者の指摘については「誤っているわけではないけれども、こうした方がよりよくなる」というアドバイス**なので、必ず修正しなければならないというわけではありません。とはいえ、**よりよくするためのものである以上、しっかりと検討する価値がある**でしょう。

中には、「誤りの指摘なのか、よりよくするためのアドバイスなのかわかりづらい」と感じるものもあるかもしれません。そのような場合、どちらを意図したコメントだったにせよ、答案をよりよくするために書かれたものであることを意識しましょう。したがって、「これはアドバイスだから修正する必要はない」と自分で決めつけて無視するのではなく、**その指摘に沿って修正したら内容がどう変わるのかを考えてみるとよいでしょう**。

このような訓練を通して「**自ら考える力**」を養っていきます。

4-12

第4節のまとめ

□ **添削を活用する意識をもつ。**

せっかく受けた添削指導を無駄にしないために、「添削は活用してこそ意味がある」と認識し、添削されたものを次の自分の答案に反映し、よりよいものへと進化させていく学習に取り組む。

□ **添削を受けたあとの学習手順を理解する。**

答案が返却されたら「自分の答案を読み込む→添削者からのコメントを読み込む→指摘を分類する→添削をもとに考え直す→書き直す」という手順で復習し、可能であれば再度添削してもらう。

□ **考える訓練を通して「自ら考える力」を養う。**

添削された答案と丁寧に向き合い、しっかりと考える訓練を積み重ねながら、小論文で欠かせない「自ら考える力」を養っていく意識をもつ。

第1章

第5節 小論文の必須スキル

――スキル学習のポイントを知る

5-1 小論文に必要な力

小論文学習をはじめるにあたり、自分がどのような力を身につけていかなければならないのかを知ることは、学習効果を高めていく上で重要です。

この節では、

- ・小論文を書き上げるまでに必要なステップ
- ・小論文学習を通して身につけていくべきスキル
- ・小論文学習をする際に気をつけておかなければならない落とし穴

について、少しずつ掘り下げていきましょう。

5-2 理解・構想・作成・確認

第3節でも簡単に紹介しましたが、小論文を書き上げるまでに必要なステップを簡単にまとめると次の四つです。

①理解……資料や課題文、設問の要求、書くべきポイントを理解する
②構想……答案の構成を考える
③作成……答案を書き上げる
④確認……自分の答案をチェックする

さらに、それぞれの段階で求められる力には一体どのようなものがあるのか、少し掘り下げて考えてみると、次のように考えられるでしょう。

①理解……読む力―問いをきちんと読解する力
②構想……考える力―答案の構成を論理的に考える力
③作成……書く力―適切に表現する力
④確認……確認する力―答案を冷静に見直す力

5-3 まずはスキルを習得することから

　このように、「**読む力・考える力・書く力・確認する力**」を身につけることが必要なのですが、そのためにもまずは**「スキル（技術）」の習得**を目指しましょう。普段の学習を通して具体的なスキルを身につけていくうちに、気づけばこれらの「力」が身についているはずです。

　では、具体的にどのような技術の習得を目指していくべきなのか、詳しく見ていきましょう。なお、「**確認する力**」については、このあとの5-7で詳しく紹介します。

5-4 読む力につながるスキル

　他のあらゆる科目と同様に、**小論文にも「読む力」が欠かせません**。

　しかも、小論文で求められる「**読む力**」は、ただ文章を読んで理解する力をつければよいというわけではなく、

・「問い」を読み取る力
・「課題文」を読み取る力
・「資料」を読み取る力

という、多様な「**読む力**」が求められます。
それぞれ少し詳しく紹介していきましょう。

□「問い」を読み取る

どのような形式の問題であれ、小論文には「問い」が設定されているものです。

どの科目でも、あるいは日常生活での会話でもそうですが、**何かに解答（回答）する場合、「聞かれたことに答える」ことが前提**のはずです。相手が尋ねたことから外れたことを返した場合、どんなによいことを言ったとしても相手の求めている答えにはなりません。

小論文でも、**設問の要求を把握する、つまり「その問題で問われていることは何か」「書かなければならないことは何なのか」という『問い』をきちんと読解する力**を養いましょう。

□「課題文」を読み取る

小論文の中には、「課題文」が提示されているタイプのものがあります。

このタイプは「課題文」を踏まえて論を作り上げていかなければなりません。そのためには**「課題文」の中で述べられていることをできるだけ正確に読解していく必要があります。**

当然、「課題文」の読解をするための技術を身につける上で、現代文の学習は大いに役立ちます。**「課題文」の読解力不足を感じている／あまり現代文の学習をしてこなかったのであれば、まずは現代文の学習に取り組んでみること**をお勧めします。

「課題文」として提示されるのは論理的文章であることが多いですが、小説などの文学的文章が出題される場合もあります。さまざまなジャンルの「課題文」に対する読解の技術を身につけながら「読解力」を養っていくことを意識しましょう。

□「資料」を読み取る

問題によっては、統計データや図、写真など「資料」が出題されることがあります。このタイプの問題では、**「資料」をただ眺めるのではなく、「読解」することが要求されます**。

> たとえば、グラフであればグラフの性質を踏まえてどのようにデータを見るか、写真であればどのような見方、分析の仕方があるかといったことを理解し、訓練を積む必要があるわけです。

最初は「どう見ればよいのかまったくわからない」と感じるかもしれませんが、**「見方」は訓練によって鍛えていくことが可能**です。必要な「スキル（技術）」を理解しながら進めていきましょう。

5-5 考える力につながるスキル

小論文は論理的に書くことが必要です。そしてそれは**単に「書き方」を練習し、習得するだけでどうにかなる問題ではありません**。そこで「論理的に」とあるように「**考える力**」が重要になります。

□論理的に考える

「論理的」とは「筋道の通った状態」を指します。したがって**「論理的な文章を書く」ためには、論と論が一本の筋でつながっている必要があります。**論理的に考え、それを文章の形で適切に表現していくことが要求されているのです。

「書き方」を学ぶ前に、あるいは学びながら、論理的に考える方法を学んでいきましょう。

□伝え方を考える

論理的な考え方ができていても、それが読み手に届かなければ得点・評価にはつながりません。そこで、自分の考えたことを正確に伝えるための技術を学ぶ必要があります。

どのような構成で述べれば自分の論はきちんと伝わるのか

このことに注目しながら、自分の主張を適切に表現するための技術を学んでいきましょう。

5-6 書く力につながるスキル

小論文は必ずしも「名文」である必要はありません。**論理的に考えたことを「正確かつ適切に」表現された文章であることが重要です。**

書き方で押さえておきたいポイントは**第2章**で詳しく解説していきますが、ここでは、読点の使い方を見てみましょう。あまり気をつかわずに読点を使ったり削ったりしていませんか？

次の例を見てください。

> ①私は笑いながら、逃げる友人を全力で追いかけた。
> ②私は、笑いながら逃げる友人を全力で追いかけた。

①も②も読点の位置以外はすべて同じですが、笑っているのが①では「私」、②では「友人」だということがわかります。このように、**読点一つとっても意識的に使っていくことが必要です。自分の考えたことを正確に表現する力を身につけていきましょう。**

5-7 確認する力につながるスキル

小論文で出題される**課題文や資料、テーマを理解し、かつ、自分の論を組み立てて正しく書けているかを確認する上で「知識」は不可欠です。**幅広い分野に対する「知識」が要求されることから、文化的な「知識」としての「教養」も必要になります。

□情報へのアクセス

「知識」や「教養」を身につけていくためには、何よりもまず「情報を収集する」力が欠かせません。

「『情報を収集する』なんてインターネットで毎日のようにしている」

そう思うかもしれませんが、自分が普段使用しているツール以外にも「収集する手段・媒体」「収集の方法」はたくさんあります。**自分が求めている情報に辿り着くためにはどんな手段・媒体があり、どのように収集していけばよいかを学び、それらを日常的に活用していきましょう**。

□「情報過多」の世の中で情報を選択する

先ほども述べたように、今日では情報を収集する手段や媒体、方法がたくさん存在します。これは「欲しい情報・知識を仕入れる」のに有利な一方で、**「情報が多すぎてどれを信じればよいかわからない」ということにもなりがちです。**

いわば「情報過多」とも言うべき現代は、自分に必要な情報が見つかりにくいばかりでなく、見つけた情報も玉石混交であることを常に意識しておく必要があります。

第2章の**第12節**で**「調べ方」を説明しています。そのような「調べ方」を知ることに加えて、「辿り着いた情報を取捨選択する方法」も学ぶ**ことは、小論文の学習だけでなく、今の時代を生き抜く上でも重要なポイントなのではないでしょうか。

5-8 先入観に要注意

最後に、小論文を学習する際、常に意識しておいてもらいたいことを記しておきます。それは、**先入観にとらわれず、柔軟に思考できるようになるべきだ**ということです。

一口に「小論文」と言っても、その**出題形式はさまざまです**。また、同じテーマが扱われていても、**時代の変化とともにそのテーマの性質や理解は変化していることもあります**。さらには、**「過去問ではずっとこの形式だったから」といって、自分が受験する時も同じ形式で出題されるとは限りません**。

「このテーマはこう書けばよい」
「こういう問題が出題される」

という先入観にとらわれて、目の前の問題と向き合えない状態にならないよう、普段の学習から心がけてください。

本書の**第3章**「問題演習編」でも、**「テーマ型」「課題文型」「データ型」「要約＋課題文型」「データ＋課題文型」**の五つの形式（志願理由書を含めると六つ）と複数のテーマの問題を掲載しています。**「自分が受験するのはこの型だけだから」と、一つだけに取り組むのではなく、すべての問題に少なくとも一度は取り組んでみてください。**

5-9
第5節のまとめ

- □ 小論文学習では「読む力」「考える力」「書く力」「確認する力」が求められる。
- □ 読む力　「問い」を読み取る力を養う。
  「課題文」や「資料」を読み取る力を養う。
- □ 考える力　論理的に考える力を養う。
  伝え方を考える力を養う。
- □ 書く力　自分の論を正確にかつ適切に伝えるために必要な表現への意識をもつ。
- □ 確認する力　「調べ方」を知る。
  「辿り着いた情報を取捨選択する方法」を学ぶ。
- □ 先入観にとらわれないよう注意する。

第6節 よくある小論文Q＆A
――陥りがちな誤りを知る

6-1 Q＆Aのパターン

ここでは、よく出てくる質問に答えていきます。
次の三つの点に分けて取り上げます。ぜひ、学習の参考にしてみてください。

・小論文の学習法
・小論文の考え方
・小論文の書き方

各Q＆Aに、これまでの関連する節をCheckで示していますので、戻って確認するのもよいでしょう。

6-2

小論文の学習法

Check 第1節

Q. 添削された答案について、何をどう質問すればよいのかわかりません。

A. 質問する前に書き出して整理してみましょう。

まずは**「質問する」ということに慣れていく必要があるので、気になったことはとにかく聞いてみる**というのも一つの方法ではあります。ただし、それは相手の時間を不用意に奪ってしまうからと躊《ちゅう》躇《ちょ》してしまうこともあるでしょう。

そこで、**まずは少しでも「わからない」「気になる」と感じた点を紙に書き出してみること**をお勧めします。**「わからない」ことだけを基準にするのではなく、「気になったこと」はとにかく書き出してみましょう。**そして、書き出したものを次のように整理してみます。

a. 自分が書いた「表現」で気になったこと
b. 自分が書いた「内容」で気になったこと
c. 添削のコメントで気になったこと
d. その他

このように整理してみると、「これとこれは一つにまとめられるな」と気づくことがあるかもしれません。こうした質問はまとめておきます。

また、**書き出して整理するうちに自分で解決できた項目は質問事項から外し、残ったものを質問してみる。**まずはここからはじめてみてください。質問を重ねるうちに、質問の仕方も上達していくはずです。

Q．見直す際に、自分の文章を客観的に見るコツを教えてください。

A．視点を決めた上で、「できるだけ」客観的に読み返す訓練を積みましょう。

Check 第4節

自分で書いた文章を、**第三者が見るように「主観を排して」見ることは難しい**ものです。ただ、自分の文章をできるだけ客観的に見る工夫はできます。

練習段階であればすぐに見返すのではなく、時間を置くことが有効です。時間を置くことで、自分の思い込みをある程度は排除して文章を見ることができるようになっている場合があります。

とはいえ、**本番のことを考えると、答案を書いた直後でもできるだけ客観的に見直せるようになる訓練を積んでおく必要があります。**その際に有効なのは、**見直す際のチェックポイントを決めておく**ことです。

たとえば、

- ・主述関係や修飾関係はわかりやすく対応しているか
- ・接続関係は適切か
- ・文末表現は適切か
- ・句読点の打ち方や段落分けは適切か
- ・無駄な繰り返しはないか
- ・論の運び方に無理はないか

など、自分がしてしまいがちなミスを添削者のコメントなどからつかんで、事前にチェックポイントを決めて見直すようにすると、誤りに気づきやすくなります。

6-3

小論文の考え方

Q．小論文には自分の経験を入れるべきですか？

A．設問によりますが、必須ではありません。

Check 第3節

「自分の経験は絶対に書くな」というわけではありませんが、**「自分の経験を書かなければならない」というわけでもありません。**

自分の経験はあくまで自分だけのもの。自分が経験したからといって他の人・場面にも当てはまるとは限りません。

「自分はこんな経験をした。ここからわかるように～」などと、無理なく自分の経験を一般化することが可能であればよいのですが、一般化するのが難しい場合も多いものです。その場合、**無理に経験を絡める必要はないでしょう。**

もちろん、設問で「自分の経験を絡めて」などの指定がある場合はそれに従う必要があります。ただ、**その場合も「経験を述べて終わり」という形ではなく、自身の経験から一般化した論につなげていくこと**を心がけましょう。

Q. 「採点者が求める解答」を意識してしまいます。どうすればよいでしょうか？
A. 多くの場合、それは虚像です。

Check 第5節

「この問題では、こういう解答を書いておけば評価されるだろう」と考えて、予想される「正解」に沿った解答を作りたくなる気持ちはわからなくもありません。

しかし、肝に銘じておくべきことがあります。それは、**自分の考えた「予想される『解答』」が本当に解答であるとは限らないということです。**

具体的に説明しましょう。小論文では、**これまで何年もかけて研究者たちが取り組んできたにもかかわらず、解決できていない社会的課題に対する考察**を要求する問題がしばしば出題されます。たとえば、地球温暖化について事前にある程度知識を身につけていても、**受験生がそうした難題の解決策を試験時間内に導き出せるかと言われれば、それは難しいと言わざるを得ない**でしょう。

もちろん、**避けるべき解答の方向性というのは一定数存在します。**確実に誤りであるとみなされているものなど、**その主張が論理的に正しくなり得ないような解答は避けなければなりません。**

しかし、採点者が喜びそうな解答を書くことにとらわれすぎて、論が成り立たなくなるようでは本末転倒です。

6-4

小論文の書き方

Q．日本語で書く小論文で、外国語やカタカナ語はどこまで許容されますか。
A．自分が使いこなせる語彙を、文脈上適切な範囲で用いましょう。

Check 第5節

使用する語彙は自分がきちんと理解しており、使いこなせるものに限りましょう。「聞いたことはあるけれど、使い方はあいまい……」という状態では、誤った使い方や不自然な使い方をしてしまいかねません。

また、**「文脈上適切な範囲で」というのも重要です**。

たとえば、「シンギュラリティ」という単語があります。日本語では「技術的特異点」と呼ばれますが、**人工知能（AI）が人間の知能を超える時点、あるいはその影響で人間の生活が大きく変わることを指す言葉**として広く知られています。これを小論文で表現する場合、「シンギュラリティ」と表記することには何ら問題ないでしょう。このように、**その分野で一般的に使用されている語であれば、小論文の中で用いても構いません。**

ただ、次の場合はどうでしょうか。

シンギュラリティにドリブンされたパラダイムシフトは、……

「シンギュラリティ」や**「ドリブン（〜をもとにした／〜に突き動かされる）」**、**「パラダイムシフト（常識の劇的な変化）」**などは割と一般的な語彙ですが、短いスパンで連続して使われると違和感を覚える人も多いのではないでしょうか。

ここでは**「シンギュラリティによって引き起こされたパラダイムシフト」**くらいにとどめておくのが適切でしょう。

以上から、**その分野で一般的に使用されている語であっても、文脈上不自然な用い方は避けるべきです**。

Q. 「確かに～しかし」「もちろん～しかし」などの形で書かなければいけませんか？
A. 書かなければいけないわけではありません。

Check 第5節

「確かに」のあとに一般論を述べたあと、逆接を挟んで自分の論を展開する、いわゆる**「譲歩（逆接）」の構文は確かに便利で、うまく使えると自分の論に説得力をもたせやすくなります。しかし、必ずしも使わなければならないというわけではありません**（なお、「譲歩」の構文を使いましたが、気づきましたか？）。それどころか、人によってはあまり使わない方がよいのではないかと感じることすらあります。次の例を見てみましょう。

「確かに、現代では公衆電話を使用している人はもう誰もいない。」

「譲歩」の構文はその名の通り**「確かに」などのあとに譲歩できる内容、つまり認めることのできる内容が続く必要があります**。ところが、この例で「確かに」のあとに書かれた内容は、到底譲歩できる内容ではありません（現代でも公衆電話は存在しており、誰も使用していないとは言えません）。

これは極端な例に感じるかもしれませんが、自分があまり詳しくない分野や最新の情報を知らない分野ではこうした誤りを犯してしまいがちです。

譲歩構文を使用する際は、譲歩できる内容かどうかをきちんと考えた上で書くようにしてください。

Q. 表現や内容が誤っていたり、差別的になったりしないか不安です。

A. 知識を補強しつつ、自分が考えたことを言語化する訓練をしていきましょう。

Check 第3節・第4節・第5節

私たちが普段何気なく使っている言葉の中には、文字にした途端に自分の意図とは異なる受け取られ方をしかねないものが潜んでいます。

これらに対する対処法としては、**①言葉の「使い方」を意識した語彙力の補強と、②自分の考えをそのまま言語化する訓練を積み重ねていくことが挙げられるでしょう**。そこで、普段から、

①言葉の辞書的な意味だけでなく、どのような文脈／意図で用いられる言葉なのかを辞書の説明や例文、実際の文章の中で確認する

②その時考えていることをノート（スマートフォンなどでも可）に書きつづる

という訓練に取り組んでみるとよいでしょう。

②については、**書きながら考えるイメージで、とにかくその時々に考えていることを言葉にしてみてください**。最初はうまく言語化できないかもしれませんが、続けていくうちに「自分が考えていること」をそのまま言葉にできる頻度が上がっていくはずです。そうなれば、読み手が自分の意図と違う意味で受け取ることはなくなるでしょう。

また、**「自分が書こうとしている内容は正しいのだろうか」と不安に思えるのは、見方によってはよいことかもしれません。**少なくとも「自分が絶対に正しい」と信じて疑わない姿勢よりもはるかに優れています。

> 正しいかどうか不安だからこそ慎重に書き進めることができますし、自分の知識は間違っているのかもしれないと考えられるからこそ「もう知っている」と思える分野でも知識を吸収し続けられるはずです。

本章の第3節の中でも触れていますが、知識の獲得にゴールなどありません。**自分の知識が正しいものかどうか、最新のものかどうかを常に疑いながら、新たな知識を付け加えていきましょう。**

第2章 表現スキル編

ステップ
2

第2章 第1節

読む①「問い」を読み取る——書くことを整理する

「SNSの功罪」に関する学習ノート

1-1 小論文の「約束」

文章には、その文章の種類に応じて、書き方の「約束」というものがあります。手紙が「拝啓」ではじまるのも、ビジネス関係のメールの最初に「いつも大変お世話になっております」という表現が置かれるのも、そうした「約束」に従った書き方です。

小論文のテストでの「約束」は、次の二つです。

①「問い」と合う答え方ができていること

「○○について、あなたの考えを××字以内で書きなさい」

という問題なら**⑴「○○について」書くこと（＝論点）⑵「自分の考え」を書くこと（＝主張）⑶「決められた字数」で書くこと**を必ず守ること。これはそのまま採点上の基準となります。

②論理的に書かれていること

小論文とは「論理」で組み立てられた文章のことです。ただ「自分の考え」を書いてあるのではなく、「なぜそう考えるのか」（＝根拠、理由）を示しながら、**読む人を説得できる書き方で書かれていること**が必要です。

その他、原稿用紙の使い方などもありますが、ここでは最初に①をマスターしましょう。

1-2 問いを読む

的確な答えを書くために、問いを正しく読むことからスタートしましょう。

中には「幸福とは何か、論じなさい」のようにそっけない問いもありますが、そのような場合も含め、**問いから最大限の情報を引き出すことが、問いと合う答えを導くためには欠かせません**。次の三つを意識しましょう。

①論点・テーマは何か

「何について書くことが求められているのか」（論点・テーマ）――まずこれを確認します。**「文章を読んで考えたことを書きなさい」という課題文型の出題**では、課題文から論点・テーマを理解します。

②出題の意図や背景は何か

小論文のテストでは、論点・テーマは基本的に出題者から指定されます。志望する学部や専門分野、時事的な話題などから**「なぜその論点やテーマが選ばれたのか」が見えてくれば、出題者のねらいに沿って答案を書くことも、考えに深みをもたせることもしやすくなります**。

③どのような条件があるか

「あなたの体験を踏まえて」などの条件や、字数、段落構成、解答時間を確認し、考えの方向性や時間配分などを計画的に練りましょう。

条件のチェックは、下書きや推敲の段階でも行います（→第11節）。

1-3 三つの出題タイプ

小論文の問題には、大きく分けて次の三つの出題タイプがあります。

①テーマ型

「○○について書きなさい」のように、**テーマだけが与えられ、それについて考えたこと**を書いていくタイプです。

例

・スポーツをすることの意義について、思うところを書きなさい。

・SDGs（持続可能な開発目標）について関心を寄せる項目を一つ挙げ、それについて具体的に書きなさい。

・「本は買って読むもの」という言葉がありますが、あなたはどう考えますか。

②課題文型

文章を読んで、そこで扱われている論点について考え、答案を書いていくタイプであり、現行の大学入試では、最も多く出題されているタイプです。

文章の長さはさまざまで、中にはいくつもの文章を読まなければならない場合や、文章が英文で書かれている場合もあります。

また、文章を理解しているかどうかを問うために、**「文章を要約しなさい」**という問いが別につくこともあります。

③データ型

グラフ、表、絵、写真など、文章以外のさまざまな資料を参照し、それらを分析した上で意見を述べるタイプです。文章と資料が組み合わせて出題されることもあります。

設問として多いのは、**問1**で「資料からわかることを書きなさい」というように分析を求め、**問2**で資料に対する意見を書かせる出題です。

- □ **小論文での「約束」=「問い」に合う答えにすることが基本中の基本。**
- □ **「問い」を読む=論点・テーマと出題の意図を考える。**
- □ **三つの出題タイプ=テーマ型・課題文型・データ型がある。**

短文演習

解答時間7分　得点　　点

※解答は別冊P2

Kさんは学校の授業で、「SNSの功罪について、自分自身の体験を踏まえた上で、考えたことを四百字程度の文章にまとめてみましょう」という課題を与えられた。次に示すのは、この課題をこなすためにKさんが作成したノートの一部である（ただし、問題の都合で一部を空欄にしてある）。これを読んで、後の問に答えよ。

【Kさんのノート】

①テーマ　SNSの功罪

SNS……［A］の頭文字。ツイッターやインスタグラムなど

功罪……「功罪」とは［B］という意味。

②設問の条件

「自分自身の体験を踏まえた上で」→SNSに関してどのような体験があるだろうか。

「考えたことを、四百字程度の文章に」→原稿用紙一枚程度の分量。

考察

〈1〉SNSに関して、「よい」と思ったこと（体験）…［C］

⇔

〈2〉SNSに関して、「よくない」と思ったこと（体験）

対面では気をつかって言わないことを言ってしまったり、真意が伝わらず思わぬ誤解を招いたりする場合がある。

↓

〈3〉まとめ（考えたこと）

・SNSには「功」「罪」の二面性がある。

・SNSを使う場合には、［ D ］

問一 空欄**A**に入る適切な語句、空欄**B**に入る適切な意味をそれぞれ答えよ（辞書やインターネットなどで調べてもよい）。

問二 空欄**C**に当てはまる具体的な一つの例を、二十字以内で書け。

問三 〈3〉の「まとめ」の空欄**D**に入る「考え」の内容としてふさわしいものを一つ選べ。

ア 常にSNSについて最新の知識と情報をもっていることが不可欠だ。

イ 長所もあれば短所もあることを意識してSNSを活用すべきだ。

ウ 便利な面だけを積極的に強調してSNSを普及させていくべきだと思う。

エ SNSという呼び方がなぜ定着したのかを意識しておくことが必要だ。

オ どのような物事であっても長所と短所が必ずあることを知っておくべきだ。

問題チェック

Kさんは学校の授業で、「SNSの功罪について、自分自身の体験を踏まえた上で、考えたことを四百字程度の文章にまとめてみましょう」という課題を与えられた。次に示すのは、この課題をこなすためにKさんが作成したノートの一部である（ただし、問題の都合で一部を空欄にしてある）。これを読んで、後の問に答えよ。

考え方　「何」を書くのか整理する

テーマは「SNSの功罪」、条件の一つは「自分自身の体験を踏まえて」書くこと

【Kさんのノート】

①テーマ　SNSの功罪

SNS……［A］の頭文字。ツイッターやインスタグラムなど

問一　SNSが何の「頭文字」かを調べる

功罪……「功罪」とは［B］のこと。

問一　「功罪」の意味が辞書などでどう書かれているかを調べる

②設問の条件

「自分自身の体験を踏まえた上で」→SNSに関してどのような体験があるだろうか。

「考えたことを、四百字程度の文章に」→原稿用紙一枚程度の分量。

考察

〈1〉ＳＮＳに関して、「よい」と思ったこと（体験）…　C

問二

⇔

〈2〉ＳＮＳに関して、「よくない」と思ったこと（体験）

対面では気をつかって言わないことを言ってしまったり、真意が伝わらず思わぬ誤解を招いたりする場合がある。

↓

問三　SNSには「功」と「罪」の二つの異なる性質があることを踏まえた「まとめ」であることが必要

〈3〉まとめ

・ＳＮＳには「功」「罪」の二面性がある。

・ＳＮＳを使う場合には、　D

出典

（Ｚ会）オリジナル文章「『ＳＮＳの功罪』に関する学習ノート」。

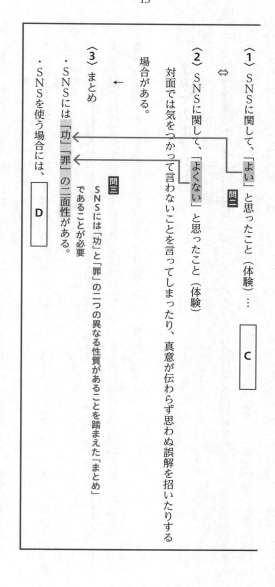

第2章 第2節

読む② 「課題文」を読む ――「読み」と「要約」のポイント

朝日新聞「ケアを担う子　家族任せにせず支援を」

2-1 「読む」ことの大切さ

課題文型の小論文では、論点・テーマについて考え、意見を書く前提として、課題文から論点・テーマを理解することが必要です。

課題文を読み誤ってしまえば論じる内容の方向性もちぐはぐなものとなってしまい、議論の出発点に立つことすらできません。

大学では、皆さんが専攻する各分野の専門家が書いた論文を読むことが「読む」ことの中心であり、大学入試の現代文や小論文で出題される文章の大半は、各分野の専門家が書いた論文をはじめとした論理的文章、および高等学校で学習する小説などの文学的文章です。

2-2 「読み」のポイント

ここでは文章の「基本形」として、現代文でよくみられる評論文の読み方のポイントを学習します。

小論文の課題文は、もう少し広いジャンルから採られることもありますが、おおむねこの読み方に沿って対応することが可能です。

①文→段落→全体という構成

人間の使う言葉は、前から後ろへと向かって一方向に進みます。

文章も前から順に読み、全体を通して「何を言っているのか」を理解し、「なるほど」と納得したり、「面白かった」と感心したり、時には「ちょっと違うのでは」と疑問を抱いたりします。

一般的な文章は、文→段落→全体という構成でできているので、この構成に従って読んでいきます。「読めているか」を確かめるには、次の四つに答えられるかどうか、チェックしてみるとよいでしょう。

(1)何についての文章か（文章のテーマは何か）
(2)キーワードはどう定義されているか
(3)各段落で筆者の一番言いたいことは何か
(4)文章全体で言いたいことは何か

②「眼」と「手」で読む

書かれた文章は、言ったそばから消えてしまう話し言葉と違って、何度でも読み返すことができます。「人間の使う言葉は、前から後ろへと向かって一方向に進みます」と書きましたが、書かれた文章を読む場合には、事情は少し違います。

書かれた文章でもやさしいものであれば、「一読して終わり」で構いませんが、難しい文章は何度でも読み返し、行ったり来たりして読むことで、理解が深まります。

ページを眼で追いながら行きつ戻りつしたり、メモを取ったり、大切な箇所をマークするなどしたりして読むことで、書き手の考えの構造が理解できることもあります。いわば「眼」と「手」を連動させて読むわけですが、その際の着眼点や注目すべき箇所は、たとえば、次のようなところです。

⑴同じ言葉をつなげていく

――文章のテーマにあたる言葉は、何度も繰り返して出てきます。順につないでいくことで、文章のポイントがわかる可能性があります。

⑵二つを対比（比較）しながら読む

――二つの異なる立場が書かれている場合には、二つの違いを中心に読んでいくとよいでしょう。立場の違いに注目して読むことは、「賛成」や「反対」などの意見を書く際の土台ともなります。

⑶具体例、たとえ、引用に注意する

――具体例、たとえ、引用などは、読者の理解を助けたり、文章に説得力をもたせたりするために筆者が用意してくれたヒントです。文章のテーマや論旨とどう関係があるのかを考えながら読んでいきます。

ただし、具体例、比喩《ひゆ》（たとえ）、引用などは基本的に、文章の論旨＝メインに対してはサブの位置にあることを忘れずに。

2-3 「要約」のポイント

文章を読んで自分が理解したことを他人に伝えるのに適した方法とはどのようなものでしょうか。それは理解したことを自分の言葉でまとめ直して文章にし、それを読んでもらうことです。「要約」や「あらすじ」は、文章が伝えようとした骨格の部分（内容のエッセンス）をコンパクトな文章でまとめたものです。**課題文を適切に「要約」できることは、本文を正しく理解している証《あか》しとなります。**

2-4 「要約」と「敷衍《ふえん》」

辞書によれば、**「敷衍」とは〈趣旨や意味を押し広げて詳しく説明すること〉です**。では、文章で「押し広げる」とはどういうことでしょうか。

課題文をもとに考えを広げ、展開していくことが「敷衍」にあたります。すなわち、課題文を読んで小論文を書くとは、課題文の世界を「敷衍」することです。

課題文を短くまとめて「要約」したあと、課題文をもとに自分が考えたことを押し広げて「敷衍する」――「要約」と「敷衍」は、小論文の両輪です。

- □「読み」のポイント(1)＝「文→段落→全体」という構成に注意して読む。
- □「読み」のポイント(2)＝「同じ」「対比」「具体例」などに注意して読む。
- □「要約」と「敷衍」＝課題文を短くまとめたあと、自分の考えを押し広げる。

短文演習

解答時間8分　得点　　点

※解答は別冊P4

次の文章を読んで、後の問に答えよ。

家族の介護や世話を日常的に担う、「ヤングケアラー」と呼ばれる子どもたちへの関心が高まっている。病気の親に代わって家事をする、兄弟姉妹の世話をする、認知症の祖父母の見守りをする……。家庭の事情で、家族が助け合うことはあるだろう。介護などの経験が、子どもたちにとって学びになる面もある。だが、学校の勉強に支障をきたしたり、進路の選択肢を狭めたりするほどの負担となれば行き過ぎだ。周囲が気付かず、孤立することも心配される。

子どもの権利や学ぶ機会の保障を最優先に、社会全体の問題としてとらえ、必要な支援を考えねばならない。

厚生労働省と文部科学省がこのほど、公立中学と全日制高校の二年生などを対象に初の全国調査を行った。「世話をしている家族がいる」のは五％前後で、世話に費やす時間は一日平均四時間。「七時間以上」とする回答も約一割あった。

家族の世話をしている子どもらは欠席や遅刻をしがちで、宿題ができないことも多い傾向がみられた。「学校の勉強や受験勉強など学習のサポートをしてほしい」「自由に使える時間がほしい」。そんな声も目立つ。

高齢化でケアを必要とする人が増える一方、共働きやひとり親世帯の増加、核家族化や長時間労働などで、家族の中の人手は減り、世話を日常的に担う子どもは増える傾向にあるとも言われる。

悩みを抱える子どもたちを早期に把握し、手を差し伸べる。そのためにはさらなる実態把握に努め、学校と行政の福祉部門などとの連携を強化すべきだ。

まずは、利用できる介護保険や福祉サービスにしっかりとつなげる必要がある。サービスの利用計画を立てる専門職には、子どもの視点に立った配慮も求められる。

（朝日新聞「ケアを担う子　家族任せにせず支援を」二〇二一年四月二十一日朝刊）

問一　「ヤングケアラー」とはどのような人たちのことですか。文中の言葉を用いて二十五字以内で答えよ。

問二　次に示すのは、この文章の要約である。空欄に入る語句や数字をそれぞれ文中から書き抜いて示せ。

> 政府の調査によれば、「世話をする家族がいる」と答えた中高生は全体の［ア］％前後に上った。彼らは「ヤングケアラー」と呼ばれ、学業・進路の選択において悪影響を被ることや、周囲から［イ］することが懸念される。彼らの権利や学ぶ機会の［ウ］を最優先として、社会全体の問題として実態を早期に把握し、子どもの視点に立った配慮のもと、必要な［エ］を行うことが望まれる。そのためにさらなる実態把握に努め、学校と行政の福祉部門などとの［オ］を強化すべきだ。

問題チェック

考え方　文章と要約の内容を照合する

次の文章を読んで、後の問に答えよ。

問一　テーマである「ヤングケアラー」の定義

① 家族の介護や世話を日常的に担う、「ヤングケアラー」と呼ばれる子どもたちへの関心が高まっている。

② 病気の親に代わって家事をする、兄弟姉妹の世話をする、認知症の祖父母の見守りをする……。家庭の事情で、家族が助け合うことはあるだろう。介護などの経験が、子どもたちにとって学びになる面もある。

問二イ　問題点

③ だが、学校の勉強に支障をきたしたり、進路の選択肢を狭めたりするほどの負担となれば行き過ぎだ。周囲が気付かず、孤立することも心配される。

問二ウ・エ　課題

④ 子どもの権利や学ぶ機会の保障を最優先に、社会全体の問題としてとらえ、必要な支援を考えねばならない。

問二ア　割合

⑤ 厚生労働省と文部科学省がこのほど、公立中学と全日制高校の二年生などを対象に初の全国調査を行った。「世話をしている家族がいる」のは五％前後で、世話に費やす時間は一日平均四時間。「七時間以上」とする回答も約一割あった。

⑥ 家族の世話をしている子どもらは欠席や遅刻をしがちで、宿題ができないことも多い傾向がみられた。「学校の勉強や受験勉強など学習のサポートをしてほしい」「自由に使える時間がほしい」。そんな声も目立つ。

⑦ 高齢化でケアを必要とする人が増える一方、共働きやひとり親世帯の増加、核家族化や長時間労働などで、家族の中の人手は減り、世話を日常的に担う子どもは増える傾向にあるとも言われる。

問二 オ 主張

8 悩みを抱える子どもたちを早期に把握し、手を差し伸べる。そのためにはさらなる実態把握に努め、学校と行政の福祉部門などとの連携を強化すべきだ。

9 まずは、利用できる介護保険や福祉サービスにしっかりとつなげる必要がある。サービスの利用計画を立てる専門職には、子どもの視点に立った配慮も求められる。

ヤングケアラーという主題・テーマについて、段落ごとに、また文章全体でどのようなことが述べられているかを読み取る。解答は現代文の「書き抜き問題」のように、課題文から該当する箇所を書き抜く要領で行う

問二 要約

政府の調査によれば、「世話をする家族がいる」と答えた中高生は全体の［ア］%前後に上った。彼らは「ヤングケアラー」と呼ばれ、学業・進路の選択において悪影響を被ることや、周囲から［イ］することが懸念される。彼らの権利や学ぶ機会の［ウ］を最優先として、社会全体の問題として実態を早期に把握し、子どもの視点に立った配慮のもと、必要な［エ］を行うことが望まれる。そのためにはさらなる実態把握に努め、学校と行政の福祉部門などとの［オ］を強化すべきだ。

出典

朝日新聞「ケアを担う子　家族任せにせず支援を」（二〇二一年四月二十一日朝刊）。

読む③「データ」を読む ——数値を言語化する

厚生労働省「平成二十九年　国民健康・栄養調査結果の概要」
スポーツ庁「幼児期の外遊びと小学生の運動習慣・体力との関係」

3-1 データを「ことば」化する

小論文の課題を「考える」「書く」ための前提として、「読む」ことが大切なのはすでに述べました（→第2節）。しかし「読む」とは、文章を「読む」ことに限定されません。グラフや図版などを使った資料型の出題では、さまざまなデータを「読み」、それが何を意味するのかを言葉に変換して表現する力が問われます。

3-2 データを「読む」時の着眼点⑴「特徴」と「変化」に注目

商品の売上高や営業マンの契約実績、学力テストの成績など、私たちの身の回りにはさまざまなデータがあふれています。

一つ一つのデータ自体はただの数字にすぎず、何も語りません。しかし、いくつものデータを互いに「比較」するなどして、そこに何らかの「特徴」や「変化」を読み取ることができれば、それは社会や環境という「目に見えないもの」の姿を「ことば」化したことになります。

このようにして私たちの身の回りの事象を「意味づける」こと、そこに社会的な課題を見出すことが、データを「読む」ことの意義です。

「表」や「グラフ」は、複数のデータを「比較」し、どのような「変化」が生じているかを、一目でわかるように示すものです。

グラフ　交通事故死者数及び65歳以上人口10万人当たりの交通事故死者数の推移（内閣府「令和3年版高齢社会白書」をもとに作成）

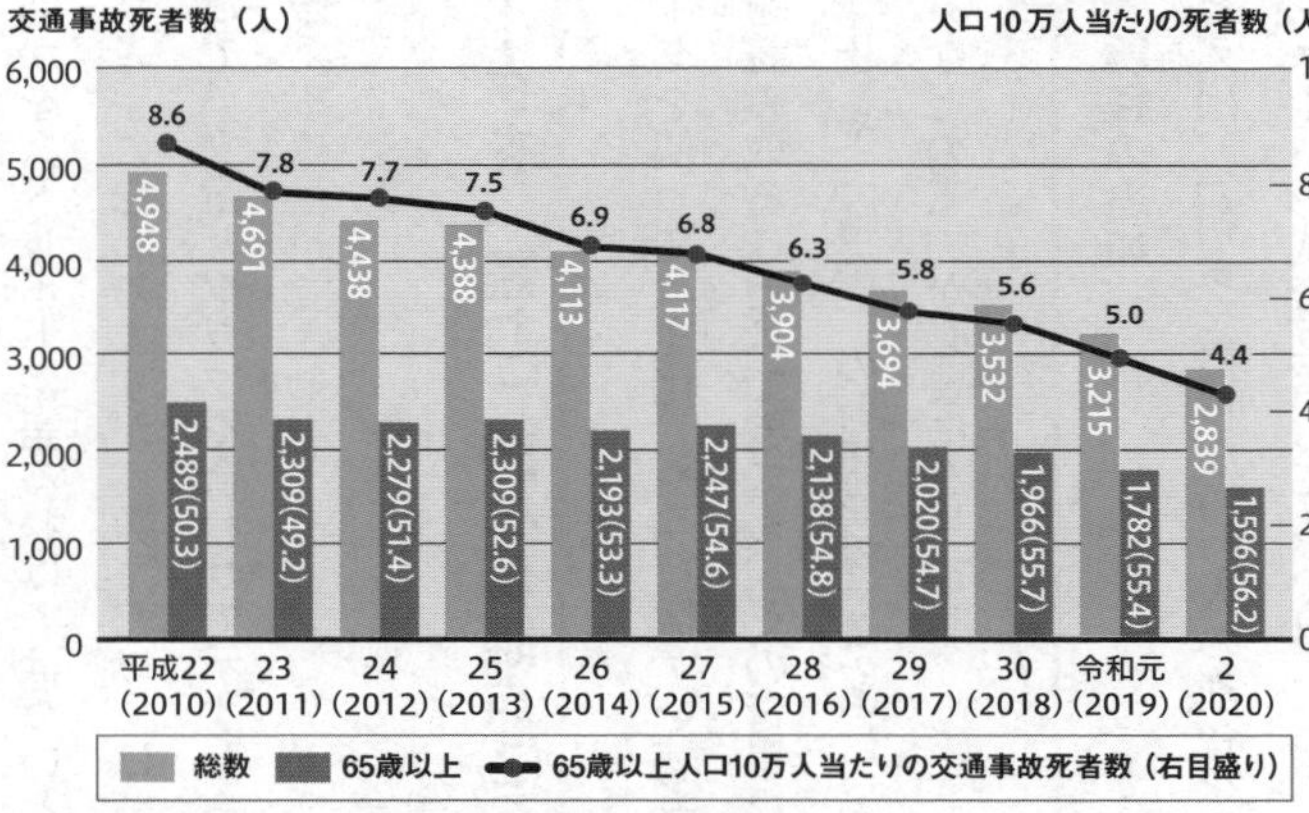

資料：警察庁提供データ、総務省「人口推計」により、内閣府が作成
（注）（　）内は、交通事故死者数全体に占める65歳以上の者の割合。

たとえば、上記のグラフからは次のことがわかります。

・交通事故の死者は総数でも、六十五歳以上でも、減少傾向にある。
・六十五歳以上の人口十万人当たりの交通事故死者数も減少傾向にある。
・ただし、全体の死者数に占める高齢者の割合は依然として高い。

データをグラフ化することで、全体の傾向が一目でわかるように可視化されます。

ある年だけ突出して高い、低いといった特徴があれば、それも一目でわかります。たった一つのグラフに、いくつもの情報が集約されているのがグラフの特徴です。

ただし、注意したいのは、グラフは文章と違って、何かをストレートに語るわけではないということです。文章で書かれたことは、そのまま情報として読み手に伝わりますが、数字だけでは読み手の一人一人が違う解釈をすることも考えられます。そこで、文章とグラフを合わせて示すなら、互いに補い合うことができるため、伝えたい情報を的確に伝えることができます。

3-3 データを「読む」時の着眼点⑵ 関係づけ

データを使って「変化」や「特徴」を読み取ることができることを学習しましたが、「変化」や「特徴」を読み取ることはできても、その背景などを読み取ることには限界があります。「変化」や「特徴」の背景を探るためには、調査項目を追加したり、複数のデータを組み合わせたりするなどの工夫が必要になります。

①調査項目の追加

たとえば、「朝食を摂らない」人の割合を調べたデータについて、合わせて「朝食を摂らない理由」をアンケート形式で回答してもらうことで、人々の生活スタイルや意識の動向を探ることができます。

②複数のデータの関係づけ

着眼点⑴で確認した「特徴」や「変化」は、ある一つの基準でデータを比べたものですが、別々の**データを見比べ、その間に何らかの関係を見出すという分析の仕方**もあります。

一つの例として、「妊娠中に多くのフルーツを食べると、記憶力の優れた頭のよい赤ちゃんが生まれる」という報告を考えてみましょう。

妊娠中の母体の食生活が胎児に大きな影響を与えることは確かです。

その中で、「お母さんが食べたフルーツの量」と「赤ちゃんの記憶力」という別々のデータの間に関係があるのではないかという仮説は分析者のオリジナルなものです。

そこに一定の関係性があることが証明できれば、独創性のある発見となるでしょう。もちろん、慎重さも必要です。

たとえば、フルーツを多く食べることができるほど余裕のある暮らしをしていたり、リラックスした毎日を過ごしていたりするといった別の要因が絡んでいることも考えられるからです。

このように慎重な姿勢も必要ですが、**複数のデータが示された場合には、慎重に相互の関係性を検討するという視点は大切です**。

そして、二つを結びつけることが正しいかどうかを判断するのが、**論理的に考える力（思考力）**です。

- □ **データを「ことば」化して表現する。**
- □ **着眼点⑴＝「特徴」と「変化」に注目する。**
- □ **着眼点⑵＝相関の関係を読み取る。**

短文演習

次のグラフ1・グラフ2を読んで、後の問に答えよ。

解答時間8分

得点　　点

※解答は別冊P6

グラフ1

運動習慣のある者の割合（20歳以上、性・年齢階級別）

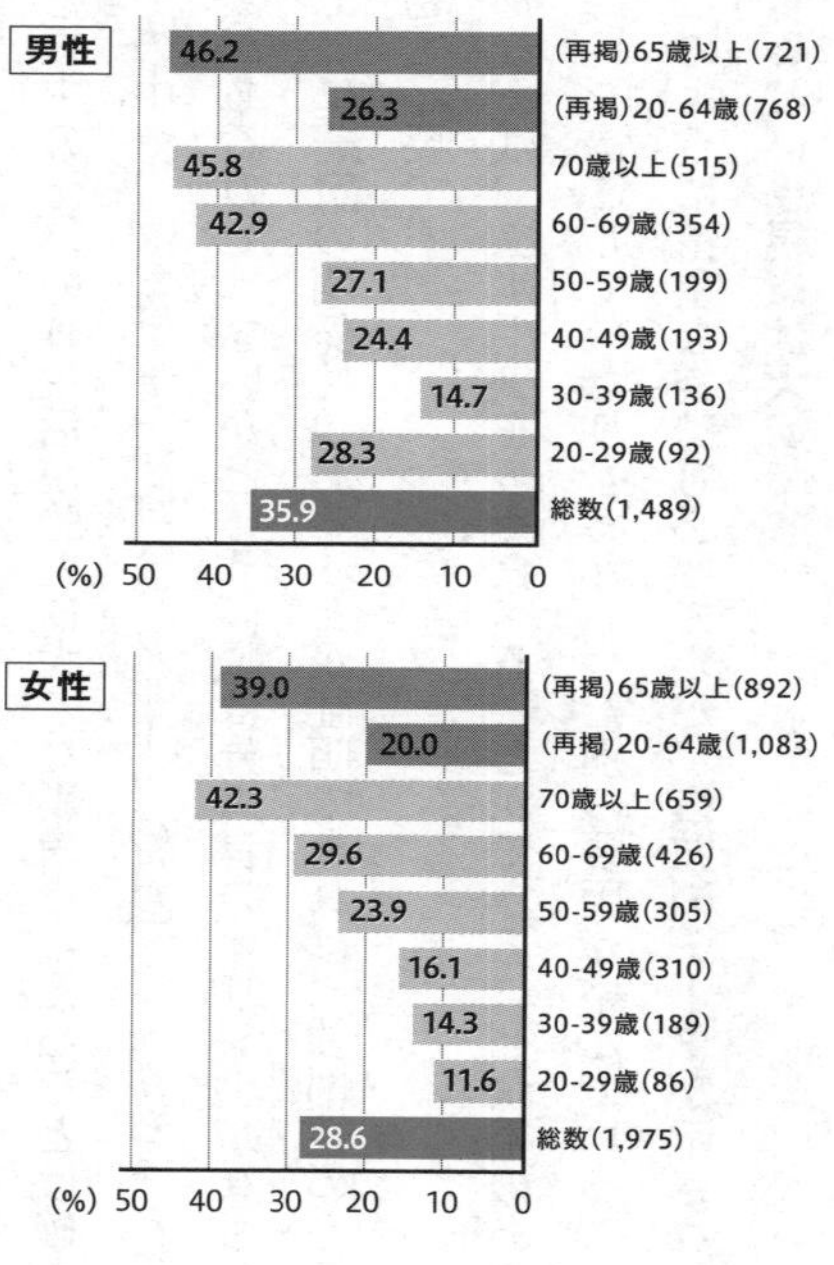

グラフ2

入学前の外遊びの実施状況別新体力テスト合計点（10歳）

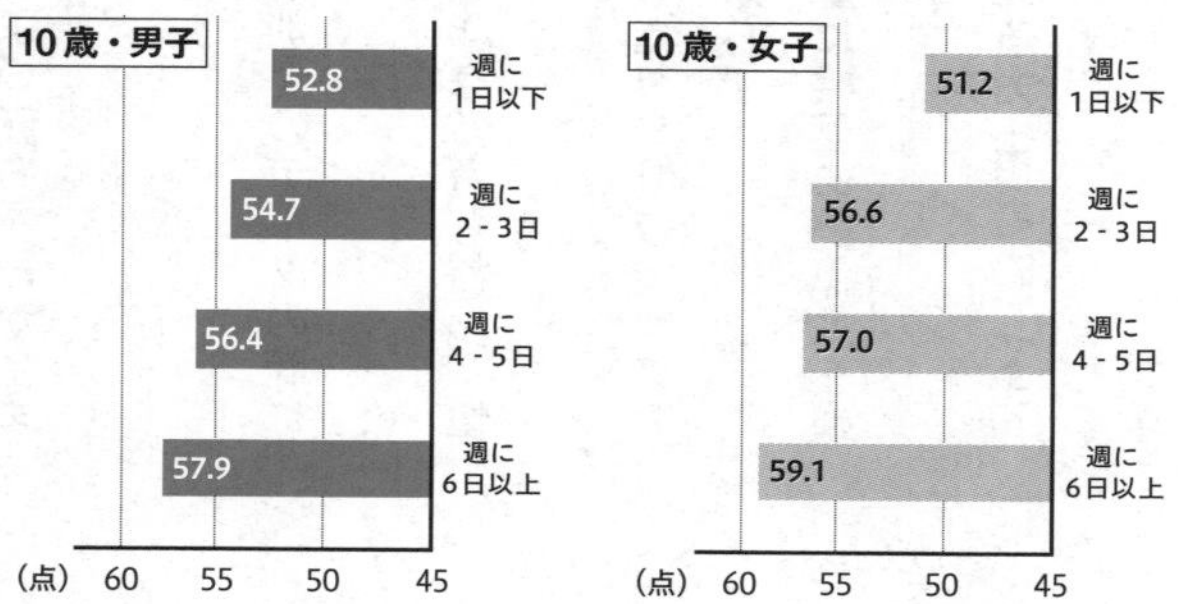

（グラフ1　厚生労働省「平成二十九年　国民健康・栄養調査結果の概要」Ⅱ「結果の概要」、第二部
第三章「身体活動・運動及び睡眠に関する状況」の「1．運動習慣者の状況」。
グラフ2　スポーツ庁「幼児期の外遊びと小学生の運動習慣・体力との関係」二〇一七年、による）

問一　**グラフ1**は運動習慣の有無を世代別、性別にまとめたものである。ここから読み取れることを○、読み取れないことを×として区別せよ。

※「運動習慣のある者」とは、一日三十分以上の運動を週二回以上実施し、一年以上継続している者である。

1　男女とも、六十五歳以上の世代は六十四歳以下の世代よりも運動習慣のある人の割合が高い。

2　男女とも、年齢が高くなるにしたがって運動習慣のある人の割合が増えている。

3　すべての年代において、運動習慣のある人の割合は男性が女性を上回っている。

4　運動習慣があると答えた人の数は、四十歳代の男性は四十歳代の女性の約一・五倍にのぼる。

5　二十歳代の女性や三十歳代の男性は、仕事や子育てのために運動習慣をもてない人が多い。

問二　**グラフ2**は「入学前の外遊びの実施状況」と「十歳の新体力テストの得点」の関係を示したものである。これについてまとめた次の文を読んで、［　］内の当てはまる方をそれぞれ選べ。

> 男女とも、外遊びの回数が［多い　少ない］子ほど体力テストの得点が高くなる傾向がある。「週に六日以上」の子の得点と「週に一日以下」の子の得点の開きは［男子　女子］の方が大きい。

問題チェック

考え方　データの特徴・変化を読み取り、関連づける

次の**グラフ1・グラフ2**を読んで、後の問に答えよ。

グラフ1

上側のグラフが男性、下側のグラフが女性。男女それぞれについて20歳以上の運動習慣の実態が10歳ごとに集計され、上の2行に20～64歳（働く世代）と65歳以上（高齢世代）ごとの統計が再掲されている

運動習慣のある者の割合（20歳以上、性・年齢階級別）

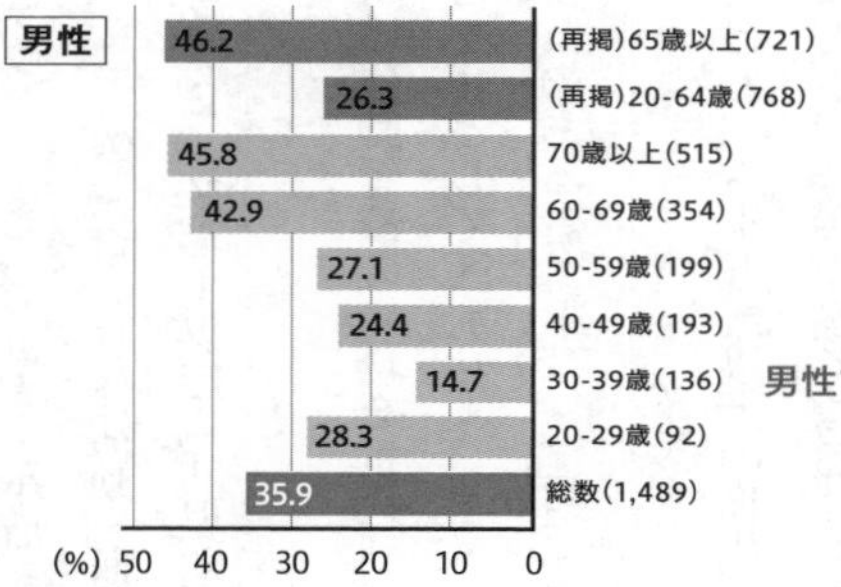

男性では30歳代が最も低い

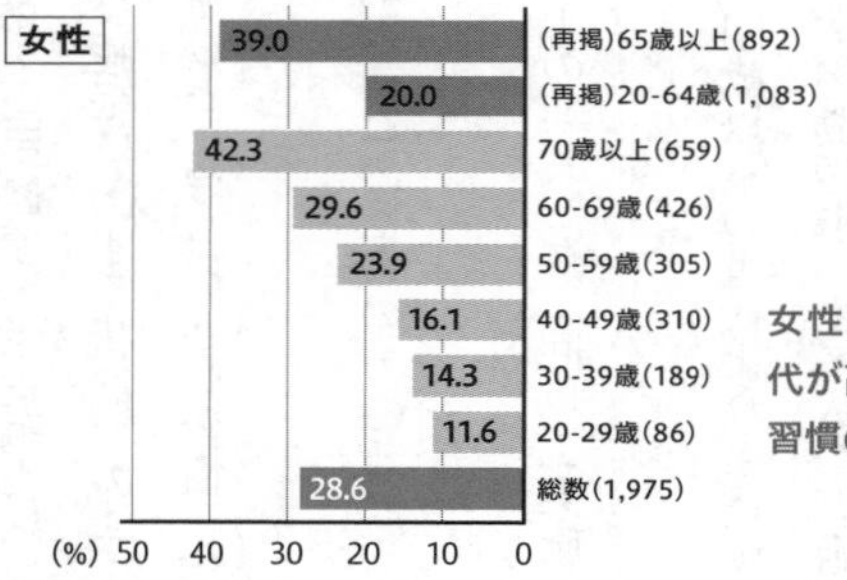

女性は20歳代が最も低く、年代が高くなるにしたがって運動習慣のある者の割合が増える

問一

男女とも65歳以上で運動習慣のある者の割合は、20～64歳の割合に比べて2倍近くに上る。

また、男女を比較すると「運動習慣がある」と答えた者の割合は男性が多いが、回答者の数に差があるので、一概には比較できない

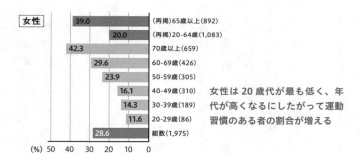

グラフ2

「外遊びの実施状況」と「得点」の間には連動する関係があるのか、
あるとすればどのような関係を読み取ることができるのかを考える

入学前の外遊びの実施状況別新体力テスト合計点（10歳）

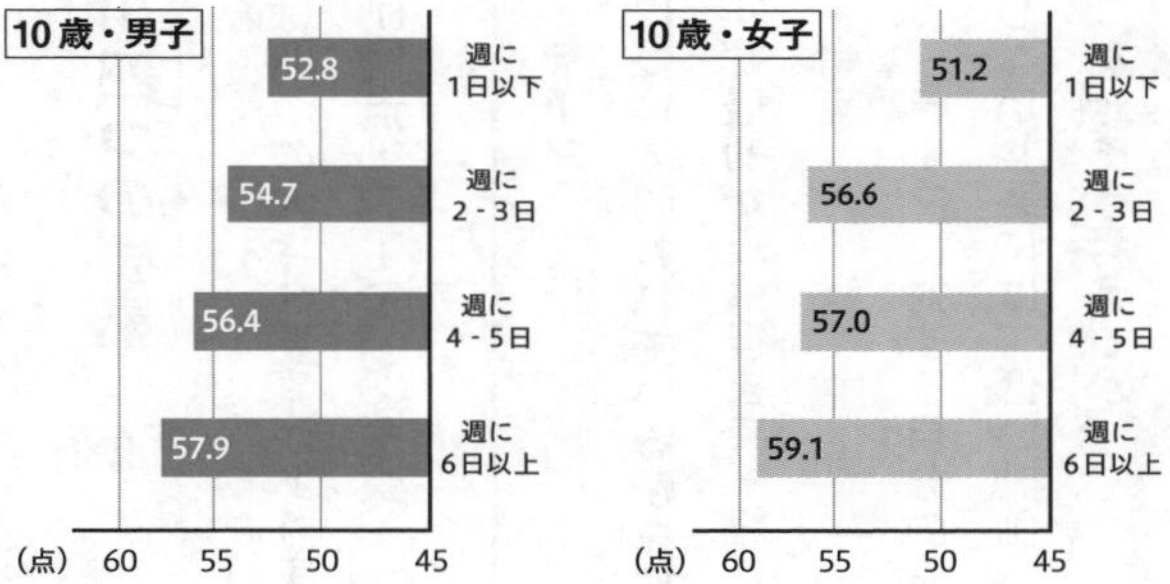

問二

男女とも、「週に6日以上」の子の得点が最も高く、「週に1日以下」の子の得点が最も低い。
「週に6日以上」と「週に1日以下」の得点の開きを比べると、男子の5.1点に対して女子は7.9点であり、女子の方が大きい

出典

グラフ1　厚生労働省「平成二十九年　国民健康・栄養調査結果の概要」Ⅱ「結果の概要」、第二部第三章「身体活動・運動及び睡眠に関する状況」の「1．運動習慣者の状況」。

グラフ2　スポーツ庁「幼児期の外遊びと小学生の運動習慣・体力との関係」二〇一七年。

第4節

考える① 「何」を考える ——「事実」と「意見」を区別する

日本財団「十八歳意識調査『第三十回テーマ　読む・書くについて』」

4-1 小論文の四つの要素

小論文には四つの大きな要素があります。

それは「①論点・テーマ　②主張・考え　③論拠　④説得」です。

①論点・テーマ

何について問われているかを把握せずに書くと、「論」がかみ合わないものになってしまいます。最初から最後まで、論点・テーマを常に意識して考え、書いていきます。

②主張・考え

論点・テーマに対する自分の考えが簡潔明瞭に書かれていることが大切です。主張のはっきりしない答案には、低い評価しか与えられません。

③論拠（なぜそう考えるか）

自分の考え（主張）に対して、読み手が納得のいくように根拠を示すことが求められます。

②と③が論理的にしっかりとつながっているかどうかも大切です。

④説得
書き手の主張と論拠が十分に成り立つことを、読み手に認めてもらうのが必要です。

4-2 「事実」と「意見」具体から抽象へ

①の論点・テーマを正しく押さえることは大切ですが、論点・テーマはあくまでも小論文にとっての「素材」です。**「素材」を「どう論じるか」を問われるのが小論文**です。

実際に起きている事実や出来事をただ書いただけの文章は「作文」や「報告」ではあっても、「小論文」ではありません。一つ一つの事実がどのような「意味」をもつのか、自分はどう「考える」のか。**具体的な事実をもとに抽象化したり、考えを押し広めたり（＝敷衍）できている文章が小論文では評価されます**。

昔話の「桃太郎」で考えてみましょう。

「桃太郎」で小論文を書く場合に求められるのは、内容をわかりやすく解説したりすることでも、登場する鬼や動物たちのせりふを面白くして興味をひかせることでもありません。

たとえば「桃太郎」をはじめとする昔話が、それを読む子どもたちにどのような影響を与えるか、子どもたちは昔話を通してどのようなことを学ぶか、といった形で、「桃太郎」を「昔話」という形で抽象化したり、「子どもたちとの関係」というレベルに話を押し広げたりするといった形でとらえ直すことが必要です。

例「桃太郎」の場合

出来事　――→　**意味づけ**
＝具体的　　　　＝抽象的

・鬼たちを退治する　――→　子どもたちに、善が悪に勝つという図式を教え込む

4-3 「意見」の示し方

事実と意見の区別があいまいで、課題文の内容をひたすらなぞっているだけでは、よくない答案といえます。こうしたよくない答案の改善策を考えてみましょう。

①「事実」と「意見」の区別をはっきりさせる

たとえば、**「筆者によれば～。私は○○と考える。」といった書式**で書きはじめてみましょう。一つめの文で「課題文から読み取ったこと」をまとめます（＝事実）。そして二つめの文に、「自分の考え」（＝意見）を書きます。「意見」は、「賛成である」「反対である」のように簡単なもので構いません。まずはこのような書き方をマスターすれば、

・シンプルな書き方を押さえることで、書き出しに悩むことがなくなります。
・第一段落で文章の方向性が決まり、文章の目指す方向性がはっきりします。

②論点・テーマをしぼる

「豊かな生き方とは」のようにテーマが広すぎる場合には、あれこれと考えが浮かぶのは自然なことです。また、課題文を読んでさまざまなことを考えるといったこともあるでしょう。しかし感じたことや考えたことをすべて書くことは、制限字数の上からもできません。テーマが広範囲にわたったり、解決すべき課題がいくつもあったりする場合には、

ここでは○○について考えたい

と**最初に宣言することで、テーマを明確に示すことができます**。

なお、「～と考える」は自分の考えに対して使うものですので、「事実」に「と思う」「と考える」をつけてはいけません。

> ×間違った例　日本の人口は年々減少していると考える。　※事実に「～考える」はつけません。

- □ **小論文の四つの要素「①論点・テーマ　②主張・考え　③論拠　④説得」を押さえる。**
- □ **「事実」と「意見」を区別して書く。**
- □ **論点・テーマをしぼって書く。**

短文演習

次の問に答えよ。

解答時間20分　得点　点

※解答は別冊P８

問一　あなたがこれまで読んだり聴いたりして覚えている本や作品、音楽などを一つ選び、それがどのような特徴をもつか、どのような点が印象に残ったかと合わせて文章を書け。

・二つの文で書くこととし、一つめの文では本や文章、音楽の題名やタイトル、内容を紹介する文を五十字程度で書くこと。
・二つめの文では、その本や文章、音楽などの特徴や、気に入った点を五十字程度で書くこと。
・選ぶ本や文章、音楽は、最近読んだり聴いたりしたもの、学校で習ったもの、子どもの頃に出会ったものなど、何でも構わない。

問二　次に示すのは、日本財団が全国の十七歳～十九歳の男女千人を対象に実施した「十八歳意識調査」の質問項目「一カ月に本を何冊程度、読みますか」の結果をまとめたものである。これについて、後の手順に従って文章を書け。

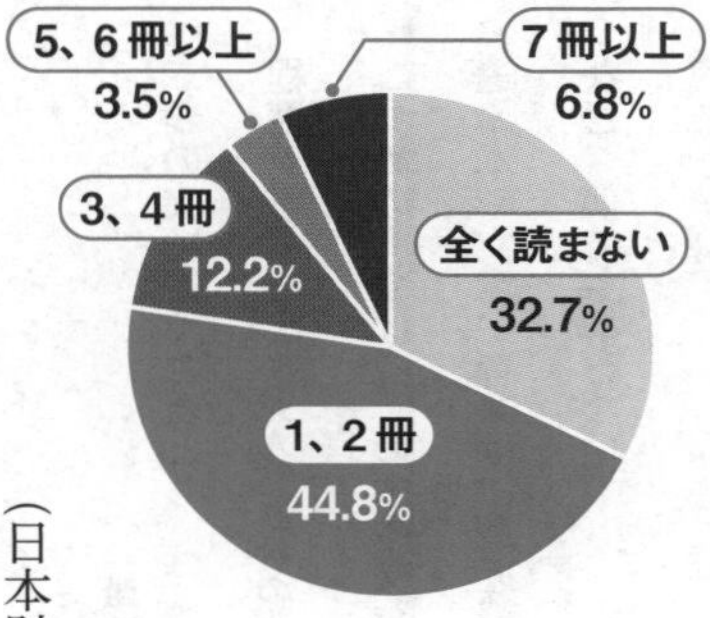

（日本財団「十八歳意識調査」調べ「第三十回テーマ　読む・書くについて」による）

・二つの文で書き、一つめの文ではグラフからわかる事実を書くこと。
・二つめの文では、一つめの文で書いたことに基づく課題を「ここでは○○について考えたい」という形でまとめて書くこと。

問題チェック

考え方　論点・テーマを設定し、「事実」と「意見」を区別する

次の問に答えよ。

問一　あなたがこれまで読んだり聴いたりして覚えている本や作品、音楽などを一つ選び、それがどのような特徴をもつか、どのような点が印象に残ったかと合わせて文章を書け。

（まず「本」「作品」「音楽」などの題材を選ぶ）

・二つの文で書くこととし、一つめの文では本や文章、音楽の題名やタイトル、内容を紹介する文を五十字程度で書くこと。

（「題名・タイトル」と「その内容を紹介する文」だから、客観的に書くことが必要）

・二つめの文では、その本や文章、音楽などの特徴や、気に入った点を五十字程度で書くこと。

（選んだ題材の「特徴」「気に入った点」を書くということは、その題材の「意味」や「価値」を自分がどう考えているかを紹介するということ）

・選ぶ本や文章、音楽は、最近読んだり聴いたりしたもの、学校で習ったもの、子どもの頃に出会ったものなど、何でも構わない。

（題材を選ぶ自由度が高いということは、それだけ自分の考えを自由に出せるということだが、その分、ひとりよがりの感想にならないよう注意することも必要）

問二 次に示すのは、日本財団が全国の十七歳～十九歳の男女千人を対象に実施した「十八歳意識調査」の質問項目「一カ月に本を何冊程度、読みますか」の結果をまとめたものである。これについて、後の手順に従って文章を書け。

問二 グラフは、十七～十九歳の男女が一カ月に読む本の冊数の割合を示している

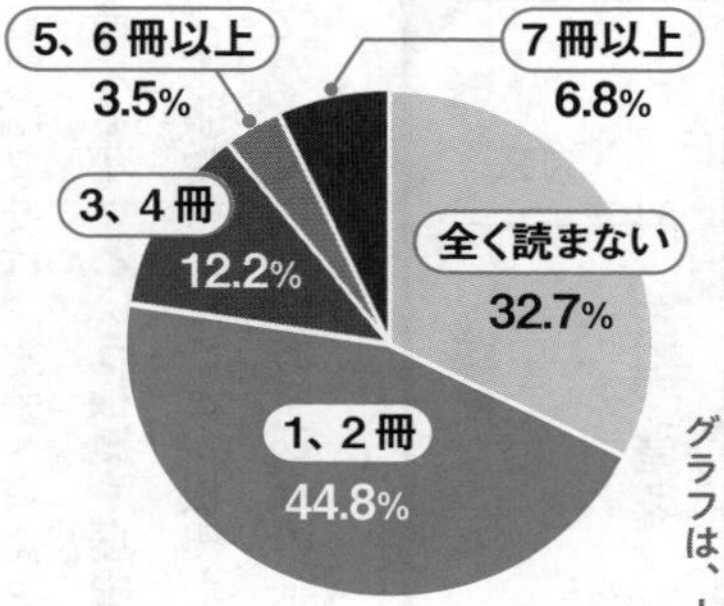

・二つの文で書き、一つめの文ではグラフからわかる事実を書くこと。

「事実」と、そこから浮かび上がる「課題に対する意見」を区別して書く

・二つめの文では、一つめの文で書いたことに基づく課題を「ここでは○○について考えたい」という形でまとめて書くこと。

出典
日本財団「十八歳意識調査『第三十回テーマ　読む・書くについて』」。

第2章 第5節

考える② 論理的に考える——論拠をもって組み立てる

川添愛「【コント】ミスリーディング・セミナー」

5-1 「主張」と「論拠」

小論文では、主張・考えを示すことと同等、あるいはそれ以上に大切なことが、**「なぜそのように考えるか」という根拠や理由（＝論拠）を合わせて示すこと**です。主張や考えたことの根拠が誰でも納得できるものであり、文章全体が筋道立っていることが、小論文の「論」文であることの証しとなるからです。

小論文

「**論拠** ← **主張・考え**」

5-2 「最初に思ったこと」を論理化する

最初に「こうではないか」と思ったことが、「論拠」を考えることの出発点です。それは、与えられた課題や問題に対して「賛成だ」「反対だ」と感じた、というような簡単なもので構いません。**思いついたことを出発点にして、「なぜそう考えるのか」「そう考えることは筋が通っているか」を、順番に考えていきます。**

考えていく途中で、「最初は賛成だと思っていたけれど、反対意見にも納得できるところがある」と思える場合もあるかもしれません。最初に考えた自分の意見に対して、立場の違う意見の方が筋が通っていて納得できると思えば、自分の意見を変えても構いません。話し合いの途中で相手の言っていることが正しいと思い、相手の意見に賛同することは、きわめて合理的な考え方です。**変えたあとの意見を自分の主張として、論拠とともに書けば、それは立派な自分の意見であり、主張です。**

5-3 感情論はＮＧ

小論文は論理的に文章を組み立てていく必要があるので、**同じことをしつこく繰り返す、「好き嫌い」を前面に出すような感情論に訴える、といったやり方はよくありません。**

感情論の例

・手書きの文字には書いた人のぬくもりが感じられるので、字は必ず手書きで書くべきだ。
・これが世の決まりだ。＝説明のない「法則」の持ち出し
・ダメなものはダメだ。＝根拠のない決めつけ

5-4 接続語を使いこなす

作家の井上ひさし（一九三四〜二〇一〇）はかつて、人間の子どもが言葉を獲得することの総仕上げが「接続詞の習得」であると書きました。接続詞を使うことができるようになって〈ヒト〉は〈考えるヒト〉になる、と言うのです。

「しかし」「だから」「したがって」「ところで」……などの接続表現（接続語）は、前後の内容が互いにどのような関係にあるかを正しく理解していなければ、的確に使うことができません。そして、**接続語を的確に使うことは、自分の頭の中を整理すると同時に、相手にその内容を伝えること**でもあります。小論文を書く場合にも、接続語を正しく使いこなすことを意識してください。

まずは、次の接続語の働きを理解し、接続語を使った文の組み立てを考えてみましょう。

〈主な接続語の働き〉

①論の流れを示す接続語

まず（第一に）、最初に

次に

最後に

しかし、一方で、これに対して

②論を整理してまとめる接続語

つまり、すなわち、要するに、したがって

③理由を説明する接続語

なぜなら

〈接続語を使った文の組み立ての例〉

①なぜなら

~と考える。なぜなら……だからである。

最初に「~と考える」と主張・考えを示しておき、続く文を「なぜなら~」ではじめて「論拠」を書きます。論拠にあたるものが二つ以上ある場合には、次のように書くこともできます。

~と考える。(その理由は)第一に……、第二に……

例 文化祭のクラス企画は縁日がよいと考える。なぜなら、縁日という非日常的な空間が文化祭という場にもふさわしいと感じるからだ。

②したがって

結論部分で、「したがって」を用いて文章全体をまとめます。

例 したがって、私は幼児の段階から子どもに英語を教えることに賛成である。

- □「主張・考え」を支える「論拠」を必ず示す。
- □「最初に思ったこと」が出発点だが変えてもよい。ただし「感情論」はNG。
- □接続語を正しく使って論を組み立てる。

短文演習

解答時間20分　得点　　点

※解答は別冊P10

次に示すのは、ネットニュースの記事を書く仕事をしている男性が、記事のアクセス数が伸びないことに悩んで講師に助言を求めている場面である（対話は架空のもの）。これを読んで、後の問に答えよ。

講師：まずは、この記事を読んでみて。

○月○日未明、芸能人のAさんが○○市内に所有・管理するマンションに大学生の男が不法侵入し、ガラスなどを割ったとして、器物損壊の容疑で逮捕された。供述によれば、男はAさんがそのマンションの大家であることを知った上で犯行に及んだという。Aさんは事務所を通じて「このようなことが起こりショックを受けている。犯人は私の息子と同年代だが、もし自分の息子がこのようなことをしたら親として情けない気持ちになるだろう」とコメントした。

君だったら、この記事にどのような見出しを付ける？

生徒：ええと、そうですね。こういう記事なら、「大物芸能人Aが所有するマンションに男が侵入　器物損壊で逮捕」でしょうか。（中略）

講師：俺のレベルになるとさ、さっきの記事には次のような見出しも付けれるの。

芸能人A「親として情けない」マンションへの不法侵入で

生徒：えっ。これだとまるで、Aさんの子供が悪いことをしたみたいじゃないですか。

講師：でも、Aさんは現に「親として情けない」ってコメントしてるんだよ？

生徒：でも、それは「もし自分の息子がこのようなことをしたら」っていう仮定の話ですよね。

講師：えっとね、仮定を省略してあたかも現実の話のように見せたり、時系列を無視して過去の話を今の話のように見せるのも、ミスリーディングの基本だよ。そういったことも、記事の中身を読めばちゃんと分かる話だから。

生徒：でも、こんな見出しばっかり付けていたら炎上しますよ。

（川添愛「【コント】ミスリーディング・セミナー」による）

問一 傍線部の「ミスリーディング」とは、相手の誤解を誘う表現で関心を引こうとする手法である。こうした表現を用いることの是非について、次の手順に従って文章を書け。

i 文の数は三つとし、最初の文は「私はこのような表現を使うことに賛成である／反対である。」のどちらかを選び、賛成または反対の立場を示せ。

ii 続く二つの文で、賛成または反対の根拠などを説明する文章を書け。二つの文とも冒頭に接続語をつけて書き出すこと。必要に応じて次に示す文を使っても構わないが、各文の冒頭に用いる接続語は自分で考えよ。

・誤解を招きやすい表現をあえて使ってまで、他人の注目を集める必要はないからである。
・読む人の意表を突く表現を工夫することは、表現の面白さを知ることにもなるからである。
・このような表現は個人による発信にとどめるべきで、公的な文章では悪影響の方が大きくなる可能性があるので使うべきではない。
・文中に登場する男性が言うように「炎上」を招くと、非難の矛先が自分に向けられることが想定される。

問題チェック

考え方　主張・考えと論拠を対応させて書く

次に示すのは、ネットニュースの記事を書く仕事をしている男性が、記事のアクセス数が伸びないことに悩んで講師に助言を求めている場面である（対話は架空のもの）。これを読んで、後の問に答えよ。

講師：まずは、この記事を読んでみて。

　〇月〇日未明、芸能人のAさんが〇〇市内に所有・管理するマンションに大学生の男が不法侵入し、ガラスなどを割ったとして、器物損壊の容疑で逮捕された。供述によれば、男はAさんがそのマンションの大家であることを知った上で犯行に及んだという。Aさんは事務所を通じて「このようなことが起こりショックを受けている。犯人は私の息子と同年代だが、もし自分の息子がこのようなことをしたら親として情けない気持ちになるだろう」とコメントした。

　君だったら、この記事にどのような見出しを付ける？

生徒：ええと、そうですね。こういう記事なら、「大物芸能人Aが所有するマンションに男が侵入　器物損壊で逮捕」でしょうか。（中略）

講師：俺のレベルになるとさ、さっきの記事には次のような見出しも付けれるの。

　芸能人A「親として情けない」マンションへの不法侵入で

生徒：えっ。これだとまるで、Aさんの子供が悪いことをしたみたいじゃないですか。

講師：でも、Aさんは現に「親として情けない」ってコメントしてるんだよ？

生徒：でも、それは「もし自分の息子がこのようなことをしたら」っていう仮定の話ですよね。

講師：えっとね、仮定を省略してあたかも現実の話のように見せたり、時系列を無視して過去の話を今の話のように見せるのも、ミスリーディングの基本だよ。そういったことも、記事の中身を読めばちゃんと分かる話だから。

生徒：でも、こんな見出しばっかり付けていたら炎上しますよ。

問一 傍線部の「ミスリーディング」とは、相手の誤解を誘う表現で関心を引こうとする手法である。こうした表現を用いることの是非について、次の手順に従って文章を書け。

問一 ミスリーディングがテーマで、その是非が問われている

i 文の数は三つとし、最初の文は「私はこのような表現を使うことに賛成である／反対である。」のどちらかを選び、賛成または反対の立場を示せ。

「ミスリーディング」によって読者を引き付けようとする手法について、「賛成」または「反対」の立場をまず示す

ii 続く二つの文で、賛成または反対の根拠などを説明する文章を書け。二つの文とも冒頭に接続語をつけて書き出すこと。必要に応じて次に示す文を使っても構わないが、各文の冒頭に用いる接続語は自分で考えよ。

「なぜ賛成・反対か」を示す文を「接続語」を用いて書くので、「なぜなら〜からである」などの構文で、主張・考えと論拠を対応させて書く

> ・誤解を招きやすい表現をあえて使ってまで、他人の注目を集める必要はないからである。 反対の論拠
>
> ・読む人の意表を突く表現を工夫することは、表現の面白さを知ることにもなるからである。 賛成の論拠
>
> ・このような表現は個人による発信にとどめるべきで、公的な文章では悪影響の方が大きくなる可能性があるので使うべきではない。
>
> ・文中に登場する男性が言うように「炎上」を招くと、非難の矛先が自分に向けられることが想定される。

出典

川添愛「【コント】ミスリーディング・セミナー」（東京大学出版会『UP』掲載、二〇二二年）。

川添愛は言語学者。本文は筆者が言語学の紹介をかねて連載している記事の一節。「ミスリーディング」を言語学の見地から分析している。

第2章 第6節

考える③ 相手の立場で考える——説得する方法

高校生の「食品ロス」に関する相談文

6-1 「説得」とは。相手は誰？

社会にはさまざまな意見をもつ人がいて、時には深刻な対立を招いている現実もあります。現代では、異なる意見や立場の人を数の力や暴力でねじ伏せるのではなく、多様な意見や立場が尊重されることが望ましいと考えられています。

考えや立場が食い違った場合に、相手の立場に立って考えてみることは有効な方法です。相手の立場に立って考えて話し合うことで、お互いを理解し、相互の歩み寄りを模索することや、問題点を解決するための視点を見つけ出すことにつながる可能性があるからです。

しかし、小論文は対話ではないので、相手の生の声を聞くことはできません。とはいえ、常に自分とは別の他者の立場を想定しておくことで、ひとりよがりではない考えをもち、**説得力のある文章を組み立てることができます**。

ここでは、小論文を書く場合に意識する「相手」として、①考えや意見の違う人たちと、②あなたが答案を読んでもらう直接の相手である採点者を想定して書くことを学習します。

相手とは——①考えや意見の違う人たち　②採点者

6-2 考えや意見の違う人たちを説得するために

相手の立場に立って考える際のポイントは、「どうしてそのように考えるのか」を検討し、「相手の考えることにも一理ある（なるほどと納得できる部分もある）」のではないかと理解を示すことです。こんな時は、現代文の文章で出てくる**「譲歩」の構文**を使うのも一つの方法です。これは、

確かに……しかし〜／もちろん……しかし〜／なるほど……しかし〜／……しかし〜

などの構文です。

「**確かに・もちろん・なるほど**」などに続く……の箇所で、違う考えにも一理あることを示しておいて、「**しかし**」のあとの〜の箇所で**論拠を挙げながら……の内容をひっくり返します。**

例 急ぐ人のためにエスカレータの右半分を空けておくべきだという考えは**確かに**合理的なものである。**しかし**、右半分を空けておくことでエスカレータの輸送力は半分になってしまい、混雑を招くことにもなる。

譲歩の構文の効果的な使い方

(1)「確かにA、しかしB」の構文では、AとBに何を入れてもよいわけではありません。**対立する関係にある考えや立場**を置いてください。右の例では、エスカレータの右半分を空けることについて、賛成（A）と反対の立場（B）が対比されています。

(2)譲歩の構文は、**本論で主張・考えを述べたあと、補足的に使う**のがよいでしょう。

6-3 採点者へのアピール

あなたの答案を読んで評価するのは、採点者です。

採点者はあなたと同じように課題文を読み、テーマを把握した上で、あなたの答案を読んでいきます。つまり採点者は課題やテーマをあなたと共有している立場にいます（賛成／反対など意見の違いは当然あります）。そのような採点者に対してあなたができることを挙げましょう。

①論旨・テーマを正しく把握していることを示す

「話がかみ合っていない」と思われないよう、**「筆者によれば〜である」**などの形でテーマを簡単にまとめるとよいでしょう。

②条件を満たして書く・丁寧な字で書く

条件を満たして書くことは、答案を作成する上でのスタートラインです。**書きはじめる前に十分に確認し、与えられた条件を前提に全体の構成を考えましょう。**

「字を書く」ということについても注意を払いましょう。社会人になると手書きで文章を書き、それを読んでもらう機会はほとんどなくなりますし、大学生活や一部の就職試験でもパソコンで文章を書くケースが増えています。しかし、**現在の大学入試では手書きで書くことの方がまだ主流ですし、就職試験も論文試験で手書きの場合があります。読みやすい丁寧な字で書くよう気をつけてください。**

6-4
「相手の立場で考える」は「顧客のニーズ」に通じる

商売での成功の秘訣は、顧客（お客さま）のニーズを把握してそれに応えることにあります。顧客のニーズを把握するとは、お客さまがどのようなことを考え、何を望んでいるかを理解することです。お客さまの要望を理解し、自分のシステムや商品が要望を満たすものであることを筋道立てて示すことができれば、売り上げは伸び、お客さんも満足する可能性は高くなるでしょう。

この考え方は、小論文を書く場合にも役立ちます。顧客（お客さま）を採点者として考えてみましょう。ここでの**ポイントは「自分の考えを押し通す」ことではなく、「採点者という相手の立場に立って考えること」**になります。

ただし、これは「採点者に気に入られるために、自分の考えを曲げる」ということではありません。考えの示し方や論の展開を工夫して、相手に認めてもらうようにするのです。

- □ 「譲歩」の構文を効果的に使う。
- □ 採点者を意識して書く。
- □ 「相手の立場で考える」は「採点者」を知って応じること。

短文演習

ある媒体の相談コーナーに、次のような相談が寄せられたとします。あなたが回答者の立場にあるとして、後の問に答えなさい。

解答時間10分　得点　　点

※解答は別冊P12

食品に「消費期限」「賞味期限」というものがありますよね。スーパーなどでは「消費期限」「賞味期限」の近い製品を値引きして売っていることもありますが、私は新しいものほど新鮮だという思いが強すぎるのか、どうしてもそれを買うことができません。賞味期限とは「おいしく食べることができる期限」のことで、「食べない方がよい日付」とは違うことも頭ではわかっているんですが……。家でも賞味期限を過ぎた食品があると、すぐに捨ててしまいます。お店でも消費期限の近いものを選ぶ「てまえどり」をどうしてもできず、消費期限が先の品物を選んで買ってしまいます。

「持続可能な社会」のためにも「食品ロス」の削減が課題であることは理解しているつもりです。しかし同時に、環境のために自分の感覚をねじ曲げることはないと考えている私がいるとも感じています。私はどのように考え、どう行動したらよいのでしょうか。教えてください。

（〇〇県　十六歳　高校生）

問一 相談者の思いを一部認めながら、相談者を説得する文として最も適当なものはどれか。次の中から一つ選べ。

ア もちろん「賞味期限」や「てまえどり」には確かな根拠があってのことですが、必ず守らなければならないものでもありません。

イ 古いものを遠ざけてしまうというあなたの心理は人間の行為としては自然なことかもしれません。しかし、その行いが社会の持続性と対立していることもまた事実です。

ウ あなたの言う通り地球環境問題について配慮する必要はありますが、食品ロスのことを考えて行動すべきです。

エ 他人の視線が気になるというあなたの気持ちはわかりますが、賞味期限を過ぎた食品をすぐに捨ててしまうのは極端すぎませんか。

問二 傍線部について、相談者は「環境」と「自分」とを分けて考えているようです。これとは異なる「環境」のとらえ方があることを相談者に示す文を三十字以内で書け。

問題チェック

考え方　譲歩の正しい表現と、意見の違いを考える

ある媒体の相談コーナーに、次のような相談が寄せられたとします。あなたが回答者の立場にあるとして、後の問に答えなさい。

①　食品に「消費期限」「賞味期限」というものがありますよね。スーパーなどでは「消費期限」「賞味期限」の近い製品を値引きして売っていることもありますが、私は新しいものほど新鮮だという思いが強すぎるのか、どうしてもそれを買うことができません。賞味期限とは「おいしく食べることができる期限」のことで、「食べない方がよい日付」とは違うことも頭ではわかっているんですが……。**問一** 家でも賞味期限を過ぎた食品があると、すぐに捨ててしまいます。お店でも消費期限の近いものを選ぶ「てまえどり」をどうしてもできず、消費期限が先の品物を選んで買ってしまいます。

相談者は自分の問題点をわかった上で相談している

②　「持続可能な社会」のためにも「食品ロス」の削減が課題であることは理解しているつもりです。しかし同時に、**問二** 環境のために自分の感覚をねじ曲げることはないとも考えている私がいるとも感じています。私はどのように考え、どう行動したらよいのでしょうか。教えてください。

①段落は相談者が自分の行動を事実として説明しているのに対して、この段落では相談者自身の考え方が表明されている

（〇〇県　十六歳　高校生）

問一　相談者の思いを一部認めながら、相談者を説得する文として最も適当なものはどれか。次の中から一つ選べ。

「譲歩」の構文を使うべき箇所であるから、考えや行為が対立している部分について、「譲歩」の構文で書いてあるものを選ぶ

問二　傍線部について、相談者は「環境」と「自分」とを分けて考えているようです。これとは異なる「環境」のとらえ方があることを相談者に示す文を三十字以内で書け。

環境のとらえ方に違いがあることが示されているので、まず、どのような「違い」かを考える

出典

（Z会）オリジナル文章「高校生の『食品ロス』に関する相談文」。

第2章 第7節

考える④ 考え方のヒント ―「違い」「具体と抽象」の活用

「コンビニエンスストアの工夫」に関する文章

7-1 発想を広げる

小論文での論理的な思考力とならぶ評価ポイントは、**「独自性のある考え」ができているかという「発想力」**です。今回は、発想力を高めるための考え方のヒントを紹介しましょう。

発想を広げるための方法の一つに、思いついた言葉を次々と書き出していくやり方があります。（**マッピング法**）

真ん中にテーマを書き出し、テーマから連想した言葉を周囲に書いていき、関連のある言葉を線でつないでいきます。

ポイントは、**「自分とは違う立場」に立って考えること**です。できるだけ多くの立場から考えましょう。

「コミュニティ」のマッピング

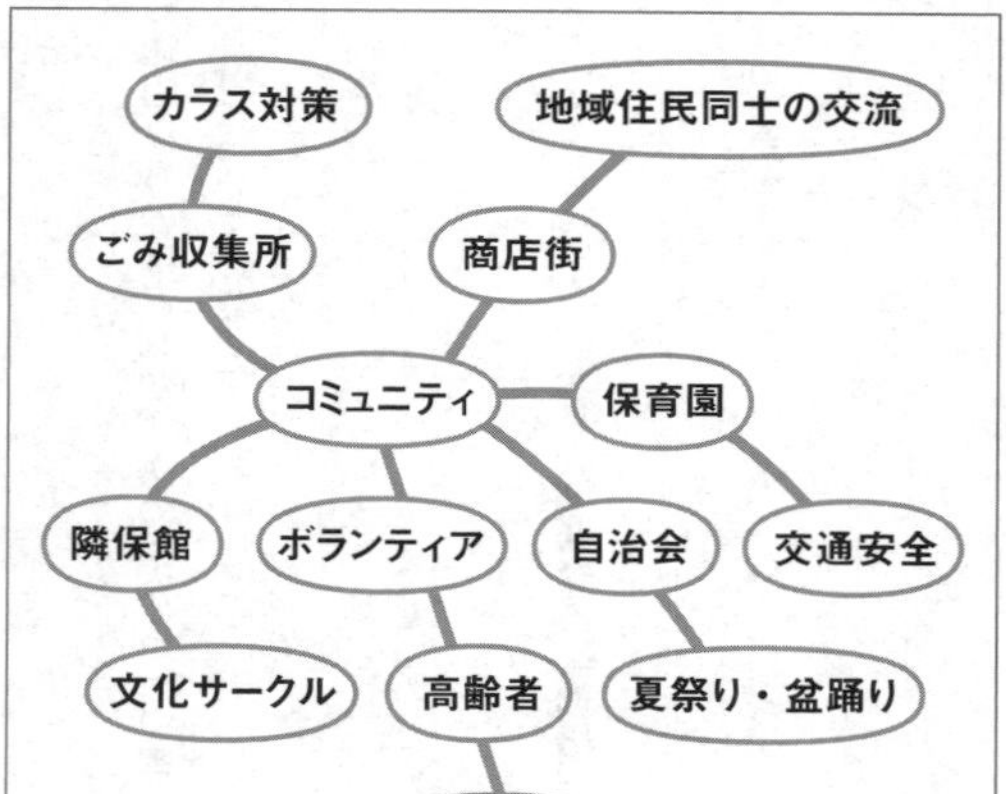

7-2 「違い」を「対比」させて考える

ただ漠然と考えるのではなく、二つのものを比べて考えることで、考える際の基準が明確になり、論点をはっきりさせることができます。

①常識との違いを考える

常識的・一般的な見方と、それとは違う考え方を比べて考えます。

②類義語を比べる

似た意味をもつ二つの言葉について、その違いを比べることで、考えの枠組みがはっきりします。

例 ここでは文化と文明を区別して考えたい。

7-3 課題を問い直す

なじみのない課題や、大きすぎるテーマ、専門的な話題などは、テーマを理解すること自体がそもそも難しく、その上で自分の主張や考えを導き出すことが難しいということがあります。

書くべきことが何も思いつかないという窮地に陥ったら、考える手がかりとして、**「具体と抽象」の関係を使って課題を身近なものにしたり、視点を変えて課題を問い直したりしてみましょう。**

①自分に引き寄せて考える（具体化）

主題（テーマ）を、自分自身とのつながりで考えてみましょう。

たとえば「生命の選択」というテーマが与えられた場合、もしかしたら「慎重であるべきだ」のような一般論しか思いつかないかもしれません。

しかし、これを「自分が将来子どもをもつことになったら、出生前診断にどのように対応するだろうか」など自分のこととして**具体的にとらえれば**、考えを深める手がかりになります。**抽象的な課題を与えられた場合には、具体的な事例で考えてみることが有効です**。

> 例　多様性　→　地域に住む外国人との交流をイメージする、など。

②そもそも〇〇とは何か

「健康を維持することが大切だ」「個性や多様性は尊重されるべきだ」など、「常識」や「正論」は否定しづらいものです。逆に、たとえば「健康は維持すべきでない」という意見は奇をてらったものにしかなりそうにありません。このような場合、**問いそのものを問い直すという方向性**があります。

> 例
> ・そもそも健康とは何だろうか。
> ・「非人間的」とされる行為に及ぶのもまた「人間」なのではないだろうか。

③具体と抽象を行き来する

与えられたテーマに対して、次のように**具体と抽象の関係をマッピングすると、考えやすいテーマや身近な話題が見えてくること**もあります。

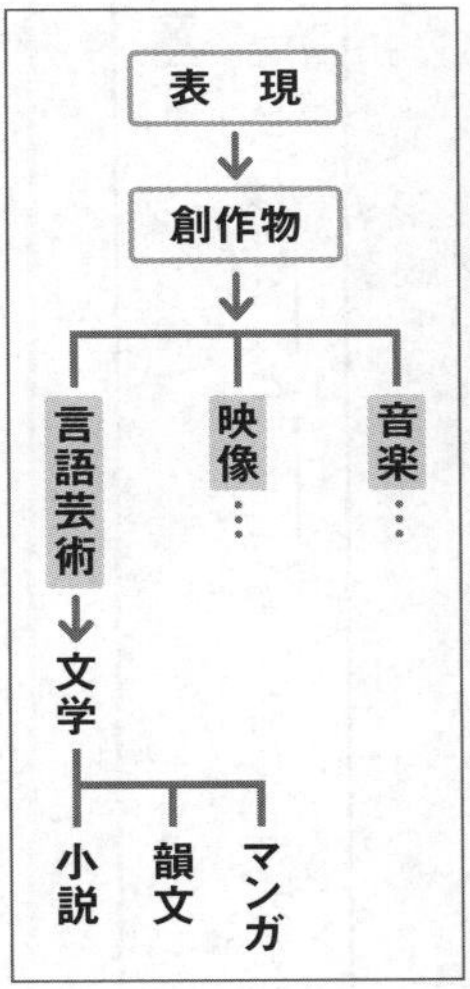

これを、具体→抽象という形で応用することもできます。

例

視覚障がい者のブラインドを追体験するワークショップ

↓ **抽象**

他者の感覚やコミュニケーションに気づく体験

↓ **主張**

自分とは違う人々の多様な立場から地域社会のあり方をとらえ直すことが可能ではないか

- □ **マッピング法で考えを広げる。**
- □ **二つの「違い」を「対比」させながら考える。**
- □ **「具体」と「抽象」を行き来して考える。**

短文演習

次の問に答えよ。

解答時間20分

得点　　点

※解答は別冊P14

問一 最初に、次の【グループ】から言葉を選んで意味の似た類義語の組合せを一セット作ること。そして、選んだ二つの言葉の意味の違いを考え、後の【文】の空欄A・Bに選んだ言葉を一つずつ入れて、類義語の意味の違いを説明する文章を完成させよ。

【グループ】

対話　おしゃべり　生活　生存　知識　情報　ロボット　機械　友情　思いやり

【文】

ここでは A と B とを区別して考えたい。A とは……であり、B とは……である。

問二 次の文章で説明されている「工夫」を一つ挙げ、それと同じ「工夫」による販売方法を考えて百二十字以内で書け。例は実在するものでも、あなたが考えたものでもどちらでも構わない。

現在、多くのコンビニエンスストアでは、コーヒーのSサイズを一杯百円前後で販売しています。コーヒーはおいしいと高い評価を得ていますが、その秘訣はコストをかけているからで、喫茶店で出されるコーヒーの五倍以上の原価がかかっている場合もあると言います。

コンビニエンスストアが安い価格でコーヒーを提供しているのは、お客さんにコーヒーの購入を習慣づけ、定期的に来店するついでに他の商品も購入してもらうためです。その代わり、コンビニエンスストアでは、セルフサービスでコーヒーを提供して、喫茶店で提供する場合のような人件費がかからないようにしています。

問題チェック

考え方　「対比」させながら「具体と抽象」の関係を意識する

次の問に答えよ。

問一　最初に、次の【グループ】から言葉を選んで意味の似た類義語の組合せを一セット作ること。そして、選んだ二つの言葉の意味の違いを考え、後の【文】の空欄A・Bに選んだ言葉を一つずつ入れて、類義語の意味の違いを説明する文章を完成させよ。

【グループ】
問一
対話　おしゃべり　生活　生存　知識　情報　ロボット　機械　友情　思いやり

右のように類義語のペアを作ることができる。ただし、ミッションは類義語のペアを作ることではなく、意味の違いを「対比」して説明することだから、自分にとって「説明のしやすいペア」を選んで考えてみることが望ましい

【文】
ここでは［A］と［B］とを区別して考えたい。［A］とは……であり、［B］とは……である。

問一
意味の違いを考える際には、ペアを作った言葉がそれぞれどのような場面でどう使われるか、具体化して考えてみよう。〈抽象→具体〉という考えのプロセスだ

問二　次の文章で説明されている「工夫」を一つ挙げ、それと同じ「工夫」による販売方法を考えて百二十字以内で書け。例は実在するものでも、あなたが考えたものでもどちらでも構わない。

まずは「コンビニエンスストア」という具体的な場面を離れて、「工夫」の性質を抽象化して考える

現在、多くのコンビニエンスストアでは、コーヒーのSサイズを一杯百円前後で販売しています。コーヒーはおいしいと高い評価を得ていますが、その秘訣はコストをかけているからで、喫茶店で出されるコーヒーの五倍以上の原価がかかっている場合もあると言います。

問二①

コンビニエンスストアが安い価格でコーヒーを提供しているのは、お客さんにコーヒーの購入を習慣づけ、定期的に来店するついでに他の商品も購入してもらうためです。その代わり、コンビニエンスストアでは、

問二②

セルフサービスでコーヒーを提供して、喫茶店で提供する場合のような人件費がかからないようにしています。

二つの工夫を読み取る

①安価なコーヒーの提供＝トータルで収益を上げる「工夫」

②セルフサービス＝人件費を抑える「工夫」

出典

（Z会）オリジナル文章「『コンビニエンスストアの工夫』に関する文章」。

第2章 第8節

書く① 書くことの準備 ——原稿用紙の正しい使い方

森いづみ「塾　豊かな社会における格差問題とは」

8-1 小論文を書くことの「約束」

第2章の第1節で説明したように、**小論文には「このように書く」というある程度の約束**があります。ここで紹介するのは標準的な書き方で、これ以外の書き方がすべて許されないというものではありませんが、ここで紹介する書き方で書けば、減点が抑えられます。

①文章にふさわしい文体で書く

とくに指示がない限り、**文末は「～だ。」「～である。」（常体）で統一し、「です・ます」体は用いません。**
また、話し言葉や俗語的、感情的な言い回しは避けます。

避けるべき例

×「この考えはくだらなすぎます」→「くだらなすぎ」＝話し言葉、「ます」＝敬体
×「そんな非常識なことがあっていいのだろうか！」→感情的な言い回し

②「私」を最小限にとどめる

小論文は「私」の個人的な感じ方や好みを書くものではなく、**公的な内容を客観的に書くもの**です。とはいえ、書き手の考えを書くわけですから、「私は〜と考える」などという形で、書き手の考えや体験を書く必要がある場合を除き、**「私」が出てくることは最小限にとどめましょう。その場合も、他の一人称（「ぼく」など）は使わないことが一般的**です。

①・②で説明したことは、小論文では暗黙の約束ごととなっていて、大学受験の参考書や問題集、模擬試験などを見ても、原則としてこの書式に則っています。

小論文に限らず、学者の書く論文などもこの形式になっています。

平尾昌宏『日本語からの哲学――なぜ〈です・ます〉で論文を書いてはならないのか？』（晶文社）は、哲学を専門とする著者がこれらの問題に正面から取り組んだ力作です。歯ごたえのある内容も含まれますが、興味があれば読んでみることをお勧めします。

8-2 原稿用紙の使い方

原稿用紙の使い方を挙げておきます。

①書き出し・段落の冒頭は一マス空けます。

　日本の対応には大きな問題がある。

②句読点・閉じカッコは行頭に書かず、前の行の最後のマス目に文字と記号を一緒に入れて書くか、または、マス目の外（欄外）に書いても構いません。

※ただし、「解答欄外に記したものは無効」といった場合があるので、基本的には最後のマス目に一緒に入れる方を推奨します。

異常な雰囲気がそれを許さなかった。

③会話や引用はカギカッコ（「　」）でくくります。二重カギカッコ（『　』）はカギカッコ内の引用や、書名で使います。

「それは『……』である」と答えた。

④――、……などは二マス分使います。ただし、多用しないように注意しましょう。

⑤感嘆符（！）や疑問符（？）は原則として使いません。

⑥数字は、縦書きでは漢数字、横書きでは算用数字を使うのが一般的です。算用数字は原則として半角扱いとし、一マスに二字入れます。

二	〇	二	〇	年

三	〇	・	六	パ	ー	セ	ン	ト

99	.9	%

⑦アルファベットは、縦書きの場合にもそこだけ横書きとし、一マスに二字を入れます。なお、略語やなじみのあるものはそのまま縦書きで構いません。

S	N	S	は	so	ci	al	n	et	wo	rk	in	g	se	rv	ic	e	の	こ	と	だ	。

※問題文に特別な指示がある場合には、そちらを優先します。

- □ 文末は「だ・である」で統一する。
- □ 一人称は「私」を使い、最小限で記す。
- □ 原稿用紙の使い方に慣れる。

短文演習

次の横書きの文章を読んで、後の問に答えよ。なお、設問の都合上[1]～[2]の段落番号を付してある。

解答時間20分

得点　　点

※解答は別冊P16

[1]　文部科学省の2010年「子どもの学習費調査」（平成22年度）によると、学習塾・家庭教師費の支出は、小中学生ともに世帯収入による差が大きい。世帯年収400万円未満のグループで5万7000円に対し、1000万円以上では21万5000円であった。中学生でも400万円未満のグループでは19万4000円、1000万円以上では31万4000円が支出されていた。

[2]　塾問題とは古くて新しいテーマである。受験競争の激化が社会問題化していた1970～80年代の日本でフィールドワークを行った米国のある文化人類学者は、塾とは受験戦争における戦略的武器（tactical weapons）のようなものだと述べた。塾は、平等主義や公共の価値を重視する公教育の理想主義の裏で、人々の現実的なニーズに応えるためにはびこり、塾と学校との関係は「本音と建前」と評された。

（森いづみ「塾　豊かな社会における格差問題とは」による）

問一 文章全体を、「原稿用紙の使い方」に沿って**横書き**で書写してください（末尾の出典情報は除く）。

問二 1段落・2段落の話題を端的に示したものの組合せとして正しいものはどれか。次の中から選べ。

ア 1段落――学習塾・家庭教師費の支出格差
2段落――塾問題の歴史

イ 1段落――学習塾・家庭教師費の増大
2段落――塾問題の歴史

ウ 1段落――学習塾・家庭教師費の支出格差
2段落――塾という場の性格

エ 1段落――学習塾・家庭教師費の増大
2段落――塾という場の性格

問題チェック

次の横書きの文章を読んで、後の問に答えよ。なお、設問の都合上①～②の段落番号を付してある。

考え方　横書きの文章の書き方・読み方に注意する

① 文部科学省の2010年「子どもの学習費調査」（平成22年度）によると、学習塾・家庭教師費の支出は、小中学生ともに世帯収入による差が大きい。世帯年収400万円未満のグループで5万7000円に対し、1000万円以上では21万5000円であった。中学生でも400万円未満のグループでは19万4000円、1000万円以上では31万4000円が支出されていた。

② 塾問題とは古くて新しいテーマである。受験競争の激化が社会問題化していた1970～80年代の日本でフィールドワークを行った米国のある文化人類学者は、塾とは受験戦争における戦略的武器（tactical weapons）のようなものだと述べた。塾は、平等主義や公共の価値を重視する公教育の理想主義の裏で、人々の現実的なニーズに応えるためにはびこり、塾と学校との関係は「本音と建前」と評された。

問一 文章全体を、「原稿用紙の使い方」に沿って横書きで書写してください。

横書きの場合、数字やアルファベットの書き方などに注意する

問二 ①段落・②段落の話題を端的に示したものの組合せとして正しいものはどれか。次の中から選べ。

段落ごとに主題は何かを読み取る。具体例などに惑わされないように注意する

出典

森いづみ「塾　豊かな社会における格差問題とは」（山田昌弘ほか『ライフスタイルとライフコース　データで読む現代社会』新曜社・二〇一五年）。

筆者は教育社会学者。本書は調査データに基づき、社会格差に視点を据えてライフスタイルを論じたもの。

100字要約

学習塾・家庭教師費の支出は、小中学生とも世帯収入による差が大きく、世帯収入の多いグループの方が支出額が多い。人々の現実的なニーズを満たす塾と平等主義を重視する公教育の関係は、「本音と建前」と評された。（100字）

第9節 書く② 小論文の構成 ――「序論・本論・結論」の書き方

「演劇やコンサートなどの公演をライブ配信で見ることの是非」の構成メモ

9-1 構成の基本

文章を構成する内容のまとまりとして段落があります。文章の読み手（採点者）は段落の構成を意識してあなたの書いた小論文を読んでいきます。ですから、小論文では段落構成を整えて書くことが大切です。

ここでは、**「序論・本論・結論」という三段落の「型」（構成）で書く書き方**を学習します。

①第一段落（序論）――論点・テーマを示す

どのようなことを論じるのかをはっきりと書くことで、論点・テーマを正しく理解していることを示すことができます。また、必要ならば、自分の考えをあらかじめ示しておきます。

［書き方（構文）の例］

筆者によれば、～～。

私は～に賛成／反対である。なぜなら～だからだ。

②第二段落（本論）——主張・考えを展開する

自分の主張・考えを、論拠と合わせて示します。予想される反論を示し（譲歩）、それに対して再反論する場合も本論で行います。

本論が長くなる場合には、この部分を二つに分け、全体を四段落構成にしてもよいでしょう。

［書き方（構文）の例］

考えられる理由の第一は、……。第二は～～。

確かに……。しかし～～。

③第三段落（結論）——主張・考えのまとめ、補足

本論の内容を受けて、最後に主張・考えを述べます。序論であらかじめ主張・考えを示してある場合には、その繰り返しでも構いません。

また、本論で論じきれなかったことを補足して書くスペースとしても使えます。

［書き方（構文）の例］

したがって、～～。（本論をまとめる）

ただし、～～。（補足）

段落構成は一つの目安であり、絶対にこう書かなければいけないというものではありませんが、最初のうちは本節で示した**「序論・本論・結論」の三段落構成で書く書き方に慣れること**をお勧めします。
なお、長い字数を書く問題の場合は、本論をいくつかの段落に分けてみてもよいでしょう。

9-2 「構成メモ」に沿って書く

「序論・本論・結論」の三段落構成の前提として、文章を組み立てる際の設計図のような役割を果たすのが**「構成メモ」**です。

ここでは「日本人の子どもに幼児期から英語を教えることの是非」というテーマを例に、「構成メモ」を作ることを考えてみましょう。

「是非」ですから、考え・意見としては「賛成」または「反対」のどちらかを基本とし、そう考える論拠とともに述べます。

［構成メモの例］

序論　第一段落 問題提起、自分の考え	日本語を母語とする日本人の子どもに幼児期から英語を教え込むことには賛否両論ある。現在の状況では必要ない。（＝反対）……①

本論　第二段落 意見とその説明	・母語の習得と外国語の習得は別物である。……② ・幼児の育つ環境には多彩な英単語が存在しているが、それを「英語という言語だ」と意識する必要はない。……③ ・幼児は耳がよいためヒアリングの力を伸ばすのが容易だという意見もあるが、メールのやり取りが主であれば、英語の音声はそれほど重要な要素ではない。……④
結論　第三段落 意見	私は、幼児期から英語を教え込む必要はないと考える。……⑤

「**構成メモ**」の①〜⑤を、適切な接続語を用いて結んでいくことで、答案のアウトラインができあがります。

□ 序論・本論・結論の三段落構成が基本。
□ 「構成メモ」を作り、それに沿って書く。

短文演習

解答時間30分　得点　　点

※解答は別冊P18

次に示すのは、「演劇やコンサートなどの公演をライブ配信で見ることの是非」について書くために二人の生徒が作成した「構成メモ」である。これを参照して、後の問に答えよ。

［Kさんの構成メモ］

序論　第一段落	ライブ配信で見ることに賛成。
本論　第二段落 理由とその説明	※会場での公演は、会場の場所や移動時間の制約が多い。 ①［　　　　　　　　　　］ ② 好きな場所で多くの公演を楽しむことができる。 ③ 大きな会場で後方から見るよりも、カメラでアップした映像の方が見やすい。
結論　第三段落 意見の確認	ライブ配信を積極的に活用して公演を見ることに賛成。

［Mさんの構成メモ］

序論　第一段落	ライブ配信で見ることに反対。 ※実際に見ることと配信で見ることは別物だ。
本論　第二段落 理由とその説明	①［　　　　　　　　　　］ ②　配信とはしょせん「コピー」でしかない。
結論　第三段落 意見の確認	・感染症の流行時など、代替的なあり方としてはやむを得ない。 ・ライブ配信は、副次的なものでしかない。

問一　Kさん、Mさんどちらかの構成メモを選び、選んだ構成メモの第二段落の空欄に入る文を考えて三十五字以内で書け。

問二　**問一**で選んだ構成メモに沿って、「演劇やコンサートなどの公演をライブ配信で見ることの是非」についての文章を三百字以内で書け。ただし、自分で考えたオリジナルの論拠があれば、論拠の数など構成メモ通りではなくてもよいものとする。

問題チェック

考え方　「序論・本論・結論」の構成と役割に注意する

次に示すのは、「演劇やコンサートなどの公演をライブ配信で見ることの是非」について書くために二人の生徒が作成した「構成メモ」である。これを参照して、後の問に答えよ。

【Kさんの構成メモ】

序論　第一段落	ライブ配信で見ることに賛成。（問二　**Kさんは賛成の立場**）
本論　第二段落 理由とその説明	※会場での公演は、会場の場所や移動時間の制約が多い。 ①［　　　　　　］（問一　**ライブ配信の利点を考える**） ②　好きな場所で多くの公演を楽しむことができる。 ③　大きな会場で後方から見るよりも、カメラでアップした映像の方が見やすい。
結論　第三段落 意見の確認	ライブ配信を積極的に活用して多くの公演を見ることに賛成。

［Mさんの構成メモ］

序論　第一段落	ライブ配信で見ることに反対。　問二 Kさんとは反対の立場
本論　第二段落 理由とその説明	※実際に見ることと配信で見ることは別物だ。 ①［　　　　　　］　問一 現場で見ることのよさを考える ②配信とはしょせん「コピー」でしかない。
結論　第三段落 意見の確認	・感染症の流行時など、代替的なあり方としてはやむを得ない。 ・ライブ配信は、副次的なものでしかない。

問一　Kさん、Mさんどちらかの構成メモを選び、選んだ構成メモの第二段落の空欄に入る文を考えて三十五字以内で書け。

賛成または反対の立場をまず決め、第二段落「理由とその説明」を選んだ立場に沿って説明する

問二　問一で選んだ構成メモに沿って、「演劇やコンサートなどの公演をライブ配信で見ることの是非」についての文章を三百字以内で書け。ただし、自分で考えたオリジナルの論拠があれば、論拠の数など構成メモ通りではなくてもよいものとする。

三段落構成で、まず第一段落では「賛成」または「反対」の立場を示す。第二段落で「論拠」を示す。構成メモでは論拠が複数挙げられるので、「第一に」「第二に」とまとめてもよく、余裕があれば「譲歩」や「予想される反論」を取り上げてもよい

出典

（Z会）オリジナル文章「『演劇やコンサートなどの公演をライブ配信で見ることの是非』の構成メモ」。

第2章 第10節

書く③ 書く際の注意点 ――論理・表現面から検討する

「高齢ドライバーの運転免許の返納」に関する生徒の小論文

今回は、文章を書く際に陥りがちな誤りを、例を挙げながら紹介していきます。

10-1 論理的な問題点

①事実の誤認

課題文の誤読やデータの読み取り間違い、また言葉の意味の取り違いなどがあると、主張・考えも誤ったもの、疑わしいものになります。

例 「情けは人のためならず」は、親切心がかえって相手のためにならないという意味である。（**正しくは〈情けを人にかけておくと、巡り巡って自分によい報いが来る〉という意味です**）

②粗雑な一般化

特殊な例をもとに一般化してしまう誤りです。

例 私は多読により英語の成績が飛躍的に伸びた。したがって、万人にとって語学全般の上達の秘訣は多読にある。（**「私」の事例を「万人」に、「英語」を「語学全般」に一般化しています**）

③主観と客観の混交

主観的な考えを客観的な事実のように述べる誤りです。

例 早期教育は百害あって一利なしであり、断固として反対だ。(**傍線部はエビデンスのない主観的な意見にすぎません**)

④概念のあいまいさ

とくに論点・テーマに関わる概念は、定義をはっきりとさせる必要があります。

例 我々は豊かな暮らしを望みながら、清貧にあこがれたりもする。(**「豊かな暮らし」がどのようなことを指すのか、明確でありません**)

10-2 文章表現の問題点

①不正確な言葉を使わない

［よくない例］ ある国では、たくさんの人がそうすべきだと考えているとも言われる。

「ある国」「たくさんの」は具体性に欠けます。また、「〜とも言われる」も根拠があいまいで不確かな表現です。

［改善例］ アメリカで行われた調査では、全人口の八〇%がそれを肯定している。

②長すぎる一文を書かない

［よくない例］

冤《えん》罪と判明した事件は昔から多く見られるが、無実なのに服役している人の存在も否定できないし、恐ろしいことに、無実なのに死刑になった人もいる可能性があり、冤罪の危険があることを理由に死刑廃止論も叫ばれているのだが、それはまれな事例であるのだから、死刑制度廃止の根拠にはならないので、私は死刑の犯罪抑止力に期待をかけて、死刑制度を存続させておくべきだと思う。

一文が長すぎます。また、一つの文に「死刑制度」存続の賛成論と反対論が混在しており、読みにくい文となっています。情報ごとに文を分けて書くと、次のようになります。

［改善例］

冤罪と判明した事件は昔から多い。無実であるにもかかわらず服役している人、また死刑になった人もいる可能性は否定できない。こうした事例は死刑廃止論を正当化する根拠となる。しかし、それはまれな事例であり、死刑制度廃止の根拠として十分ではない。死刑の犯罪抑止力に期待をかけて、死刑制度を存続させておくべきであると考える。

③文のねじれに注意

主語と述語の対応がはっきりしない例です。

［よくない例A］食べ物がなく、粗末な食事でも食べられるだけ幸せだったと祖父が言って、食事へのありがたみを感じた。

［改善例A］昔は食べ物がなく、粗末な食事でも食べられるだけ幸せだったと祖父が言ったのを聞いて、私は食事へのありがたみを感じた。

［よくない例B］テレビを見ながら食事をすることは、私たちは食べることよりもテレビの方に集中している。

［改善例B］テレビを見ながら食事をする時に、私たちの意識は食べることよりもテレビの方に集中している。

④言葉の「かかり受け」をはっきりさせる

［よくない例］もう一度若いに戻れるのなら、私の夢は各地の地質調査をする仕事に就きたい。

「私の夢は」と「就きたい」がかみ合っていません。「……仕事に就くことだ」などとします。

［よくない例］当日の服装は黒いズボン、スカートは不可とする。

黒いズボンが指定であれば、「当日の服装は黒いズボンとし、スカートは不可とする」と書きます。

□ **論理的な問題点＝事実の誤認、粗雑な一般化などに注意する**
□ **文章表現の問題点＝一文の長さ、主語と述語のねじれなどに注意する**

短文演習

解答時間10分

得点　　点

※解答は別冊P22

高齢者ドライバーによる交通事故が社会問題化していることと関連して、高齢者に対して運転免許の返納を働きかける自治体も出てきている。これについて、Aさんは**図1・図2**を参照し、後に示す小論文を書いた。**図1・図2**と、**【Aさんの小論文】**を読んで、後の問に答えよ。

【図1 年齢別死亡事故件数（免許人口10万人あたり、原付以上第一当事者）】

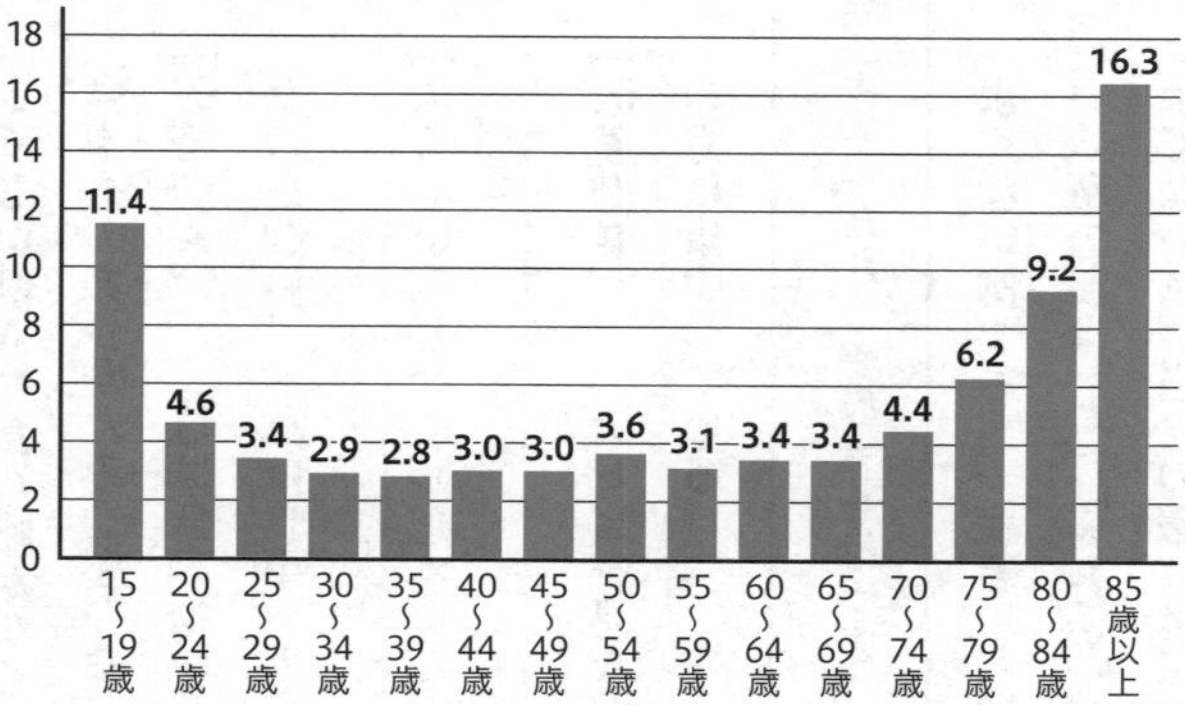

（警察庁交通局「平成30年における交通死亡事故の特徴等について」より）

【図2 都道府県別75歳以上返納率（免許保有人口あたり）】

（警察庁「運転免許統計」［平成30年度］から作成）

【Aさんの小論文】

高齢者に対して運転免許の返納を求めることは、[a]交通死亡事故件数が減らすことを期待されている。しかしそのためには、自動車に代わる輸送手段が確保されることが課題である。

[b]高齢者ドライバーの死亡事故は他の年齢に比べて突出して高い。したがって、高齢者が運転免許を返納し自動車を運転しなくなれば、交通死亡事故件数は減少することが見込まれる。しかし現実には運転免許返納率には地域的な差があり、とくに地方では運転免許返納率が低い。これは地方部では公共交通機関が発達していないことが要因として考えられる。現状のままで免許返納を推進させてしまうと、日常の買い物や通院などができない人が多く出てしまいかねない。自動車に代わる交通手段の確保が合わせて行われる必要がある。

一例として、島根県の山間部で暮らす私の祖父は昨年免許を返納したが、町営のコミュニティバスで買い物や通院をしている。このように、自治体によるコミュニティバスの運行をすることが、運転免許の返納率を高めると考える。

問一 傍線部**a**は主部と述部の対応関係に問題がある。傍線部**a**について、助詞を正しくした表現に直して書け。

問二 傍線部**b**には事実の誤認がある。傍線部**b**を誤りのない表現に直して書け。

問三 最後の段落には論理的な問題点がある。その問題点として当てはまるものを、次の中から一つ選べ。

ア 粗雑な一般化　**イ** 事実の誤認　**ウ** 概念のあいまいさ　**エ** 接続語が不適切

問題チェック

考え方

文章の表現・論理的な問題を改善する

高齢者ドライバーによる交通事故が社会問題化していることと関連して、高齢者に対して運転免許の返納を働きかける自治体も出てきている。これについて、Aさんは**図1・図2**を参照し、後に示す小論文を書いた。**図1・図2**と、**【Aさんの小論文】**を読んで、後の問に答えよ。

問二　**交通死亡事故の件数。15 ～ 19 歳が高いが、75 歳以上の高齢者は年齢層が高くなるにしたがって交通死亡事故の割合が増加している**

【図1 年齢別死亡事故件数（免許人口 10 万人あたり、原付以上第一当事者）】

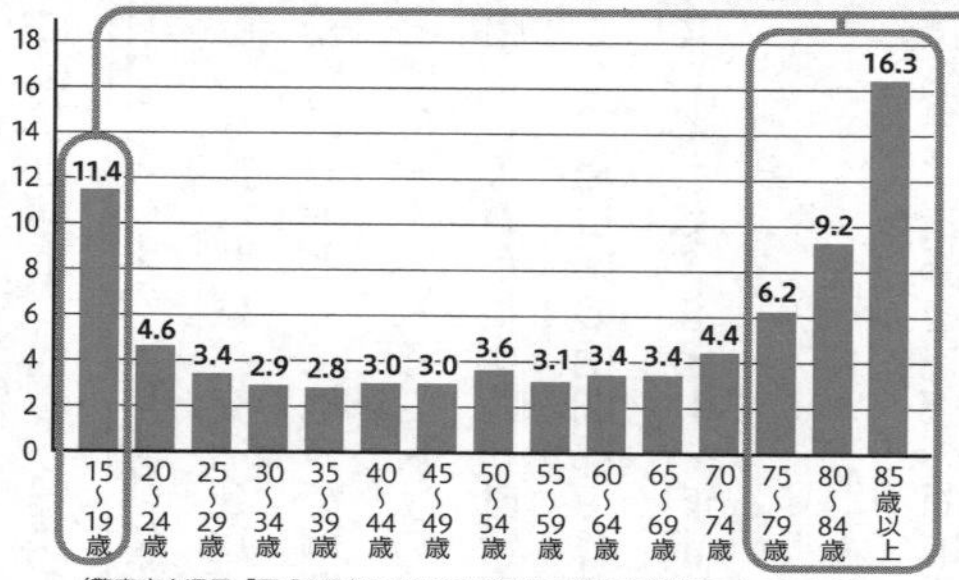

（警察庁交通局「平成 30 年における交通死亡事故の特徴等について」より）

【図2 都道府県別 75 歳以上返納率（免許保有人口あたり）】

（警察庁「運転免許統計」［平成 30 年度］から作成）

運転免許の返納率について地域別の調査結果を表す。返納率には地域差があり、東京・大阪・兵庫・神奈川の大都市圏は返納率が高いが、北海道、東北・北関東・中部の一部、三重県、和歌山県、高知県、熊本県では返納率が低い

問三　**地域によって返納率にばらつきがあるという事実は、返納しやすい地域とそうでない地域があるのではないかと推測させる。返納しやすい地域とそうでない地域の地域的特性の違いとは何であろうかと考える**

【Aさんの小論文】

[1] 高齢者に対して運転免許の返納を求めることは、[a]交通死亡事故件数が減らすことを期待されている。しかしそのためには、自動車に代わる輸送手段が確保されることが課題である。

問一 主述の問題→助詞の修正

[1]段落＝図1に示された「交通死亡事故」と、「免許の返納」を関係づけて課題を示している

[2] **問二** [b]高齢者ドライバーの死亡事故は他の年齢に比べて突出して高い。したがって、高齢者が運転免許を返納し自動車を運転しなくなれば、交通死亡事故件数は減少することが見込まれる。しかし現実には運転免許返納率には地域的な差があり、とくに地方では運転免許返納率が低い。これは地方部では公共交通機関が発達していないことが要因として考えられる。現状のまま免許返納を推進させてしまうと、日常の買い物や通院などができない人が多く出てしまいかねない。自動車に代わる交通手段の確保が合わせて行われる必要がある。

[2]段落＝図2に示された返納率の地域的な差に注目し、その原因として考えられることを考察するとともに、方策を述べている

[3] 一例として、島根県の山間部で暮らす私の祖父は昨年免許を返納したが、町営のコミュニティバスで買い物や通院をしている。**問三** このように、自治体によるコミュニティバスの運行をすることが、運転免許の返納率を高めると考える。

[3]段落＝課題に対する解決策の一案を示して結論としているが、論理的な問題があるので有効かを検討する

問一 傍線部**a**は主部と述部の対応関係に問題がある。傍線部**a**について、助詞を正しくした表現に直して書け。

問二 傍線部**b**には事実の誤認がある。傍線部**b**を誤りのない表現に直して書け。

問三 最後の段落には論理的な問題点がある。その問題点として当てはまるものを、次の中から一つ選べ。

出典 警察庁「運転免許統計」（平成三十年度）。（Z会）オリジナル文章「『高齢ドライバーの運転免許の返納』に関する生徒の小論文」。

第11節 書く④ 書くプロセス――「下書き・推敲・清書」の役割を知る

「多様性についてどう考えるか」というテーマの生徒の小論文

11-1 書くプロセス

小論文や作文を書く手順として、**「(1)下書き→(2)推敲→(3)清書」というプロセス**を学習します。

文章のタイプはさまざまなので、「ぶっつけ本番」や「出たとこ勝負」で書かれた即興の文章の方が「面白い」ものに仕上がる場合もあるでしょう。また、書いている途中で文章に勢いがつき、自由な発想がわいてくるといったこともあるかもしれません。

しかし、このようなケースは偶然起こるもので、常に起きるわけではありません。

小論文を書いている途中に「斬新な発想」がわいたとしても、そこから軌道修正をして論理の整った文に仕上がる保証はありません。

あらかじめ作成した「構成メモ」に従って書いていくことが、リスクの少ない方法です。

11-2 下書き

思いついた内容をメモしたり、「構成メモ」を作ったりしながら、文章を組み立てるプロセスです。

答案用紙（原稿用紙）に書いてしまうと、文章の構成や論の展開を大幅に修正することは難しくなります。**事前に書くことを段落ごとに組み立てて「構成メモ」を作成し、それに沿って書くことで、文章を書いている途中で論旨がぶれてしまうこともなくなります。**

> 下書きの手順
> ・最初はメモや箇条書きなど、自由に書きます。
> ・書いた事柄を組み合わせながら、論の展開を整理します。
> ・序論─本論─結論の構成で組み立てて「構成メモ」を作ります。

「構成メモ」を作ったあとで全体の構成を変えることは危険です。下書きの時点で、**設問の条件を満たしているか、具体例や論拠は適切か、組み立てる論はしっかり筋の通ったものであるか、**を確認しましょう（**論理性のセルフ・チェック**）。

11-3 推敲

推敲とは、文章の誤りを直し、文章を練り直すプロセスです。

なお、「推敲」は中国の古典の逸話をもとにした熟語です。「推敲」の「推」は「おす」、「敲」は「たたく」で、ある詩人が詩に使う言葉として「おす」と「たたく」のどちらがよいか思い悩んだ故事に由来します。

推敲で、**自分の書いた文章を自分で読み返し**（**文章のセルフ・チェック**）、気になる箇所を書き直します。

推敲時のポイント

・主張や考え、論拠が明示されているか。
・誤字はないか。
・文のねじれはないか。
・接続語は適切か。
・長すぎる文はないか。

推敲を繰り返し行う過程で、自分がついしてしまいがちな癖が自覚できます。**自分が犯してしまいがちな過ちを発見し、次回からはそうした過ちをしないように書くことが大切です**。

11-4 清書

提出用の文章を書くプロセスです。

採点者に読んでもらう答案そのものですから、採点者が読みやすい文字で、はっきりと書きます。

また、**書き上げた答案は提出の前に必ず読み返す習慣をつけましょう**。

書いた文面を読み返すことで、誤字や脱字を発見するケースは意外と多いものです。

11-5 間違えやすい表現、表記

推敲はセルフ・チェックなので、最初から間違って覚えていては気づくことができません。**日頃から正しい知識を身につけておくこと**が大切です。たとえば、次のようなことが有効でしょう。

・現代文の学習の一環として、文章表現力の向上のトレーニングを行う。

・先生などに小論文の添削を受ける過程で、間違って覚えた知識を修正する。

①漢字　完璧…×　完壁…○　収獲…×　収穫…○　など

②慣用表現　案の上…×　案の定…○　肝に命じる…×　肝に銘じる…○　など

③かなづかい　少しづつ…×　少しずつ…○　思ったとうり…×　思ったとおり…○　など

④同音異義語　「以前」と「依然」　「意外」と「以外」　「意志」と「意思」　など

⑤同訓異義語　「侵す」と「犯す」　「固い」と「堅い」と「硬い」　「型」と「形」　など

- □ **下書き→推敲→清書のプロセスで書く。**
- □ **下書きでは「論理」を、推敲では「文章」をセルフ・チェックする。**

短文演習

解答時間15分　得点　　点

※解答は別冊P24

次に示すのは、Aさんが「多様性についてどう考えるか」というテーマで書いた小論文である。これを読んで、後の問に答えよ。

今日、多様性の尊重ということが、しきりに叫ばれているが、一方ではまた、とくに日本の社会はそのこととは対極的に、誰もが同じような行動をすることを促す「同調圧力」がとても強く働いていることが、現状であるので、多様性の尊重ということに、意識的である必要がある、と私は思う。……a

社会は、さまざまな人たちが共生する場である。［ b ］しかし一方で、日本では「同調圧力」が強いことが社会の特徴であると指摘され、多様性は必ずしも尊重されていない現状がある。社会はとかく多数派に有利なように設計され、マイノリティの側に押しやられた人々は実体的にも精神的にも不利益を被りがちである。そのような場合に必要なことは、マジョリティにいる者にだけ都合のよい社会システムになっていないかを問い直す意識をもち続けることである。多様性の尊重とは、多くの立場の人がいることをただ認めるだけでなく、マイノリティの人がストレスを感じることなく生きられる場を用意することによって図られるべきだ。

詩人の金子みすゞの「みんなちがって、みんないい」という言葉は、多様性を認める理想的なあり方を表しているとされる。しかしここで注意したいのは、「みんないい」と感じる「みんな」とは、マイノリティを含めた「みんな」である。マイノリティの生が尊重されているシステムを耕畜していくことが多様性のある社会の目標であると思う。

問一　第一段落（囲みaの部分）は推敲前の文章である。Aさんはこれを読んで、次のように感じた。これを参考にして修正した文章を示せ。

・読点が多い。　・文が長い。

問二　空欄bに入る文を、「国籍」「マイノリティ」の語を用いて、五十～八十字程度で具体的に書け。

問三　清書した後で、Aさんは第三段落に漢字の誤りがあることに気づいた。修正すべき字と正しい表記に直したものを書け。

問題チェック

考え方　「下書き・推敲・清書」の各プロセスを意識する

次に示すのは、Aさんが「多様性についてどう考えるか」というテーマで書いた小論文である。これを読んで、後の問に答えよ。

多様性がテーマ

問一　①段落は序論にあたる。最後の一文に「〜、と私は思う」とあり、書き手の考えを序論の部分で示している。また、文全体を通して「多様性」「尊重」の語が繰り返し出てくるので、「多様性の尊重」をめぐって文章を書いているとわかる

①　今日、多様性の尊重ということが、しきりに叫ばれているが、一方ではまた、とくに日本の社会はそのこととは対極的に、誰もが同じような行動をすることを促す「同調圧力」がとても強く働いていることが、現状であるので、多様性の尊重ということに、意識的である必要がある、と私は思う。……a

問二　①・②段落では「多様性の尊重」と対立する概念として「同調圧力」に言及している

②　社会は、さまざまな人たちが共生する場である。［ b ］しかし一方で、日本では「同調圧力」が強いことが社会の特徴であると指摘され、多様性は必ずしも尊重されていない現状がある。社会はとかく多数派に有利なように設計され、マイノリティの側に押しやられた人々は実体的にも精神的にも不利益を被りがちである。そのような場合に必要なことは、マジョリティにいる者にだけ都合のよい社会システムになっていないかを問い直す意識をもち続けることである。多様性の尊重とは、多くの立場の人がいることをただ認めるだけでなく、マイノリティの人がストレスを感じることなく生きられる場を用意することによって図られるべきだ。

マジョリティ＝多数派——マイノリティ＝少数派

③　詩人の金子みすゞの「みんなちがって、みんないい」という言葉は、多様性を認める理想的なあり方を表して

いるとされる。しかしここで注意したいのは、「みんないい」と感じる「みんな」とは、マイノリティを含めた「みんな」である。問三 マイノリティの生が尊重されているシステムを耕畜していくことが多様性のある社会の目標であると思う。

問一 第一段落（囲みaの部分）は推敲前の文章である。Aさんはこれを読んで、次のように感じた。これを参考にして修正した文章を示せ。

・読点が多い。　・文が長い。

修正としては「①読点を少なくする　②文を短くする」ことが求められる

問二 空欄bに入る文を、「国籍」「マイノリティ」の語を用いて、五十〜八十字程度で具体的に書け。

「国籍」「マイノリティ」という語を用いて「さまざまな人たち」について説明し、あとの「多数派」による「同調圧力」という内容につなげる

問三 清書した後で、Aさんは最終段落に漢字の誤りがあることに気づいた。修正すべき字と正しい表記に直したものを書け。

出典

（Z会）オリジナル文章「『多様性についてどう考えるか』というテーマの生徒の小論文」。

第12節 知識と教養 ――調べて書くことの意義とルール

松尾芭蕉『おくのほそ道』

12-1 「読む」「書く」は一生モノ

小論文には、**「これだけ学べば大丈夫」というはっきりとした「ゴール」はありません。**

もちろん、これまで学習してきたように、「要約の仕方」や「論の構成」などの「基本」を学習することはできますが、「基本」はあくまでも「基本」であって、その**「基本」によりながら、現実の社会で起きていることについて考え、書いていくことが要求されます。**

やれやれ、と思った人もいるかもしれません。しかし、生きている限り、社会と向き合うことはやめられません。社会と向き合うために言葉を使うこと、すなわち「話す」ことは当然として、「読む」ことと「書く」ことは、生きている限りついてまわります。

つまり、**現代文で学習した「読む」ことと、小論文で学習した「書く」ことは、皆さんが知的な生活を送っていく上で、一生役に立つ道具**となります。

一方で、**知識は常にブラッシュアップが必要です。**

社会は刻々と変化しているので、社会の情勢に応じて知識を常にブラッシュアップし、教養を高めていくことが求められます。

今回は少し趣向を変え、「知識」をどう手に入れ、「教養」をどう高めるかを学びます。

12-2 情報の収集

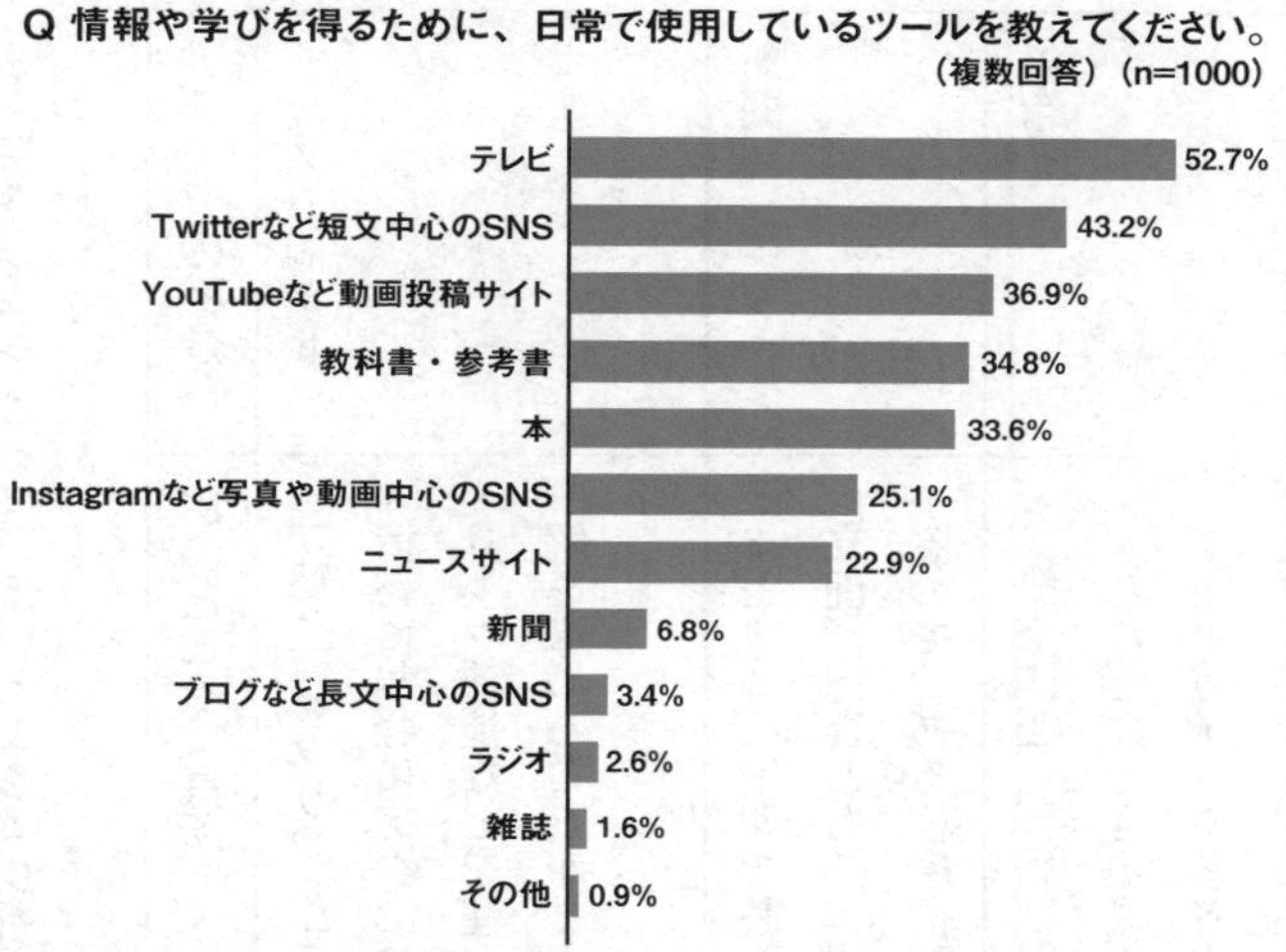

日本財団「18 歳意識調査」調べ「第 30 回テーマ：読む・書くについて」

現代社会には、さまざまな種類のメディアがあり、皆さんも知らず知らずのうちにさまざまなメディアを区別して使い分けています。

上記のグラフは、本章の**第4節**の問題文で引用した「十八歳意識調査」でのアンケート結果です。

十八歳の男女千人を対象に「情報や学びを得るために、日常で使用しているツール」（複数回答）は何かを答えてもらったものになります。

調査の結果ではテレビなどの動画が多くなっていますが、教科書や書籍もなかなか頼りにされているようです。 メディアごとに長所もあれば短所もあります。**それぞれのメディアの特徴を知り、有効に活用して調べることが大事です。**

そこでメディアごとに、よいところ（長所）と気をつけたいところ（短所）を比べてみましょう。

メディアの種類	よいところ（長所）	気をつけたいところ（短所）
インターネット	・「検索」をクリックすれば、知りたい情報に気軽にアクセスができる。 ・リンク機能などを使い、短時間で理解を深めることができる。	・情報の出所が不明確で信頼できないものが少なくない。 ・「自分好み」の情報が自動的に選ばれる機能があり、得られる情報に偏りが生じる。
新聞	・まとまった情報を読むことができる。 ・文面、内容ともチェックが入っているので、ある程度信頼できる。	・一定の読解力が必要。 ・検索機能などがないため、再アクセスが難しい。
書籍	・「古典作品」とされる優れたものに接することができる。 ・ブックガイドや参考文献などを利用して、芋づる式に知の探究ができる。	・書店や図書館で実際に手に取るまで、内容は未知数。 ・著者は明示されているが、信頼できない情報が含まれる場合もある。
テレビ	・肩肘を張らずに情報を収集できる。 ・さまざまな情報との「偶然の出会い」を期待できる。	・自分のペースで知りたい情報にアクセスできない。 ・読解力の向上には結びつかない。

12-3 調べて書く時のルール

①出典を明記する

どこから得た情報であるかを明記することは、最低限のルールです。

テストの場合でも、「図1によれば」などとして、問題のどの資料によるものかを明記してください。資料の持ち込みが認められないテストでは正確に書くことができない場合もありますが、授業でレポートを作成する場合には、出典を必ず記すことを習慣づけましょう。

②「コピー」ではなく「自分のことば」を用いる

調べて書く時には、なるべく**複数の情報にあたり、比較して、自分で考えたこと**を書きます。**インターネットで検索して出てきた情報をそのまま写して事足れりとすること**は、一番やってはいけないことです。

- □「読む」「書く」に「ゴール」はない。
- □インターネット、テレビ、書籍——それぞれのメディアの特徴を知ることが大事。
- □調べたことは「出典」を明記し、考えたことは「自分のことば」で書く。

短文演習

解答時間30分

得点　　点

※解答は別冊P26

『おくのほそ道』は、松尾芭蕉（一六四四～一六九四）が自身の旅の道中について、自作の俳諧を織り込みながら書いたものである。これについて、次の問に答えよ。

問一　『おくのほそ道』の序文（冒頭「月日は」から「掛け置く」までの部分）を調べ、楷書で丁寧に書写せよ。

問二　**問一**で書写した部分に、「舟の上に生涯を浮かべ、馬の口とらへて老いを迎ふる者は、日々旅にして旅をすみかとす」という箇所がある。松尾芭蕉はどのようなことを述べているのか、そのように言える理由を合わせて書け（八十字程度）。なお、調べた資料等を参考にしてもよい。

問三　松尾芭蕉はどのような旅をしたのかを調べ、芭蕉の作品を踏まえながら文章にまとめて書け（百五十字程度）。

※p170に『おくのほそ道』該当箇所の**【本文】**と**【全訳】**を掲載している。一例として参考にしてもよい。

問題チェック　考え方　調べたことに対して自分の理解を書く

『おくのほそ道』は、松尾芭蕉（一六四四～一六九四）が自身の旅の道中について、自作の俳諧を織り込みながら書いたものである。これについて、次の問に答えよ。

問一　『おくのほそ道』の序文（冒頭「月日は」から「掛け置く」までの部分）を調べ、楷書で丁寧に書写せよ。

『おくのほそ道』は、中学の教科書でも学習しているはず。教科書などを参照し、まずは該当する箇所を見つける。インターネットで調べても出てくるが、どのようなサイトであるかを必ず確認する。調べたものによって本文が異なることにも着目してほしい

問二　**問一**で書写した部分に、「舟の上に生涯を浮かべ、馬の口とらへて老いを迎ふる者は、日々旅にして旅をすみかとす」という箇所がある。松尾芭蕉はどのようなことを述べているのか、そのように言える理由を合わせて書け（八十字程度）。なお、調べた資料等を参考にしてもよい。

・「船頭や馬子は毎日が旅であって、旅が住まいである」が現代語訳だが、現代語訳が求められているのではない
・「どのようなことを述べているのか」「理由を合わせて」書く問題なので、自分で考えたことを書く
・教科書の注や教科書ガイド、インターネット上の情報などを参考にしてもよいが、そのまま書き写すのではなく、自分で理解したことを書く

問三 松尾芭蕉はどのような旅をしたのかを調べ、芭蕉の作品を踏まえながら文章にまとめて書け。（百五十字程度）。

松尾芭蕉について、国語便覧での紹介や、インターネットの百科事典などを参照すると、その生涯の様子が出てくるだろう。その中から、「旅」に関わる内容をピックアップしてまとめていく

出典

松尾芭蕉『おくのほそ道』。

松尾芭蕉は、江戸時代元禄期の俳人。『おくのほそ道』は、一六八九年三月に江戸を出発し、東北・北陸地方の旧跡をめぐって美濃《みの》の国、大垣《おおがき》に到着するまでの、約二千四百キロメートルの旅を素材にした紀行文である。約五十章にわかれ、各章段はそれぞれ発句《ほっく》を含み、発句によってしめくくられることが多い。

参考・『おくのほそ道』該当箇所の【本文】と【全訳】

【本文】

月日は百代の過客にして、行きかふ年もまた旅人なり。舟の上に生涯を浮かべ、馬の口とらへて老いを迎ふる者は、日々旅にして旅をすみかとす。古人も多く旅に死せるあり。予も、いづれの年よりか、片雲の風に誘はれて漂泊の思ひやまず、海浜にさすらへ、去年の秋、江上の破屋にくもの古巣を払ひて、やや年も暮れ、春立てる霞の空に、白河の関越えんと、そぞろ神の物につきて心を狂はせ、道祖神の招きにあひて取るもの手につかず、ももひきの破れをつづり、笠の緒付け替へて、三里に灸据うるより、松島の月まづ心にかかりて、住める方は人に譲り、杉風が別墅に移るに、

草の戸も住みかはる代ぞ雛の家

表八句を庵の柱に掛け置く。

【全訳】

月日は永遠の旅人であって、来ては去り去っては行く年々もまた旅人である。舟の上に（身を浮かべて）生涯を送り、（旅人や荷物を乗せる）馬の口を引いて老年を迎える（馬子のような）者は、毎日が旅であって旅をすみかとしている。（風雅を愛した）先人にもたくさん旅の途中で死んでいる者がいる。私も、いつの年からか、ちぎれ雲が風に誘われて（行くように）あちこちをさまよい歩きたいという思いがおさまらず、海辺をさすらい歩き、去年の秋に、隅田川のほとりの粗末な小屋に蜘蛛《くも》の古巣を払って（落ち着き）、ようやく年も暮れ、新春になり霞の立つ空に（向き合うと）、白河の関を越えたいと（思い）、なんとなく人の心を落ち着かなくさせる神が取りついて（私の）心を狂わせ、（旅人の安全を守る）道祖神の招きを受けて何も手に付かず、ももひきの破れを繕い、笠の緒を付け替えて、（健脚のつぼである膝の）三里にお灸を据えるとたちまち、松島の月がはじめに心に浮かんで、（いよいよ旅に出ようと）住んでいた家は人に譲り、（門弟の）杉風の別宅に移る時に、

（私一人が住んでいた）わびしい草庵も主が替わる時が来た。（今度は、はなやかな）雛を飾る家になるだろう。

（と詠んだこの句を発句とした百韻の）最初の八句を庵の柱に（作法通り）掛けて置く。

第3章

問題演習編

ステップ3

第3章 第1節

テーマ型小論文演習 ——課題の分析・考察・マッピング法

「評価することの意義」に関するテーマ課題【人文系】

1-1 まずは課題の分析を

ひとくちに「テーマ型小論文」といっても、その形式と内容はさまざまです。中には「豊かさとは何か、論じなさい」のような抽象度の高いものもありますが、**多くの小論文の出題では、ある程度の具体的な指示があります**。まずは、そこから文章作成にあたっての条件や、出題の意図などを読み取ってください（**課題の分析**）。次の例で確認しましょう。

例　グローバル化と情報化が進むこれからの社会で必要となる人材の人間性やスキルとはどのようなものだと思いますか。

←**課題の分析**

・「社会のグローバル化、情報化」＝**出題の背景**

・社会で必要とされる人材の「人間性」「スキル」とは何か＝**課題**

この場合は「グローバル化」「情報化」がどのようなことを指すかをイメージし、「人間性」「スキル」の二つについて考えていきます。

続いて**設問文に情報量が多い**場合を見てみましょう。

例 新しい学習指導要領では、子どもが主体的に学ぶことが重視されています。しかし、国際調査の結果は、日本の子どもたちの特徴として、自分の可能性を低く見積もる傾向があることを示しています。このことを踏まえて、学習面で指導を行う教師のあり方を、自分の経験を一つ挙げながら論じなさい。

↓**課題の分析**

・主体的に学ぶことが重視されている＝**出題の背景**……①
・日本の子どもたちは自分の可能性を低く見積もる＝**現状**……②
・学習面で指導を行う教師のあり方＝**課題**……③
・自分の経験を踏まえて＝**条件**……④

・最初に①・②を短くまとめることでテーマを理解していることを示す
・本論で④の自分の経験とその意味づけを入れる
・結論として③をまとめる

といった書き方の指針が出てくるでしょう。

1-2 パターン別対処法

①具体的な事例について書く場合

例　日本では東日本大震災、オイルショック、新型コロナウイルス流行の最初期などの際に、トイレットペーパーの買い占めが発生した。買い占めはなぜ起きたのか、それを防ぐためにはどうしたらよいか、あなたの考えを述べなさい。

「トイレットペーパーの買い占め」という**具体的な出来事**の背後にある、日本人の考え方や行動の特徴を読み取る、というように、**具体的なことを抽象化して考えること**が有効です。

②一般的なことがらがテーマの場合

例　「大人の言葉」と「子どもの言葉」にはどのような違いがあるか、論じなさい。

「大人の言葉」「子どもの言葉」にはどのようなものがあるかを具体的に考えた上で、その違いを抽象化してまとめる、というように、**抽象→具体→抽象と行き来しながら考えていくこと**が有効でしょう。

③抽象的なテーマを論じる場合

例 「文化的な生活」とはどのようなものか、あなたの考えを述べなさい。

この場合も、「文化的な生活」というテーマからイメージされる具体的な事例をマッピングするなどして、**考えるテーマを具体的に想定します。**

テーマが広すぎる場合には、「高校生としての文化的な生活について考えたい」といった形で、**テーマを絞り込んでみることも一つの方法**です。

1-3 考えて書く手順

①課題を構造化する

「環境問題」「少子高齢化」など、テーマを一言で言い表すことができる概念は便利である反面、それだけでは考えは広がっていきません。

マッピング法（**↓第2章 第7節****）を使って関連するワードを書き出し、ワードとワードの関係をつなぐなどして、テーマを構造化してみましょう。**

例
AIの導入 → 職業の変化 → シンギュラリティ　など

②着地点を確認して考える

「ＡＩが導入されたことによって生じる課題」「ＡＩを導入することの是非」のように、答えの輪郭がはっきりと示されている場合には、それに沿った案や考えを述べることが必要です。

また、「ＡＩについて、考えるところを述べなさい」のように漠然とした問い方の場合には、**自分で課題を設定してそれに対する答えを示すこと**で、メリハリのきいた小論文になります。とりとめもなく考えたことをダラダラと書き連ねる文章になってしまわないように、注意してください。

③自分の体験、他者の言葉の引用を盛り込む

文章が抽象的になることを避けるために、テーマと関わる**自分自身の具体的な体験**や、**本などで読んだ他者の意見**（誰の言葉であるかを明記します）、あるいは**具体的な事例**を適切に盛り込むことができれば、文章が膨らみをもち、説得力のあるものになります。適切なたとえを使って説明することもよいでしょう。

具体例を挙げることや、体験を述べて意味づけること、引用、比喩という手法は、現代文の文章でもよく見られるものです。

- □テーマ型小論文では、まず課題を分析する。
- □「具体」と「抽象」を行き来しながら考える。
- □マッピング法などを使ってテーマを構造化する。

問題演習

解答時間60分

自己評価　ⓐ　ⓑ　ⓒ　ⓓ

※解答は別冊P28

問一　今日の社会には、商品やお店の「ランクづけ」、学校のテスト、企業での人事評価、内閣や政党の支持率など、さまざまな場面で「評価」したりされたりする場面が多くある。あなたの今までを振り返って、評価に関する経験を一つ挙げながら、「評価することの意義」を六百字程度で論じよ。

問題チェック

考え方　課題を分析してから書くことを考察する

問一　今日の社会には、商品やお店の「ランクづけ」、学校のテスト、企業での人事評価、内閣や政党の支持率など、さまざまな場面で「評価」したりされたりする場面が多くある。あなたの今までを振り返って、評価に関する経験を一つ挙げながら、「評価することの意義」を六百字程度で論じよ。

「ランクづけ」、「テスト」、「人事評価」などの例から、「評価」がどのようなことを指すかをイメージする

課題文に含まれる設問の条件をチェックする
「あなたの今までを振り返って、……経験を一つ挙げながら」
＝具体的な経験を挙げ、それを「評価することの意義」と関係づけて書く

構成メモ例

構成	高く評価された経験	評価を得られなかった経験
序論	ピアノの先生にほめられた経験 否定的なことを一切言わないことに特徴があった ← 物事への積極的な取り組みを促しさらなるよい結果をもたらす	中学の美術部で才能の違いを見せつけられ評価を得られなかった ← 自分を客観的に見つめ直す機会を与えられた
本論	肯定的な評価ばかりではない 評価が必ずしも適切になされるとは限らない ⇔ 評価には自己を見つめ直す意義がある	評価を通して人は他者そして社会の価値観がどのようなものかを学び、自分自身を相対化 → 私より才能のある先輩がコンクールで高く評価されていた
結論	他者からの評価全般に、自分自身をよい方向へと導くきっかけとしての意義がある	評価はテストの点数や各種のランクづけを連想させる ⇔ 評価を通じて、自分自身を社会の一員として客観的にとらえ直す

出典

（Z会）オリジナル問題。

試験本番のアドバイス

小論文の学習を進めている段階と試験本番との最大の違いは、時間制限の有無でしょう。試験本番では決められた時間で課題文や資料、設問を理解し、構成を考えながら構成メモを作って答案を書き上げることが求められます。

したがって、次のイメージで解答していくとよいでしょう。

①課題文・資料・設問の読解、構成メモの作成、答案作成それぞれの段階にかける時間を考える
②課題文・資料・設問の読解
③構成メモを作る
④構成メモをもとに書き上げる

当然、出題形式や試験時間によって差がありますが、**基本的には課題文や資料、設問の理解と構成メモの作成に最大限時間を割きたい**ところです。

構成メモの作成までに時間をかけると、最後まで書き上げることができるかどうか不安に思うかもしれませんが、構成メモがきちんと作り上げられていれば、答案を仕上げるのにそこまで時間はかからないはずです。

もちろん、**できるだけ短い時間で書き上げる練習は必要ですが、その時点で自分がどれくらいの字数をどれくらいの時間で書くことができるのかを把握しておくことは欠かせません。**自分が書き上げるのに必要な時間は最初にとりわけておきましょう。

出題形式やテーマによっては何を書けばよいかまったく浮かばず、ただ時間ばかりが過ぎて焦りを覚えるということもあるかもしれません。その場合は冷静に「問題を分解する」ところからはじめてみるとよいでしょう。**問われていることは何か、鍵となるワードはないかを冷静に分析していきます。**そして、本書の中で紹介している**「マッピング法」**などを活用しながら少しずつ思考を展開していきましょう。

試験本番で「手も足も出ない」状態に陥るのは、過去問の傾向とはまったく異なる問題が出題された場合が最も多いと考えられます。そのため、普段の学習から「この学校はこういう問題が出題される」と決めてかからず、**自分の受験する試験で出題の多い形式・テーマを中心に据えながらも、他の出題形式やテーマにも慣れておくこと**を心がけておくとよいでしょう。

また、試験本番では「いざ書いてみたら原稿用紙が埋まらない」ということも起こりがちです。その場合、**答案を前にあれこれ考えるのではなく、いったん構成メモに戻り、本論に追加できる要素がないかどうかを考えてみましょう。**構成メモの段階から見直さず、原稿用紙を前にあれこれ考えながら付け足したり書き直したりしていると、気づかぬうちに論点がずれてしまったり論理的でなくなってしまったりしがちです。冷静に構成メモを見直し、書こうとしていた論点に沿って論拠となる要素を考えてみてください。

課題文型小論文演習 ―― 読解・課題発見・引用

落合陽一『日本進化論』【医療・福祉系】

2-1 課題文全体を正確に読む

課題文型小論文では、**課題文に書かれた他者の主張・意見・考え・提案などを踏まえた上で自説を述べること**が求められます。まずは課題文を、自分の考えを含めずに（＝客観的に）読解しましょう。

具体的には次のような順番で、とくに表現に注意しながら読むとよいでしょう。

①文章の大枠をとらえる

・見出しやタイトル、出典の書籍名が示されていればチェック

・語句の**定義や説明（「○○とは〜」など）**から、文章の前提を確認する

・**テーマの提示（「〜について考えたい」「〜を明らかにする」など）**や、**問題提起（「〜とは何か」「〜をどう考えるべきか」など）**から主題を把握

②文章における主張をつかむ

主張は以下のような表現で示されやすい

・**「〜が重要・大切だ」「必要なことは〜」「〜すべき」「〜と思う・感じる」「〜だろう」**

など筆者の主観的な判断が示されている箇所

・一般論や他者の意見と**対比**して自説を示す（「〜と言われているが、実際は……」など）

・**同内容の繰り返しや言い換え**（「つまり」「すなわち」「このように」などの接続語を伴うことも多い）

また、主張がどのような理由や根拠から導かれているのか（＝なぜそのように主張するのか）にも注意して読むと、筆者の主張が理解しやすくなる

課題文例　「友達親子」の是非について

①文章の大枠をとらえる→キーワードの定義

「友達親子」**とは**、上下関係を意識せず友達のように対等に接している親子の関係を指す。このような親子関係について、一般的には「親が未熟なせい」「子どもの精神的成長を阻害している」と否定的なイメージでとらえられることが多いようだ。しかし**私には**、この親子関係が、現代社会における一つの理想的なつながりのあり方であるように**思える**。

②文章における主張をつかむ→一般論と対比した自説の強調

日本では核家族化・少子化が進み、同年代の子どもたちが家庭に複数いることは極めて少なくなっている。子どもにとって親が従属すべき相手でしかなければ、彼らは家族の中で誰と娯楽を共有し、誰に悩みを打ち明ければよいのか。あるべき姿ではなくありのままの姿を受け止めてくれるパートナーとして親を求める子どもたちを、安易に否定す**べきではないだろう**。

②文章における主張をつかむ→筆者の最終的な主張

（Z会）オリジナル文章による。

2-2 課題を把握する

課題文型小論文の出題は、以下の二つのパターンが一般的です。どのような解答が求められているのか、適切に把握しましょう。

①課題文への賛否を問う
↓**自分の立場（賛成or反対）**を明らかにした上で、その根拠・理由を示すことを求める。
※根拠が課題文の繰り返しにならないように注意。**独自の考察が必要。**
②課題文を踏まえた上で、与えられた何らかのテーマについての意見を問う
例「課題文を読み、○○についての意見を述べよ」
「課題文で示された○○を実現するために必要なことは何だと考えるか」
↓**テーマへの自分自身の解答を示すこと**を求める。加えて、それと関連した**課題文の主張に対しての立場とその根拠も独自の考察から行うことが必要になる。**

2-3 課題に対する立場を明確にする

課題文を他者の主張・考えとしていったん読解し、課題に対してどのように答えるべきかを把握した後は、あなた自身が課題文に対してどのような立場をとるのかを明確にしましょう。その際に注意

すべきことは、次の二つです。

- ・基本的には、「課題文に賛成すべき（あるいは反対すべき）だ」ということはない
- ・課題文への意見は、根拠と具体性が必須

二つめの**「根拠と具体性」のためには、自分の意見を掘り下げること**が重要です。

下記の図のように、**自分の意見をさまざまな視点から問い直しましょう。**

「なんとなく賛成or反対」ではなく、なぜ、どのような点で課題文に同意するのか、あるいは反対するのかを具体化した上で、賛成or反対の立場をとる根拠を見つけましょう。

課題文に賛成
- **どんなことを根拠に賛成する?**
- **課題文の主張に付け加えるべき点はある?**
- **課題文の提案を実現するためには何が必要?**
- **課題文の提案を実現するにあたっての障害は?**
それはどうしたら解決できる?
- **課題文に反対する人は何を理由にする?**

課題文に反対
- **どんなことを根拠に反対する?**
- **課題文の主張のどの点に問題がある?**
その問題はどのようにすれば解消できる?
- **課題文で扱う問題に対してどのように考えるべき?**
それはどのような根拠からそう言える?
- **課題文に賛成する人は何を理由にする?**

2-4

課題文を引用しよう

小論文課題が、課題文を踏まえた何らかのテーマについて書くことを求めるものだった場合は、まず、先に説明した自分の意見の問い直しの作業を行います。その作業を踏まえた上で、次の例のようにテーマに対するあなたの主張についてもマッピング（→第2章第7節）を行います。

小論文課題例 1

「『友達親子』の是非」（前掲）に対し賛成か反対かを述べよ。

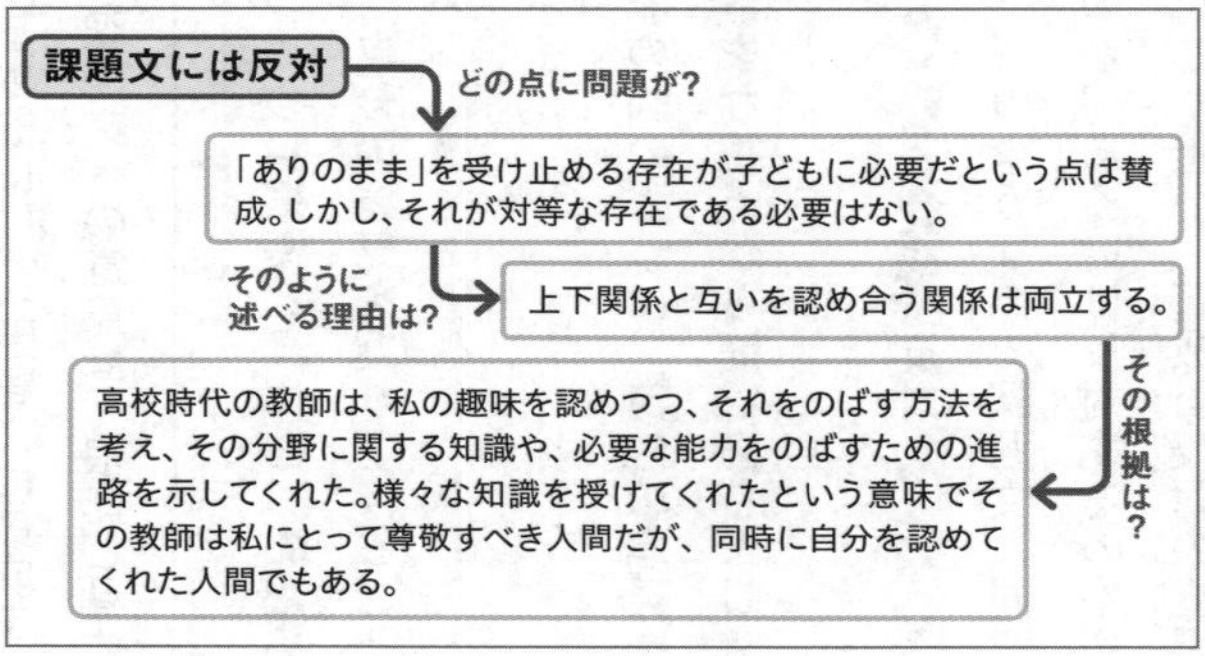
課題文には反対
どの点に問題が?

「ありのまま」を受け止める存在が子どもに必要だという点は賛成。しかし、それが対等な存在である必要はない。

そのように述べる理由は?

上下関係と互いを認め合う関係は両立する。

その根拠は?

高校時代の教師は、私の趣味を認めつつ、それをのばす方法を考え、その分野に関する知識や、必要な能力をのばすための進路を示してくれた。様々な知識を授けてくれたという意味でその教師は私にとって尊敬すべき人間だが、同時に自分を認めてくれた人間でもある。

小論文課題例 2

「『友達親子』の是非」を踏まえ、友達親子に対する考えを述べよ。

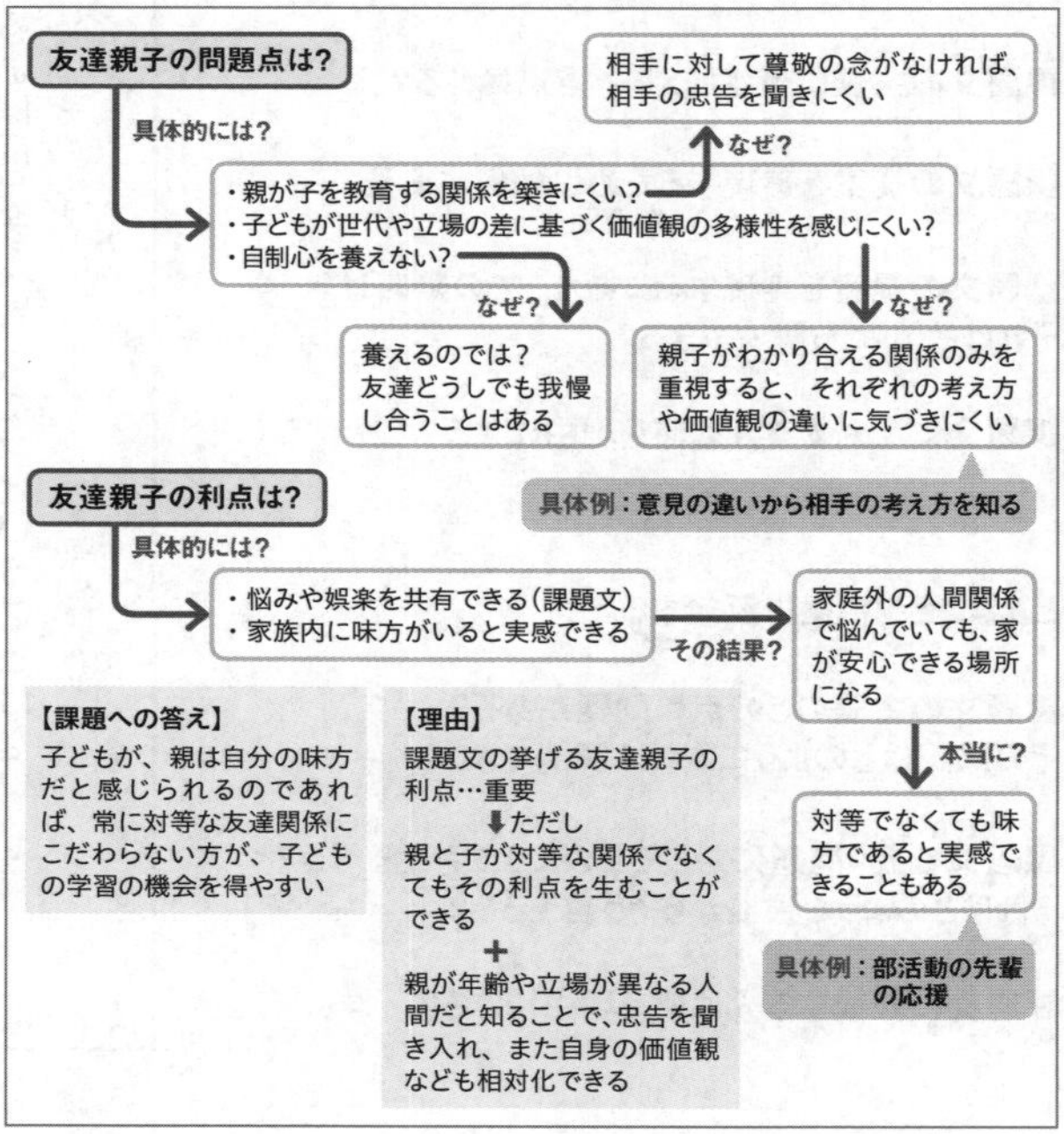
友達親子の問題点は?
具体的には?
・親が子を教育する関係を築きにくい?
・子どもが世代や立場の差に基づく価値観の多様性を感じにくい?
・自制心を養えない?
なぜ?
相手に対して尊敬の念がなければ、相手の忠告を聞きにくい
なぜ?
養えるのでは? 友達どうしでも我慢し合うことはある
なぜ?
親子がわかり合える関係のみを重視すると、それぞれの考え方や価値観の違いに気づきにくい
具体例：意見の違いから相手の考え方を知る
友達親子の利点は?
具体的には?
・悩みや娯楽を共有できる（課題文）
・家族内に味方がいると実感できる
その結果?
家庭外の人間関係で悩んでいても、家が安心できる場所になる
本当に?
対等でなくても味方であると実感できることもある
具体例：部活動の先輩の応援
【課題への答え】
子どもが、親は自分の味方だと感じられるのであれば、常に対等な友達関係にこだわらない方が、子どもの学習の機会を得やすい
【理由】
課題文の挙げる友達親子の利点…重要
⬇ただし
親と子が対等な関係でなくてもその利点を生むことができる
＋
親が年齢や立場が異なる人間だと知ることで、忠告を聞き入れ、また自身の価値観なども相対化できる

課題文型小論文では、あなたの主張が課題文を踏まえていることを示すために、小論文中で課題文を引用する必要があります。**引用とは、自分が考えて書いた文章と、他者の言葉や文章・アイディアとを文中で明確に分けた上で、他者の言葉や文章、アイディアを自分の文の中に示すこと**です。

引用にはルールがあり、それを正しく守った上で引用することが求められます。このルールが適切に守られていない場合、**課題文の著作権を侵害している（＝盗用・剽窃《ひょうせつ》を行っている）と見なされ、致命的な減点につながります**。小論文で一般的に用いられる引用方法二つを紹介します。

直接引用＝**文章を一字一句そのまま写して**引用すること。**「」でくくる**。

例 **筆者は**「あるべき姿ではなくありのままの姿を受け止めてくれるパートナーとして親を求める子どもたちを、安易に否定すべきではないだろう」**と述べている**。

間接引用＝文章を**短くまとめて**引用すること。**「」でくくらない**。

例 **筆者は**ありのままの姿を受け止めてくれるパートナーとして親を求める子どもを否定すべきでない**と述べている**。

課題文中の内容やアイディアであるのか、あなたの考えたものであるのかを、読者が判断できない形で示してしまった場合も、盗用・剽窃と見なされます。十分に注意して引用を行いましょう。

- □ **課題文の表現に注意しながら、課題文のテーマや主張を客観的に把握する。**
- □ **小論文が課題文の繰り返しに終わらないよう、独自の問題を考え根拠をもって論じる。**
- □ **引用のルールを知り、適切に課題文を引用する。**

問題演習

解答時間60分

自己評価　ⓐ　ⓑ　ⓒ

※解答は別冊P38

次の文章を読んで、後の問に答えよ。

日本人のWell-being(注)の度合いは、全世界の百五十六か国中で五十三位と低い順位に留まっています。日本人の「健康」と「幸福」を向上させるためには、様々な改善が必要になってきますが、その中でも特に不足していると思われるのが、Well-beingを高めるために影響する要素の二番目に挙げられている「困ったときに頼れる人がいる」ということ。つまり、自分は互助的なコミュニティに所属しているという感覚です。

この要素を補うために、スポーツを中心にして社会的なつながりをつくり出していくことが有効です。身体の健康は、病院に行けばメンテナンスできますが、総合的なWell-beingは医療だけではカバーしきれません。スポーツで孤独を解消し、社会的なつながりを実感することが必要なのです。

そのためには、もはや自分で体を動かす必要すらないといえます。元陸上競技選手の為末大氏は「ヨーロッパのスポーツクラブに行くと、周りが身体を動かしているのを、お茶を飲みながら眺めているだけのおばあさんの姿が見られる」と語っていました。また、少しスポーツから話は逸れますが、年配の方は、友達と話がしたいがために大した病気でなくても病院に行きたがる、という話もよく聞きます。マズローの欲求五段階説の中にも「所属と愛の欲求」(Love and belonging)が存在していますが、「孤独の解消」は人間にとって非常に大切なテーマなのです。

一人暮らし世帯の数がますます増加する傾向にある今、スポーツによる孤独の解消はますます重要性が高まっていくでしょう。

（落合陽一『日本進化論』による）

（注）Well-being…ウェルビーイング。人間の心の豊かさに関する概念。

問一 傍線部「一人暮らし世帯の数がますます増加する傾向にある今、スポーツによる孤独の解消はますます重要性が高まっていくでしょう」に関して、スポーツ人口を増やすための具体的な対策・方法を、六百字程度で論じよ。

問題チェック

考え方　**課題文全体の論旨を押さえて具体的な対策・方法を論じる**

次の文章を読んで、後の問に答えよ。

傍線部だけでなく、課題文全体の論旨を押さえよう

（注）によれば、人間の心の豊かさに関する概念とある

1 日本人のWell-beingの度合いは、全世界の百五十六か国中で五十三位と低い順位に留まっています。日本人の「健康」と「幸福」を向上させるためには、様々な改善が必要になってきますが、その中でも特に不足していると思われるのが、Well-beingを高めるために影響する要素の二番目に挙げられている「困ったときに頼れる人がいる」ということ。つまり、自分は互助的なコミュニティに所属しているという感覚です。

日本人のWell-beingの度合い向上のため、筆者は孤独感を解消する必要があると述べている

2 この要素を補うために、スポーツを中心にして社会的なつながりをつくり出していくことが有効です。身体の健康は、病院に行けばメンテナンスできますが、総合的なWell-beingは医療だけではカバーしきれません。スポーツで孤独を解消し、社会的なつながりを実感することが必要なのです。

3 そのためには、もはや自分で体を動かす必要すらないといえます。元陸上競技選手の為末大氏は「ヨーロッパのスポーツクラブに行くと、周りが身体を動かしているのを、お茶を飲みながら眺めているだけのおばあさんの姿が見られる」と語っていました。また、少しスポーツから話は逸れますが、年配の方は、友達と話がしたいがために大した病気でなくても病院に行きたがる、という話もよく聞きます。マズローの欲求五段階説の中にも「所属と愛の欲求」(Love and belonging)が存在していますが、「孤独の解消」は人間にとって非常に大切なテーマなのです。

④ 一人暮らし世帯の数がますます増加する傾向にある今、スポーツによる孤独の解消はますます重要性が高まっていくでしょう。

社会的なつながりを実感し、孤独感を解消するための方法として、筆者はスポーツを重要視している

問一 傍線部「一人暮らし世帯の数がますます増加する傾向にある今、スポーツによる孤独の解消はますます重要性が高まっていくでしょう」に関して、スポーツ人口を増やすための具体的な対策・方法を、六百字程度で論じよ。

ここでは傍線部にある筆者の考えを踏まえながら「具体的な」対策・方法が求められているので注意する。単にスポーツ人口を増やすという解答で終わらせないことに気をつけたい

出典

落合陽一『日本進化論』(SB新書、二〇一九年)。

筆者は学際情報学の博士号をもつ。空中ディスプレイや空間グラフィクスといったメディアアート活動とともに、人工知能と人間知能の協働・共創に関するものなど多様な研究活動を行っている。本書は、複数の政府系委員を務める筆者ならではの視点で、平成以降の日本社会の問題を再検討し、課題と解決策を考えるものである。

構成メモ例

構成	多様な人々の交流する場	スポーツの相対的弱者
序論	日本人のWell-beingの度合いを上げるべく日本人が社会的つながりを実感し孤独を解消するためには、スポーツが重要だ↓同じスポーツをしたい人と人をつなげる	Well-beingに関わる要素を踏まえつつ、「互助的なコミュニティに所属しているという感覚」による孤独感の解消↓競技スポーツ以外のスポーツに触れる
本論	地域コミュニティに根ざしたスポーツイベントの開催↓初心者が気軽に参加・高齢者と現役世代との交流	日本スポーツ協会の調査では、五人に一人がスポーツにネガティヴな思い出↓年齢や体力、身体状況に合ったスポーツ
結論	対象年齢を幅広くして人と人をつなぐ機会が社会に普及する↓一人暮らしの孤独の解消につながる	自分に合ったスポーツを選ぶ↓スポーツの相対的弱者とされる人も前向きにスポーツコミュニティに加わる

100字要約

日本は互助的なコミュニティへの所属感が薄いためWell-beingが低い。スポーツで社会的つながりを実感し、孤独を解消することが必要であり、一人暮らし世帯が増加する今、スポーツの重要性は高まるだろう。

(95字)

データ型小論文演習

――統計データ・図表の読解・引用

内閣府「我が国と諸外国の若者の意識に関する調査」【教育系】

3-1 統計データを扱えるようになる

統計データは、物事を数値で表現するものです。**思いこみや慣例にとらわれず客観的に対象（人びとの意識や行動の傾向・性質など）を把握するのに役立ちます**。そのため、統計データは、社会の中で何かの基準を設けたり、さまざまな計画を立てたりする上で重要な資料として参照され、私たちの生活に深く関わっています。

今後社会の中でさまざまな物事に関わるための準備も兼ねて、ここでは統計データの読み取りの基本について確認していきましょう。

3-2 図表読解の準備

統計データを示した図や表は、統計データを文章で示すよりもわかりやすく表現するために用いるものです。もし示されているデータ自体をすべて文章で説明しようとすると、複雑で長い文章になってしまいます。また、図表を読解しようとしても、大まかな方向性がわかっていなければ、注目すべき点がわからず混乱してしまう可能性が高いでしょう。**その図表が何を示しているのかをつかんだ上で図表を参照すれば、効率よくその物事を把握できます。**

したがって、**図表読解の際に必要なのは、まず図表が何を示しているのかをあらかじめ把握すること**です。そのために気をつけるべきポイントを示します。

- i　タイトルを読む
- ii　各列・行や縦軸・横軸などの各項目が何を示すか把握する
- iii　注があれば注にも目を通す

たとえば、下記の図は**「いつ、どこ、何を明らかにしようとしているのか」をまずつかんでから各数字を見る**と、図が何を示そうとしているかがわかりやすくなります。

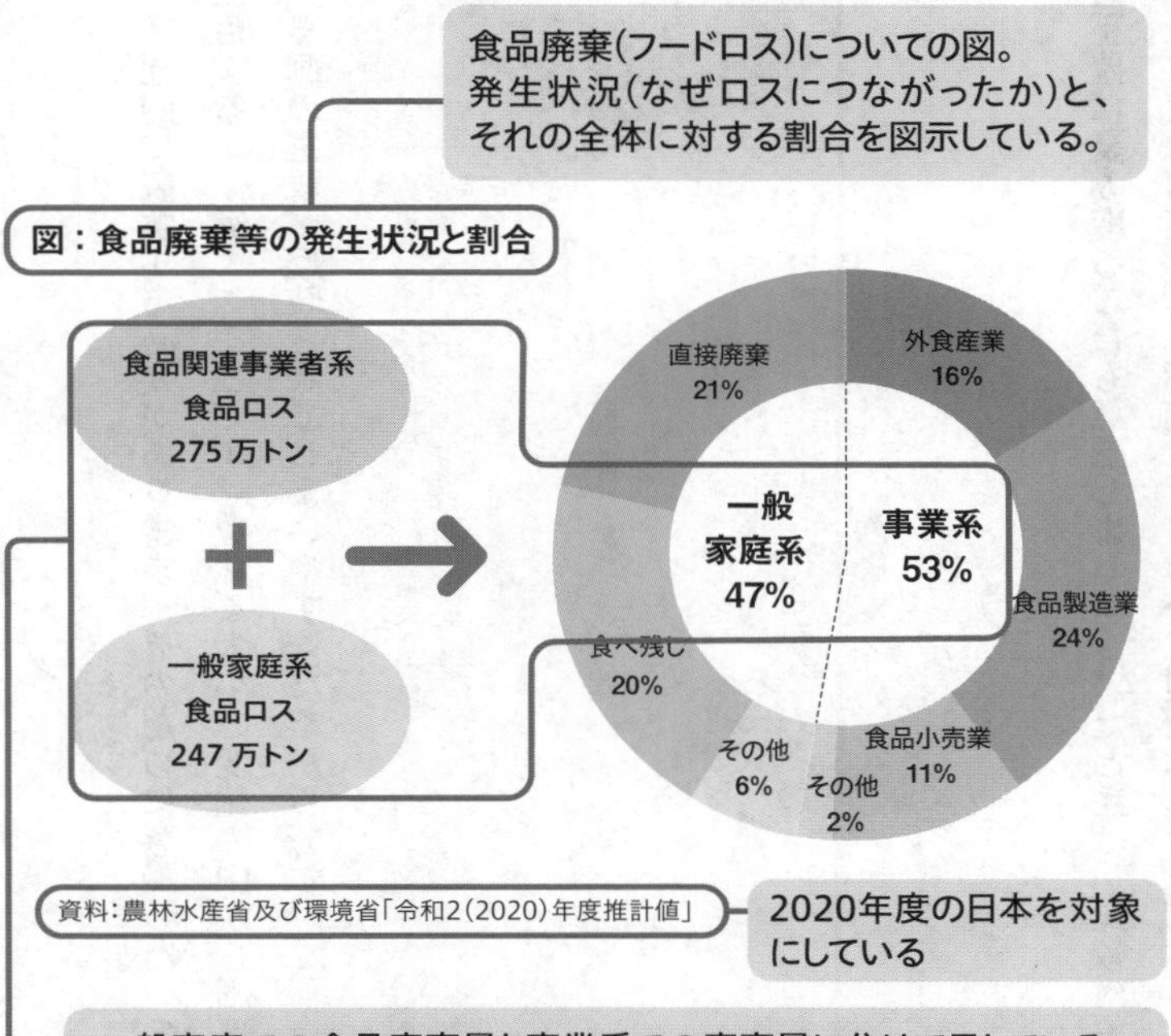
一般家庭での食品廃棄量と事業系での廃棄量に分けて示している。

3-3
図表の読解

図表のデータは、まずは主観を交えず客観的に読解する必要があります。そのために意識したいのが、**細部よりも全体的な傾向や特徴に注目する**（↓例①）ことです。数ある大小の変化の中から細部を取り上げようとすると、その選択に見る側の主観が反映されてしまいやすくなるからです。

例①
「一般家庭系」と「事業系」がほぼ半々という点を押さえる。

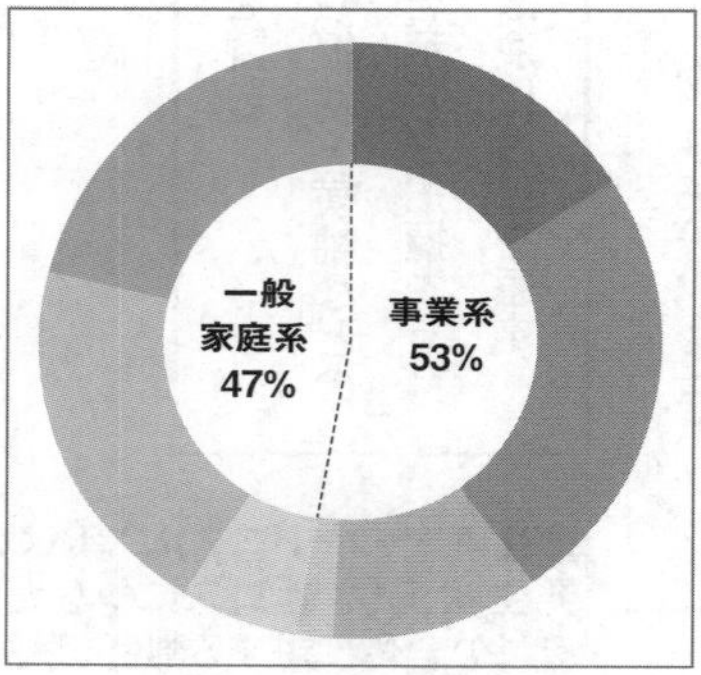

さらに、**図表が表していることだけを正確に読み取ること**も意識しましょう。たとえば、比較対象をもとに「○○より減少している」ということは事実として指摘できますが、判断基準なしに「△トンと少ない」のようには言えません（↓例②）。**図表が表していること（＝事実）と、結果から考えられること（＝推測・意見・考察）は区別しましょう。**

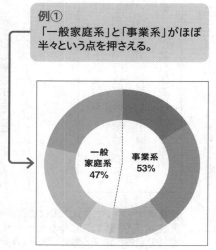

例②
食品ロス合計522万トンという数字が「多い」か「少ない」かは、この図からは判断できない。
たとえば、5年前の推計値が646万トンだったとすれば、それより少ないといえるし、2030年度までの目標値として国が定めている489万トンと比較すれば多いといえる。

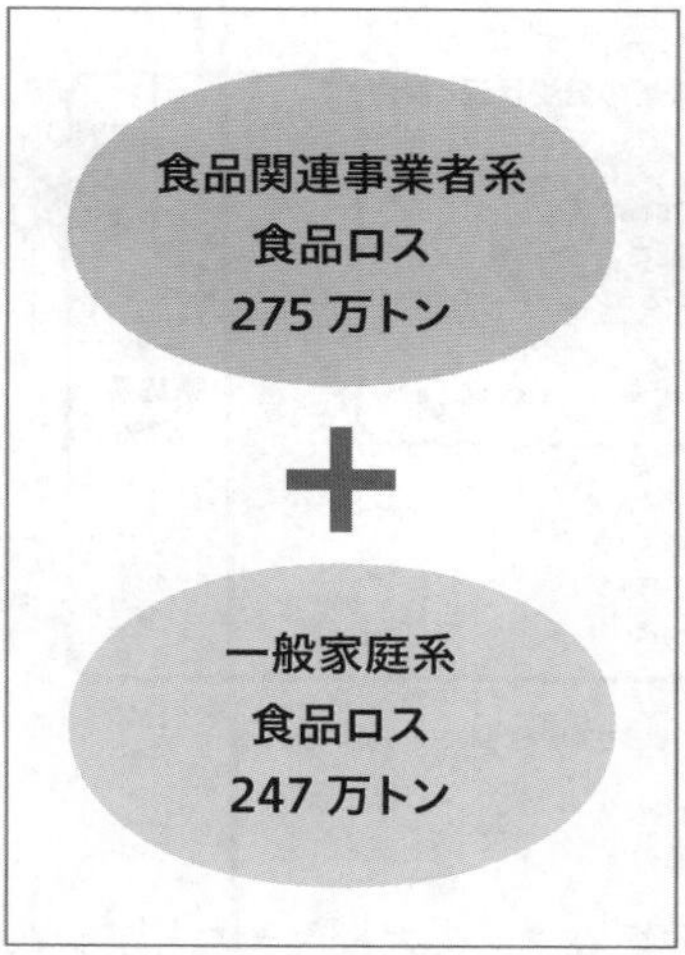

3-4 統計データから考える

いったん客観的に図表を読解し、特徴的な傾向をつかんだら、そのデータをもとに指摘できることや推測できることは何かを考えます。自分で問いを立てながら考察しましょう。

たとえば、次の問いを立ててみましょう。

Q：なぜそのような結果になるのか？↓原因、背景など

Q：統計の結果の問題点、あるいは評価すべき点は？

Q：問題点や評価すべき点をもとに、今後どうすべきか？↓解決策、提案など（↓例③）

また、その**統計データに関連した社会問題などの知識もあわせて考えること**もできます（↓例④）。

例③
一般家庭の廃棄量が全体の半分近いというのは問題。
→直接廃棄・食べ残しの削減は難しくないのでは？
→購入量・調理量の調整、賞味期限と消費期限の違いを知る、フードドライブ（食品の寄付）などの取り組みを知る、等で対策可能

図：食品廃棄等の発生状況と割合

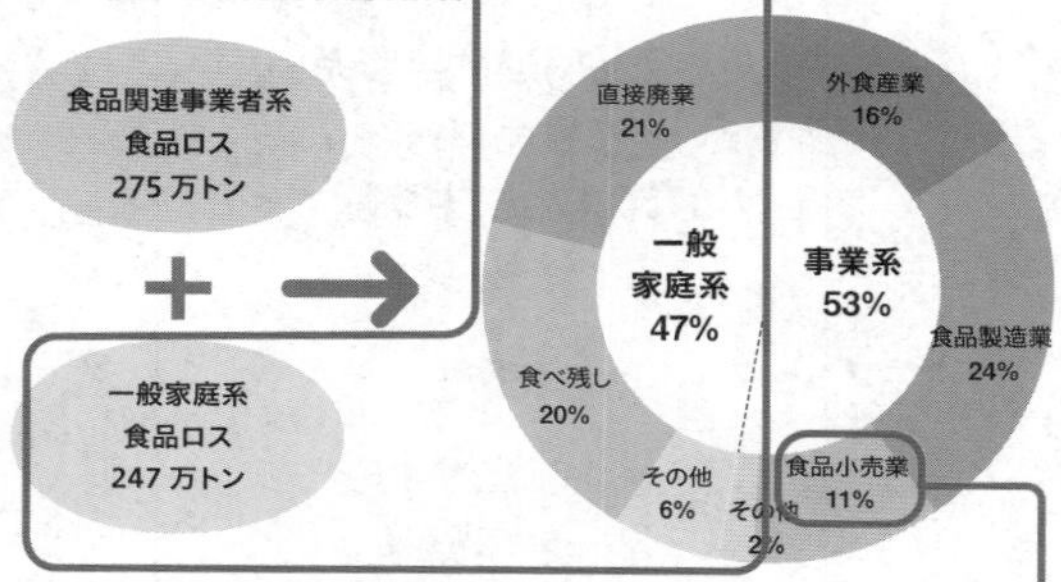

資料：農林水産省及び環境省「令和2（2020）年度推計値」

例④
賞味期限切れ食品の大量廃棄などが話題に上りやすいが、食品小売業のフードロスは全体の11%にとどまる。
→もっと問題視すべき点がある？

3-5

統計データの引用における注意点

統計データをもとに小論文を書く際には、必ず統計データの数字に触れます。その際は、字数制限を考慮しつつも、**できるだけ具体的に数値を用いてデータの説明を行いましょう。**「多い」「少ない」といった抽象的・主観的な表現ではなく、**概数でよいので、数量や割合を示し、客観的に記述します。**

例
×「○○の項目が最も多い」「△△が前年より増加した」
↓
○「○○の項目が七割と最も多い」「△△が前年より三十ポイント増加した」
※**パーセンテージの差は「ポイント」で表現します**

- □ 図表を見る際は、まずその図表が何を示しているのかを把握する。
- □ 統計データにあらわれる問題点や評価すべき点、解決・提案内容を考察する。
- □ 統計データを引用する際は、数値を用いて客観的・具体的にデータを示す。

問題演習

解答時間60分

自己評価

問一 ⓐ ⓑ ⓒ ⓓ

問二 ⓐ ⓑ ⓒ

※解答は別冊P48

次の図1・図2・図3は、各国の満十三歳から満二十九歳までの男女を対象に、内閣府によって行われた「我が国と諸外国の若者の意識に関する調査」（二〇一八年）での結果を示したものである。それぞれの図のタイトルとして示された質問への回答が、国別に示されている。後の問に答えよ。

図1

「次のことがらがあなた自身にどのくらいあてはまりますか」に対する「私は、自分自身に満足している」の回答。

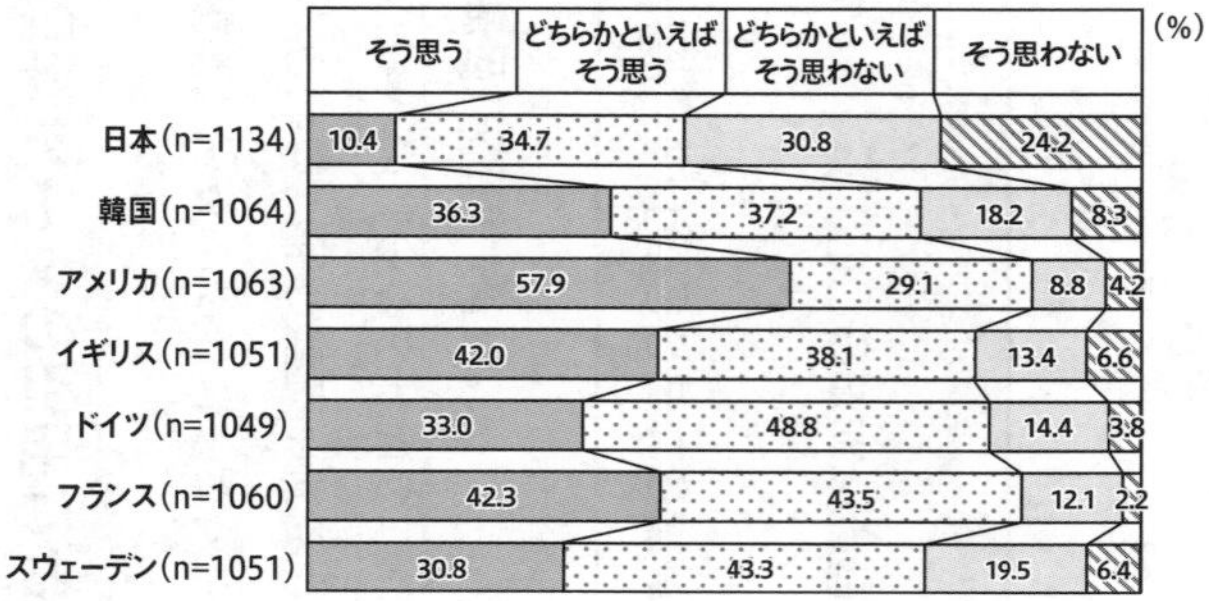

図2

「あなたは、自分の将来について明るい希望を持っていますか」の回答。

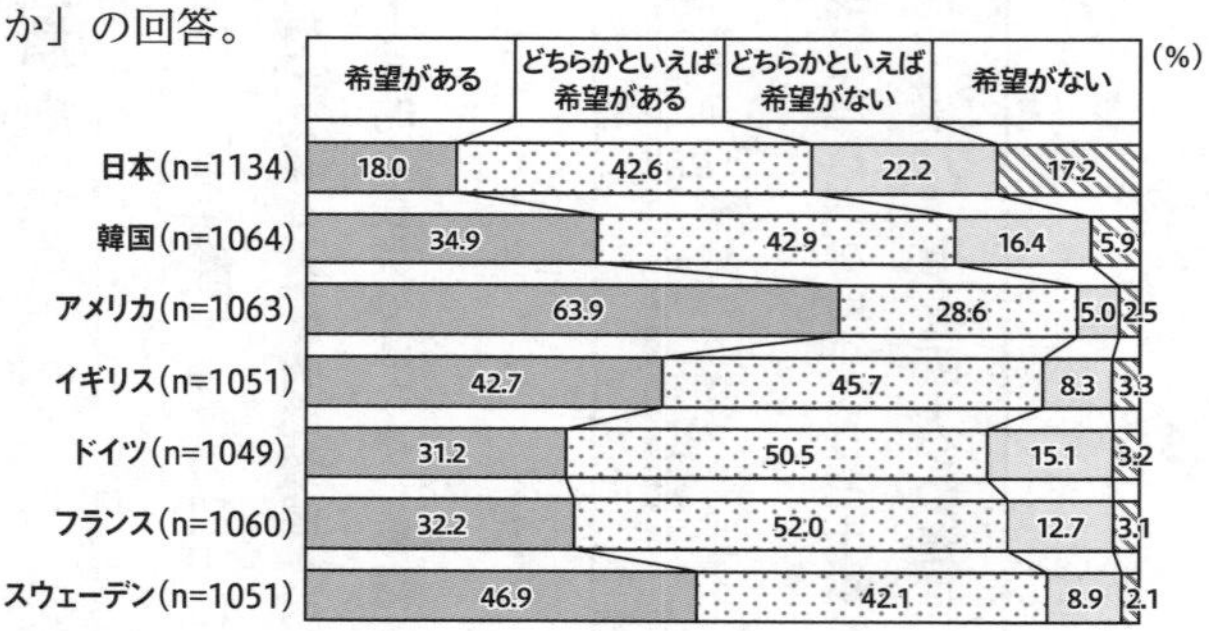

図3

「あなたは、社会に出て成功するのに最も重要なものは何だと思いますか」の回答。

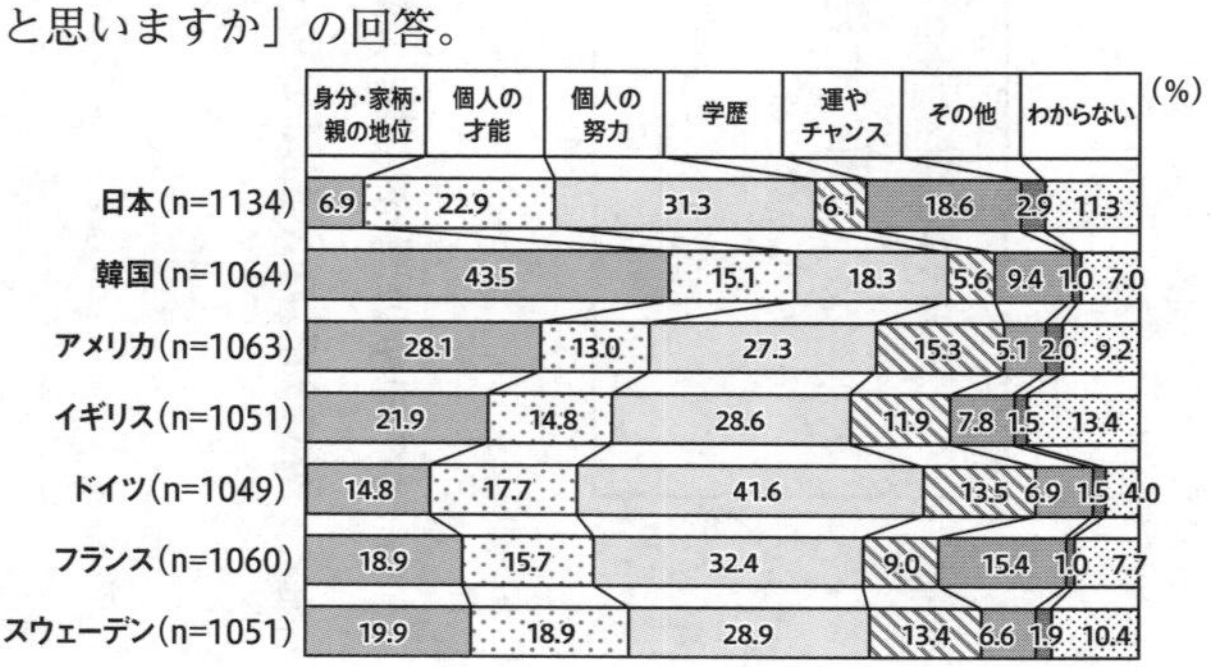

問一 図1・図2・図3から、日本の若者にどのような特徴があるかを二百字程度で説明せよ。

問二 問一を踏まえ、あなたは日本人の若者にどのような傾向があると考えるか。また、その傾向をどのように評価するか。制限字数は四百字程度で論じよ。

問題チェック

考え方　三つの図に共通する傾向をつかみ、評価する

日本と六か国の若者の意識を比較した、二〇一八年の統計データが示されている

次の**図1・図2・図3**は、各国の満十三歳から満二十九歳までの男女を対象に、内閣府によって行われた「我が国と諸外国の若者の意識に関する調査」（二〇一八年）での結果を示したものである。それぞれの図のタイトルとして示された質問への回答が、国別に示されている。後の問に答えよ。

「自分自身に満足している（そう思う）」「自分自身にどちらかといえば満足している（どちらかといえばそう思う）」と答える割合は、日本が7か国中最低。「そう思う」の割合は、最も高いアメリカと約48ポイント差、日本に次いで低いスウェーデンとも約20ポイントの差。→日本人の若者は自分自身への満足感が低い

図1

「次のことがらがあなた自身にどのくらいあてはまりますか」に対する「私は、自分自身に満足している」の回答。

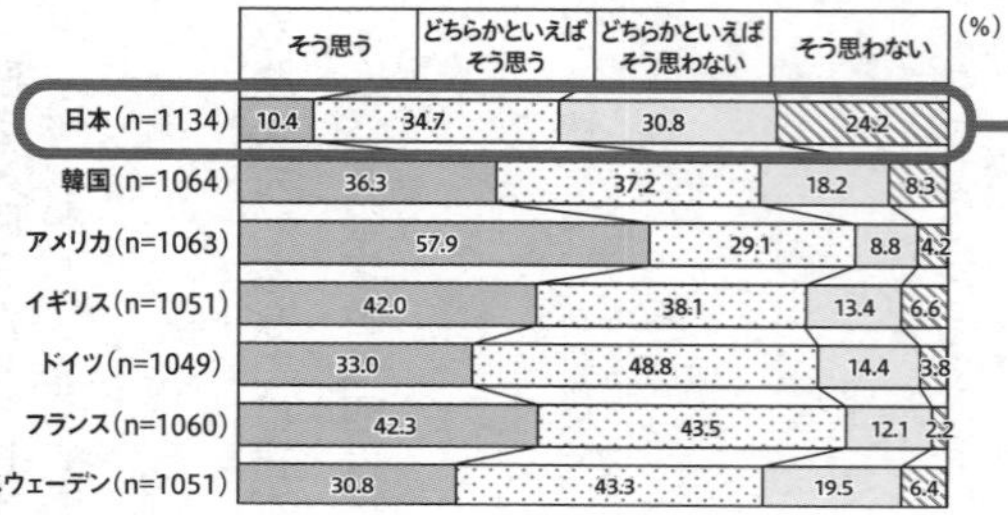

図2

「あなたは、自分の将来について明るい希望を持っていますか」の回答。

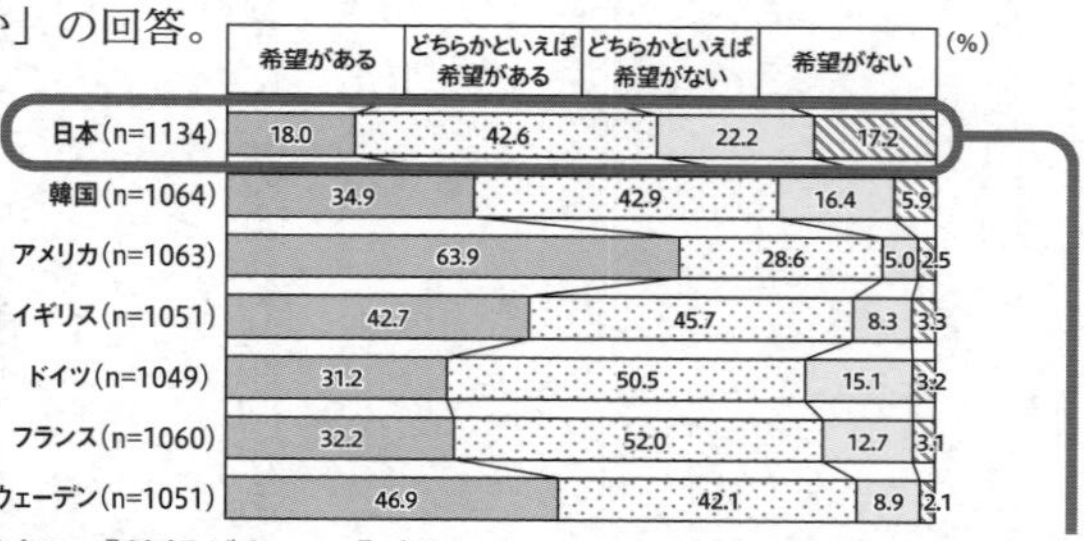

将来に「希望がある」「どちらかといえば希望がある」と回答した割合は過半数（60.6%）だが、7か国中では最低。他6か国は8割前後～9割。→日本人の若者は他国の若者より将来への希望を感じにくい

図3

「あなたは、社会に出て成功するのに最も重要なものは何だと思いますか」の回答。

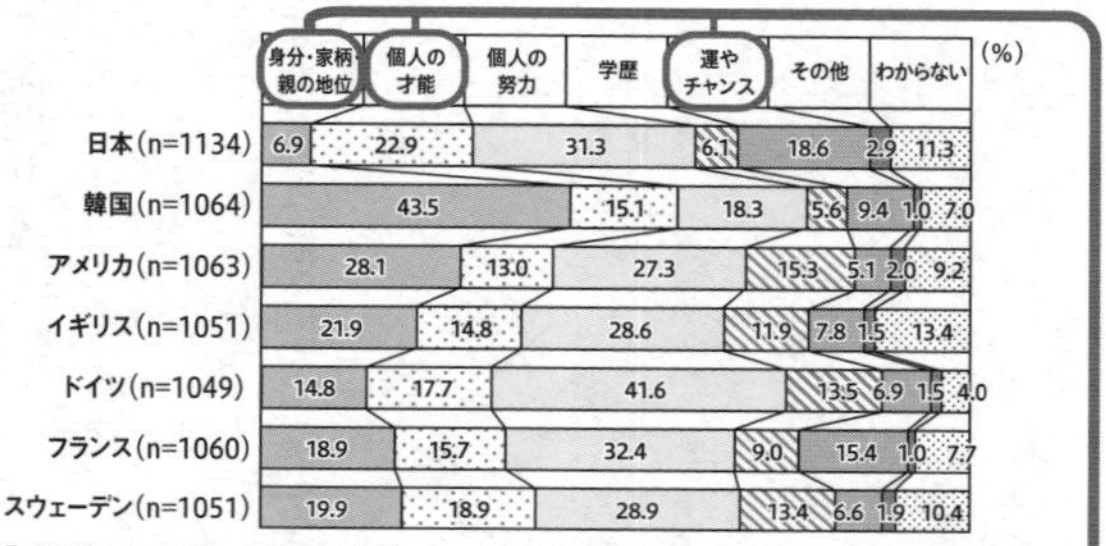

「身分・家柄・親の地位」によって将来が決まる、と考える割合は7か国中最も低い。他国が約15%～43.5%（韓国）であるのに対し、日本は7%未満にとどまる。一方、「個人の才能」「運やチャンス」によって将来が決まる、と考える割合は日本が7か国中最も多い。

問一 **図1・図2・図3**から、日本の若者にどのような特徴があるかを二百字程度で説明せよ。

日本人の他国と比べ、特徴的な傾向に注目する。他国と大きく数値の差があらわれている項目に注目する

①「考えるか」と問われているので、問一で答えた単なる各図のデータではなく、それをもとに考察する傾向を書くこと。また、三つの図すべてを反映する傾向を考察することにも注意しよう

↓×「日本人の若者は七か国中○○が最も高いという傾向がある」

問二 **問一**を踏まえ、あなたは日本人の若者にどのような傾向があると考えるか。また、その傾向をどのように評価するか。制限字数は四百字程度で論じよ。

②「評価」を問われているので、あなたが考える日本人の若者の傾向に価値があるのかないのか、その価値とはどのような価値なのかなどを書く必要がある。また、小論文であるので、個人的な印象にとどまらず、客観的な判断に基づいて評価をすべきという点にも注意しよう

↓×「同世代の日本人として共感できる」

問二：構成メモ例

構成	若者の意識を評価する	若者の意識を課題とする
序論	日本の若者は現状に満足しておらず、自分自身で人生を切り拓くべきだと考える傾向がある	日本の若者の特徴的傾向として、自責による自己肯定感の低さがある
本論	調査によれば、日本の若者は自分自身や将来を低く評価する傾向が対象国の中で最も強い ⇔ 成功する要因として努力や自分個人の才能、運やチャンスといった自分次第のものを挙げる割合が高い	調査によれば、日本の若者は、自身への満足感や将来への明るい希望を持つ割合が、対象国中最も低い また、社会で成功する要因としてとくに日本で多く回答されるのが、才能や努力 ↓自分自身や将来を悲観している
結論	格差社会によって社会の分断が進むことが懸念されている ⇔ 調査からわかった若者の克己心の強さに格差の拡大を抑制する可能性	生活等に困る人への援助に正当性を感じなくなる恐れ ← 日本の若者の意識は変革すべきだ

出典
内閣府「我が国と諸外国の若者の意識に関する調査」
二〇一八年。

第4節 要約＋課題文型小論文演習――要約の書き方・整理・敷衍

渡辺裕『感性文化論〈終わり〉と〈はじまり〉の戦後昭和史』【社会系】

4-1 「要約付き課題文型」とは

課題文型小論文の中には、設問を二つに分け、

問一	本文の要約
問二	本文に対する意見を述べる

という「**要約付き課題文型**」とも呼べる出題形式があります。

問一の「要約」では本文を「客観的に正しく読めているか」（読解力）、「理解したことを短くまとめることができるか」（表現力）を、**問二**の意見論述では「考えを論理的に書くことができるか」（発想力、構成力、表現力）をそれぞれ問われることになります。

このような「**要約付き課題文型**」は、出題者にとって**「読む力」「書く力」「考える力」を三方向から試すことのできる一石三鳥の出題**なのです。

ただし、（要約なしの）課題文型小論文であっても、**課題文を理解していることが前提なので、課題文をある程度は要約して答案の最初に書いておくことはどうしても必要です**。したがって、「要約付き課題文型」といっても、「要約なし」の場合と大きく変わったことをしなければならないわけではありません。

> 「課題文を読んで、あなたの考えを述べよ」（課題文型小論文）
> ←
> 読み取ったことを「要約」して示すことは必要
> ＝
> 「**問一** 要約、**問二** 意見論述」の「要約付き課題文型」と本質は変わらない

いわば**「課題文型」が一つの設問で済ませていたところを、「要約付き課題文型」は同じことを二つに分割したものと考えればよい**でしょう。

●課題文型
筆者によれば……**要約**
ここでは……**意見**

●要約付き課題文型
問一……**要約**
問二……**意見**

4-2 要約の書き方

第2章 第2節で触れたように、要約とは「本文を短くまとめること」です。

ただし、**要約は本文をただ短く縮めただけの「本文のダイジェスト」ではありません。**書く際には、とくに次の二つを意識しましょう。

・「筆者は結局何を言いたいのか」を重点的に書くこと
・筆者の考えの筋道（＝論理）が明確になる形で書くこと

そのために、筆者が読み手の理解を深めようとして示す**「具体例」や「予想される反論」などは基本的にカットし、本文のエッセンスだけを端的にまとめていきます。**

論旨――~~具体例~~（カット）――**論拠**――~~比喩~~（カット）――**結論**

次のような段落構成の文章の要約を考えてみましょう。

1 子どものころ、村はずれの線路を決まった時間に通る蒸気機関車を飽きずに見ていた。
（＝体験談→カット）

2 汽車は力の象徴であり、鉄道網は国力の象徴であるという意識があった。
（＝1の意味づけ **論旨**）

3 しかし今や全国で鉄道路線の廃止が相次いでいる。（＝事実の提示→カット）

4 百円の利益を上げるのに、コストが二万円以上かかる路線もあるという。
（＝3の背景説明→カット）

5 引退した蒸気機関車が公園で余生を過ごす姿も今では目にすることは少ない。
（＝エピソードの提示→カット）

6 全国で鉄道路線の廃止が進む現実は、国力の衰退を象徴していないだろうか。
（＝3の反復と意味づけ **結論**）

↓

【要約】

かつて汽車は力の象徴であり、鉄道網は国力の象徴と意識されていた。全国で鉄道路線の廃止が進む現実は、国力の衰退の象徴とも言えそうだ。

なお、設問によってはストレートに「要約」を求めるのではなく、**「本文に示された二つの立場の違いをまとめなさい」といったように、本文の内容を「整理」することを求める場合**もあります。

この場合には、「二つの立場の違い」など出題者の示す切り口に沿って本文を分析していくことになりますが、その際の手順は、右で確認したことと同じです。

4-3 「要約」を踏まえて「敷衍」する

課題文の要約を正しく行うことで、課題文のテーマと筆者の主張・考えを正しく理解していることを示すことができます。

要約を**問一**、意見論述を**問二**とした場合、設問の上では半分をこなしたことになりますが、要約だけでは小論文を書くためのスタートラインに着いたに過ぎません。

「要約」をもとに「敷衍」し、自分の考えを展開していくことになります。

要約付き課題文型小論文作成のプロセス

課題文 → 要約 → 敷衍

- □ 「要約付き課題文型」小論文――「課題文型」と本質は変わらない。
- □ 要約のポイント＝「主張」と「論理」をピックアップする。
- □ 「要約」をもとに「敷衍」する。

問題演習

解答時間90分

自己評価　問一 ⓐ ⓑ　問二 ⓐ ⓑ ⓒ ⓓ

※解答は別冊P60

次の文章を読んで、後の問に答えよ。なお、冒頭の「位置について、……」は、日本での陸上競技のスタート時の号令のことを指している。

日本での出発合図として「位置について、用意」が定められたのは、実は、一九二七年のことで、それ以前は必ずしも統一されていたわけではなかったようだが、「オン・ユア・マーク、ゲット・セット」という英語がそのまま使われることが多かったようである。ところが興味深いことに、日本陸連が推し進めていた競技用語を邦語化してゆくプロジェクトの一環として一九二七年に、この出発合図に使う号令についての日本語の公募が行われ、その結果、山田秀夫なる人の出した「位置について、用意」という提案が採用されたというのである。

今われわれが一般的にもっている感覚だと、「国際化」のためには、ローカルな日本語を捨て英語を採用するという方向をたどるのが自然のように思われ、大正期にせっかく英語でやっていたのに、その後なぜわざわざ邦語化したのか、などと思ってしまいそうである。ここでも何をもって「国際的」と考えるかということについての根っこの部分で考え方が行き違っているのではないかと思わされる。これはべつにスポーツの世界だけの話ではない。この話から私などが真っ先に思い出すのは、オペラの「原語上演」と「日本語上演」をめぐる動きである。

今ではオペラは、原作の言語で上演するのが一般的である。一昔前までは日本語訳詞による上演が広く行われていたが、いつしか原語でなければ「本格的」な上演ではないかの如くに扱われるようになり、日本語上演を推進してきた人々は、日本のオペラの発展を阻害した戦犯呼ばわりされることにもなった。だが、何が「本格的」

かは、多分に文化的コンテクストで決まる。大正期や昭和初期の文献には、原語上演より日本語上演の方が「本格的」である旨の記述がしばしばみられる。この時期、西洋に学びつつ日本固有のオペラ文化を形作る仕事こそ「本格的」と考えられていたのであり、原語上演はそのための一ステップにすぎなかった。一九一一年に帝国劇場で《カヴァレリア・ルスティカーナ》が原語上演された際には、「本格的」な訳詞が準備できないためにやむをえず原語のまま上演するとの弁明までなされている。言ってみれば、自国の言葉をベースにした文化をしっかり形作ってゆくことこそが、世界に出して恥ずかしくない、近代国家にふさわしい「国民文化」のあり方だと考えられていたのである。

これは日本だけの話ではなく、とりわけ西洋の「周縁」に位置した東欧や北欧などの諸国などにもよくみられることである。一九世紀末、ブダペスト国立歌劇場に赴任した若き日のマーラーがワーグナーの《指環》四部作のハンガリー語上演を担当したという話が示すように、これらの国でも、自国の「国民文化」としてのオペラの構築は至上命令であり、そのためにすべて自国語に訳して上演することが求められた。その意味では、「原語主義」は、ドイツの歌劇場にも日本人や韓国人の歌手があふれ、「国民文化」という概念自体が空洞化してしまった近年の状況下で編み出された苦肉の策にすぎないということにもなるのであり、近代国家たらんとした日本が、まずは世界の先進国に匹敵するオペラ文化を自国語によって築き上げなければならないと考えたのも、また当然のことだったのかもしれない。「位置について、用意」という日本語の響きからもやはり、自国語による文化を確立しようとして体を張ってきた人々の同様な矜持《きょうじ》が感じとれる。

だからといって、日本人が「日本語中心主義」をとって外国人とのコミュニケーションを拒否しようとしたなどと考えてはならない。東京オリンピックで男子一〇〇メートルなどのスターターを務めた佐々木吉蔵の著書『よーいドン！──スターター三〇年』（報知新聞社　一九六六）には、日本語の「位置について、用意」という合図で外国人選手に良いスタートを切ってもらうために、各国選手の練習しているグラウンドに何度も通い、交流を深めながらピストルのタイミングを試行錯誤した話が出てくる。ここには、一方で日本語をベースにして自らの文化を積み重ねつつ、それを何とか世界に開いてゆこうとする強い意志が感じられる。そこにある「もうひとつの国際化」の姿は、「国際化」というと「英語帝国主義」的なあり方しか思い浮かばなくなってしまった今のわれわれに対して、一石を投じているようにすら思える。

（渡辺裕『感性文化論　〈終わり〉と〈はじまり〉の戦後昭和史』による）

問一　二つの「国際化」に関する立場の違いについて、二百字程度でまとめよ。

問二　筆者の言う「もうひとつの国際化」について、「オリンピック」または「オペラ」のいずれかの話題に即して、あなたの考えを六百字程度で論じよ。

問題チェック

考え方　**対比構造から筆者の考えをつかみ、自分の意見を論じる**

次の文章を読んで、後の問に答えよ。なお、冒頭の「位置について、……」は、日本での陸上競技のスタート時の号令のことを指している。

1　日本での出発合図として「位置について、用意」が定められたのは、実は、一九二七年のことで、それ以前は必ずしも統一されていたわけではなかったようだが、「オン・ユア・マーク、ゲット・セット」という英語がそのまま使われることが多かったようである。ところが興味深いことに、日本陸連が推し進めていた競技用語を邦語化してゆくプロジェクトの一環として一九二七年に、この出発合図に使う号令についての日本語の公募が行われ、その結果、山田秀夫なる人の出した「位置について、用意」という提案が採用されたというのである。

2　今われわれが一般的にもっている感覚だと、「国際化」のためには、ローカルな日本語を捨てて英語を採用するという方向をたどるのが自然のように思われ、大正期にせっかく英語でやっていたのに、その後なぜわざわざ邦語化したのか、などと思ってしまいそうである。ここでも何をもって「国際的」と考えるかということについての根っこの部分で考え方が行き違っているのではないかと思わされる。これはべつにスポーツの世界だけの話ではない。この話から私などが真っ先に思い出すのは、オペラの「原語上演」と「日本語上演」をめぐる動きである。

3　今ではオペラは、原作の言語で上演するのが一般的である。一昔前までは日本語訳詞による上演が広く行われていたが、いつしか原語でなければ「本格的」な上演ではないかの如くに扱われるようになり、日本語上演を推進してきた人々は、日本のオペラの発展を阻害した戦犯呼ばわりされることにもなった。だが、何が「本格的」かは、多分に文化的コンテクストで決まる。大正期や昭和初期の文献には、原語上演より日本語上演の方が「本格的」である旨の記述がしばしばみられる。この時期、西洋に学びつつ日本固有のオペラ文化を形作る仕事こそ「本格的」と考えられていたのであり、原語上演はそのための一ステップにすぎなかった。一九一一年に帝国劇場で《カヴァレリア・ルスティカーナ》が原語上演された際には、「本格的」な訳詞が準備できないためにやむをえず原語のまま上演するとの弁明までなされている。言ってみれば、自国の言葉をベースにした文化をしっかり形作ってゆくことこそが、世界に出して恥ずかしくない、近代国家にふさわしい「国民文化」のあり方だと考えられていたのである。

4 これは日本だけの話ではなく、とりわけ西洋の「周縁」に位置した東欧や北欧などの諸国などにもよくみられることである。一九世紀末、ブダペスト国立歌劇場に赴任した若き日のマーラーがワーグナーの《指環》四部作のハンガリー語上演を担当したという話が示すように、これらの国でも、自国の「国民文化」としてのオペラの構築は至上命令であり、そのためにすべて自国語に訳して上演することが求められた。その意味では、「原語主義」は、ドイツの歌劇場にも日本人や韓国人の歌手があふれ、「国民文化」という概念自体が空洞化してしまった近年の状況下で編み出された苦肉の策にすぎないということにもなるのであり、近代国家たらんとした日本が、まずは世界の先進国に匹敵するオペラ文化を自国語によって築き上げなければならないと考えたのも、また当然のことだったのかもしれない。「位置について、用意」という日本語の響きからもやはり、自国語による文化を確立しようとして体を張ってきた人々の同様な矜持《きょうじ》が感じとれる。

5 補足 だからといって、日本人が「日本語中心主義」をとって外国人とのコミュニケーションを拒否しようとしたなどと考えてはならない。東京オリンピックで男子一〇〇メートルなどのスターターを務めた佐々木吉蔵の著書『よーいドン！――スターター三〇年』（報知新聞社　一九六六）には、日本語の「位置について、用意」という合図で外国人選手に良いスタートを切ってもらうために、各国選手の練習しているグラウンドに何度も通い、交流を深めながらピストルのタイミングを試行錯誤した話が出てくる。ここには、一方で日本語をベースにして自らの文化を積み重ねつつ、それを何とか世界に開いてゆこうとする強い意志が感じられる。そこにある「もうひとつの国際化」の姿は、「国際化」というと「英語帝国主義」的なあり方しか思い浮かばなくなってしまった今のわれわれに対して、一石を投じているようにすら思える。

論点・テーマ

筆者の考え・主張→筆者は「もうひとつの国際化」を支持している

問一　二つの「国際化」に関する立場の違いについて、二百字程度でまとめよ。

全文を要約するのではなく、「『国際化』に関する立場の違い」があることを踏まえて、二つの立場の違いがわかるように対比させて記述する

問二　筆者の言う「もうひとつの国際化」について、「オリンピック」または「オペラ」のいずれかの話題に即して、あなたの考えを六百字程度で論じよ。

「もうひとつの国際化」をどう考えるかを明示して書く

「オリンピック」または「オペラ」の話題に即して、という条件を押さえる

① 「もうひとつの国際化」とは何か、それに対する筆者の見解を押さえた上で、
② それに対する自分の意見を、
③ 「オリンピック」または「オペラ」の話題を踏まえるという条件を満たして書く

問二：構成メモ例

構成	オリンピックに即して論じた場合	オペラに即して論じた場合
序論	ローカルな言語を放棄して英語を採用する「国際化」に対して、日本陸連が自国語で陸上競技スタートの号令を定め、文化を世界に開こうとする「もうひとつの国際化」 ⇔ 統一された基準による国際的な制度運用の場合とは区別すべきだ	オペラを原作の言語ではなく自国語で上演すること＝国民文化の構築につながり、帝国主義的な国際化とは異質の「もうひとつの国際化」 ← 自国語でオペラを上演することは、国際化が進む現代のあるべき文化受容の姿
本論	民族の来歴や慣習を背景にもつ地球上の文化は多様↓オリンピックでの号令に開催国が自国の言語を使う例 ⇔ 金融や安全保障などを含む実利的な制度が世界同一の尺度	言語は人間の最も根幹に関わり、外国語を母語と同じように理解することは難しい。 ← 母語を通して受容された異文化が在来の文化と相互に好影響を与え合うことは、新たな国民文化を生み出す素地ともなる
結論	文化接触の場での「もうひとつの国際化」は否定されるべきではない ⇔ 今日の地球社会は「ひとつめの国際化」とも言うべき制度の標準化にも支えられている	他言語への翻訳が元の文化の伝統を傷つけその純粋性を汚すという批判もある ⇔ 国際化を背景に人類の多様なエネルギーが関わって文化が活性化することは望ましい

出典

渡辺裕『感性文化論 〈終わり〉と〈はじまり〉の戦後昭和史』春秋社・二〇一七年。

筆者は音楽美学を専門とする研究者。本書では戦後昭和の日本文化を形成した人々の感性のありようを、東京オリンピック（一九六四年）や新宿フォークゲリラ（一九六九年）などを題材として論じている。

100字要約

国際的な共通語や原語によるのではなく、ローカルな言語を基として世界に通用する国民文化を形成することを目指す「もうひとつの国際化」の姿は、「英語帝国主義」的なあり方に慣れた我々に一石を投じているようだ。（100字）

第3章 第5節

データ＋課題文型小論文演習——テクストと情報・リンク

環境省『環境・循環型社会・生物多様性白書』【自然科学系】

5-1 さまざまなテクストと情報

私たちは日々、膨大な情報に接しています。その形態はさまざまで、**現代では動画や画像、図表など、「ことば」だけによらない情報を受け取るだけでなく、自ら発信することもごく普通のこと**となっています。

文章の世界もこの傾向の影響を大きく受けています。新聞やネットニュースでは必ずと言ってよいほど記事と合わせて画像が掲載されていますし、国語の教科書にもカラーの写真がふんだんに使われていたり、補助教材として動画が活用されたりしています。

一方で、試験は今のところ「紙」が主流です。限られた時間と空間で、公平性を期して外部と遮断された状態で行われるなどの制約があるためです。しかしそれでも、**図版やグラフ、写真などが併用されたり、複数の文章を比較しながら読んだりするスタイルは少しずつ増えています。**

メディアにも種類があり、それぞれ長所と短所があったように（→第2章 第12節）、私たちが接するテクストや情報もまたさまざまです。（テクストとは「書かれたもの」というぐらいの意味だと考えてください。）

［さまざまなテクストと情報］

文章 抽象的なことや物事の論理的なつながりを表現できる。文字さえ書ければ、誰でも手軽に表現が可能。	**図版・フローチャート** 順序や因果関係などを、視覚的に表すことができる。	**グラフ** 割合の大きさや変化、項目ごとの比較が一目瞭然でわかる。
表 タテ・ヨコに項目を並べ、数値や特色などを端的に比較することに適している。	**写真** 人物や風景などをありのままに映す。	**地図** ある地点の一や他の地点との距離、地域別の分布などを視覚的に示す。

なお、ここに挙げたテクストや情報はどれも原則として著作物にあたります。**文章と同様に著作権がありますので、引用の際には必ず出典を明記するなど、その扱いには注意しましょう。**

5-2

融合型小論文

複数のテクストや情報を読み比べたり見比べたりしながら、考えたことをまとめるタイプの国語や小論文の出題も、今ではおなじみのものになっています。

今回は、課題文とデータの融合型小論文の出題とその対処法を学習します。

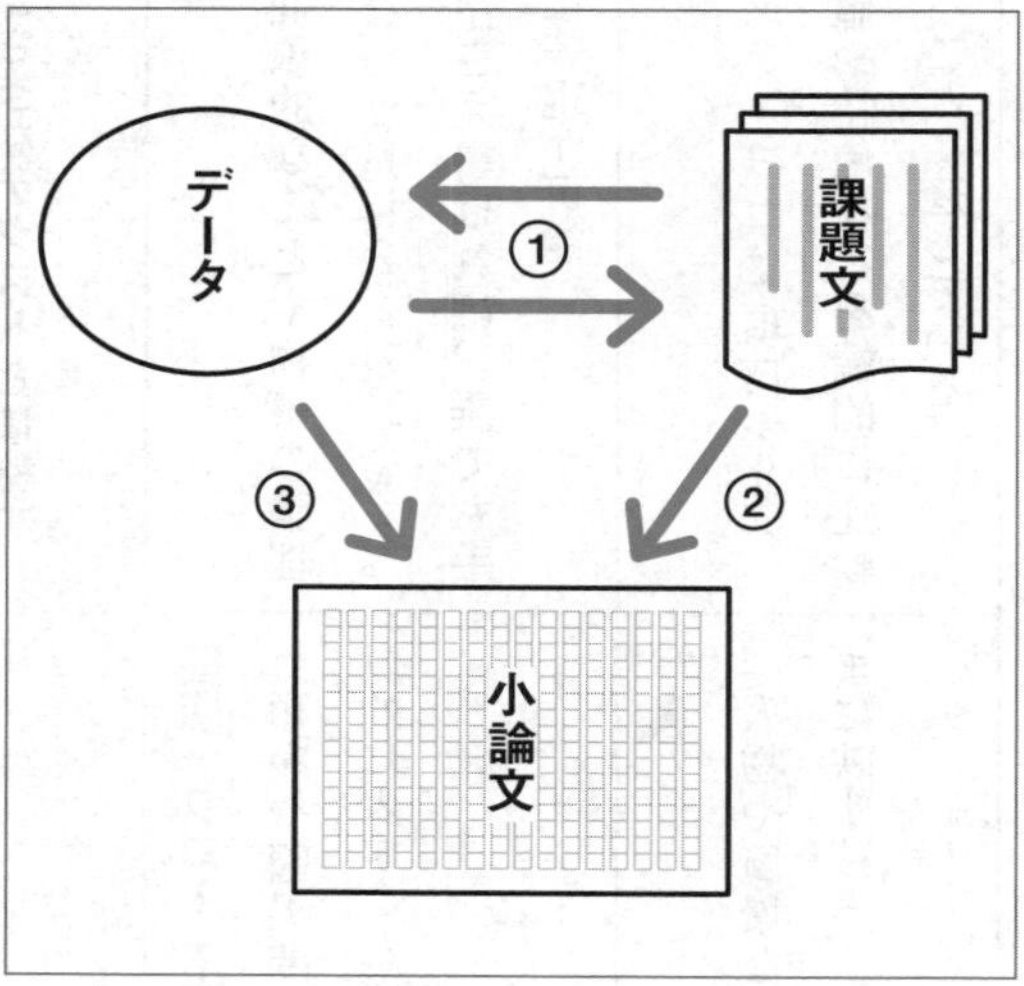

①データと課題文をリンクさせて「読む」

テクストやデータなどの情報が二つ以上示されるタイプでは、それぞれを関連づけて「読む」ことが必須です。

文章が二つ並ぶ場合には、**共通するテーマは何か、立場や意見の違うところはないか、あるとすればどこか**、などに注意して読みます。

課題文とデータの組合せでも、それぞれを別個のものとして読むのではなく、課題文である文章とグラフなどのデータそれぞれの特性に気をつけて、互いにリンクさせて読みます。

- 文章は、**ことがらの論理的な関係を述べることができる点ではすぐれています**。しかし、ビジュアル性の点ではデータには勝てません。文字を一つ一つ追いながら、自分の力（読解力）でイメージする必要があります。
- グラフ（円グラフや折れ線グラフなど）は、一つ一つのデータを集計してまとめたもので、**ビジュアル性にすぐれています。何が大きな割合を占めているか、どのような変化が生じているかが可視化され、一目で理解できます**。しかし、論理的な関係は語りません。

次のような形で、文章とデータは補い合う関係にあり、文章とデータを対応・照合させながら読んでいきます。

文　章 ⟷ データ

文章内容を一目でわかるように示す

データをどう読み取ったかを示す

②課題文の「論理」を追う

課題文を踏まえて小論文を書く場合、まずは筆者の主張・考えを押さえることが前提になることはすでに確認した通りです。

③データの「情報」を確認する

課題文に書かれたことを理解し、その内容を「**裏付ける**」ために参照します。また、**小論文で引用する際には、具体的な数字を引用することが望ましい**でしょう。

5-3 多面的に「読む」

データは、ある一つの尺度を基準として現象を数値化したものです。

文章の場合もそうですが、データが示す数字はさまざまな観点から分析することができます。「**もっと違う受け取り方もできるのではないか」という視点をもって、データを多面的に「読む」ことが大切**です。

一例として、次のグラフは大学・短大の進学率の推移をまとめたものです。

「大学進学率は上がっている」ということは言えても、**現在の大学進学率は「十分に高い」とする場合と、「まだ上がる余地もある」とする場合とでは、教育制度に対する意見なども変わってくる**はずです。

□ 文章は「論理」を示す。データは「現象」をビジュアル化する。
□ 融合型小論文＝複数テクストをリンクさせて「読む」。
□ データを多面的に「読む」。

図　大学・短期大学進学率の推移

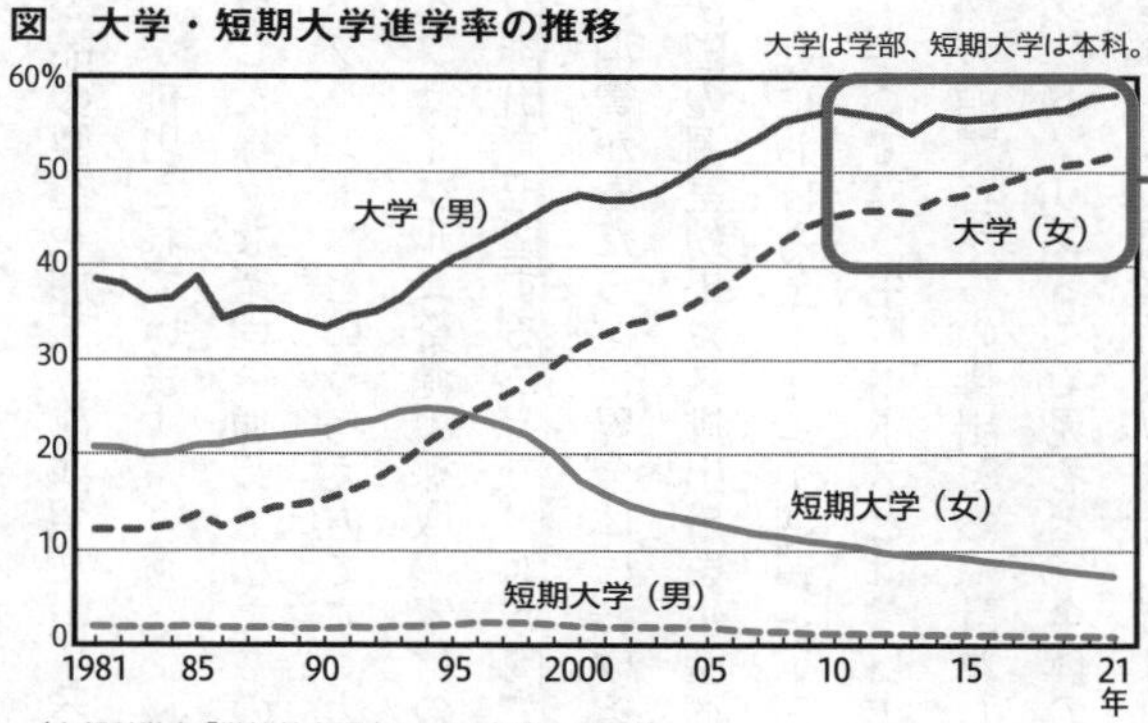

（文部科学省「学校基本調査」2021年度より作成）

特徴

「大学進学率は上がっている」ということが言える

↑

現在の大学進学率は「**十分に高い**」とする場合と、「**まだ上がる余地もある**」とする場合とでは、教育制度に対する意見なども変わってくるのでは？

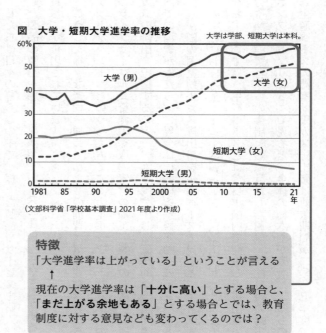

問題演習

解答時間90分

自己評価　問一 ⓐ ⓑ ⓒ　問二 ⓐ ⓑ ⓒ ⓓ

※解答は別冊P74

次の文章と**図1**～**図4**は、環境省『令和二年版　環境・循環型社会・生物多様性白書』のものである。これらを参照して、後の問に答えよ。

私たちは日々の暮らしの中で、様々な製品やサービスを購入、使用、不要になったものを捨てています。こうした製品の製造や加工、流通やサービスの提供、ごみを処理する過程においても、CO_2などの温室効果ガス（GHG）が排出されています。

こうした様々な過程を通じて私たちの消費が気候変動へもたらす影響を消費ベースで把握するのが「カーボンフットプリント」という考え方です。カーボンフットプリントの考え方では、私たちが消費する製品やサービスのライフサイクル（資源の採取、素材の加工、製品の製造、流通、小売、使用、廃棄）において生じる温室効果ガスの排出を把握することで、地域内で生じる直接的な温室効果ガス排出量だけでなく、輸入品も含め、日本国内での消費がもたらす世界全体における気候変動へのインパクトを明らかにすることができます。

我が国の温室効果ガス排出量を生産ベースで見ると、家計関連に関する排出量は、冷暖房・給湯、家電の使用等の家庭におけるエネルギー消費によるものが中心となり、家計関連の占める割合は小さくなります（**図1**）。なお、ここで言う生産ベースとは、日本国内で発生した排出量であり、発電や熱の生産に伴う排出量を、その電力や熱の消費者からの排出として計算した電気・熱配分後の排出量のことです。その一方で、消費ベース（カーボンフットプリント）で見ると、全体の約六割が家計によるものという報告もあります（**図2**）。

生産ベースの温室効果ガス排出量は対象期間が二〇一五年度で、消費ベースは二〇一五年であり、それぞれ対象期間が異なるため、一概な比較はできませんが、このように、とらえ方を変えるだけで、私たちのライフスタイルが気候変動等の環境問題に大きな影響を与えていることが見えてきます。

図1　生産ベースから見た我が国の温室効果ガス排出源の内訳

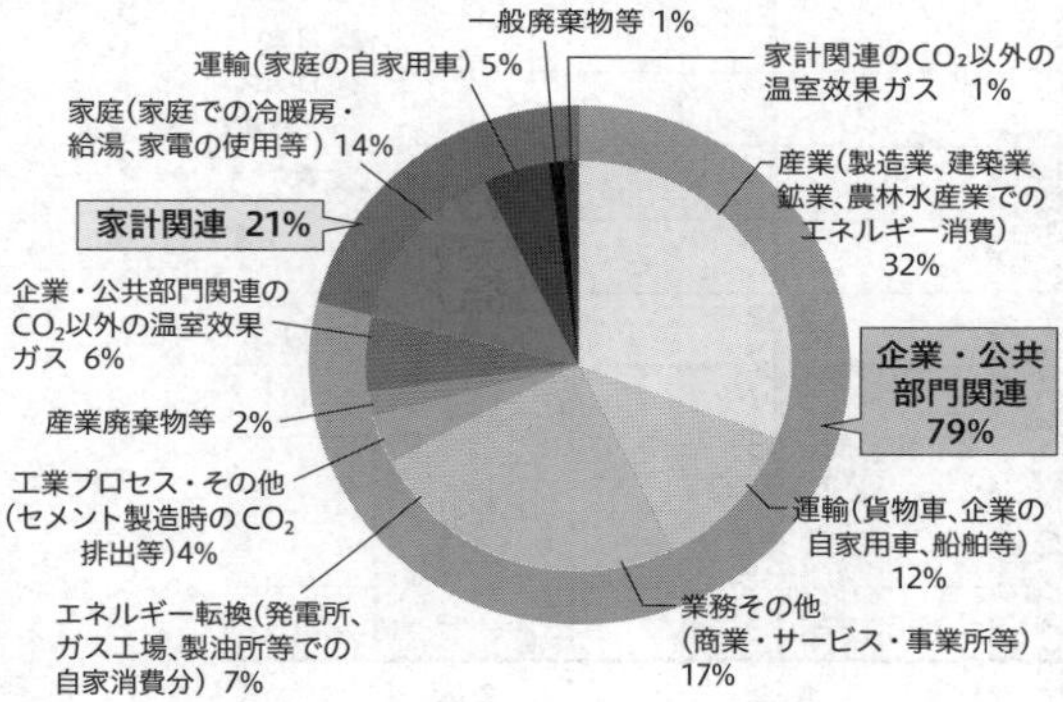

注1：対象期間は2015年4月1日から2016年3月31日。
注2：CO_2以外の温室効果ガスはCH_4、N_2O、HFCs、PFCs、SF_6、NF_3。
資料：環境省

図2　消費ベース（カーボンフットプリント）から見た我が国の温室効果ガス排出量

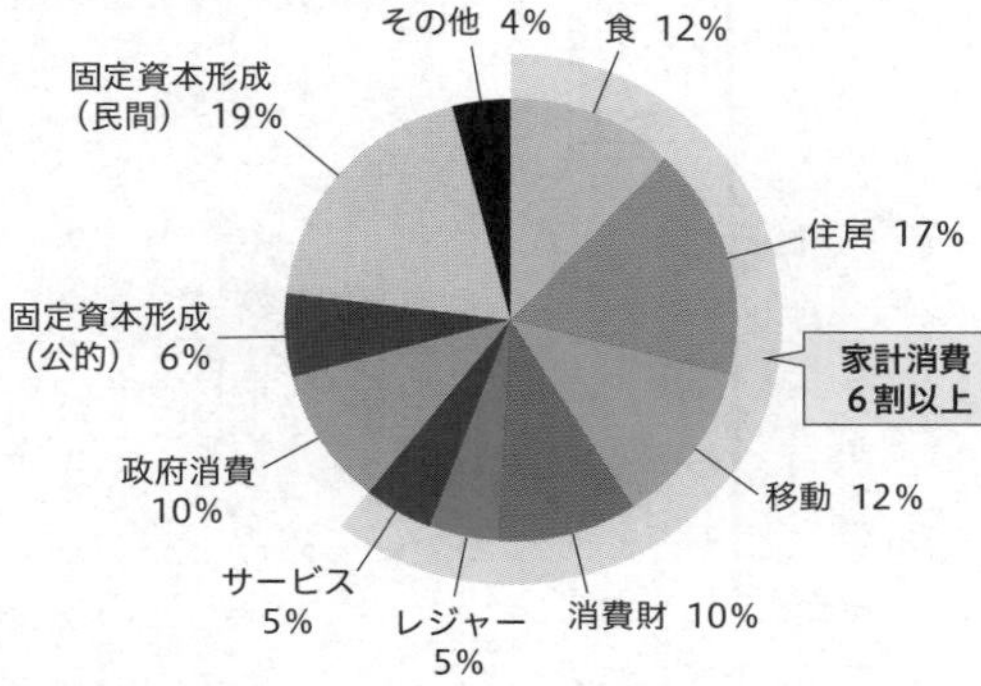

注：対象期間は 2015 年 1 月 1 日から 2015 年 12 月 31 日。
資料：南斉規介「産業連関表による環境負荷原単位データブック」（国立環境研究所提供）、Keisuke Nansai, Jacob Fry, Arunima Malik, Wataru Takayanagi, Naoki Kondo「Carbon footprint of Japanese health care services from 2011 to 2015」、総務省「平成 27 年産業連関表」より公益財団法人地球環境戦略機関（IGES）作成

問一　図1・図2で示されている違いを踏まえ、「カーボンフットプリント」とはどのような考え方かを説明し、その意義を二百五十字程度で説明せよ。

問二　衣食住は私たちの日々の暮らしにとって欠かせないものですが、カーボンフットプリントが示すように環境への負荷も大きなものとなっています。図3・図4のどちらかをカーボンフットプリントと関連づけて、私たちの生活のあり方についてあなたの考えを六百字程度で論じよ。

図3

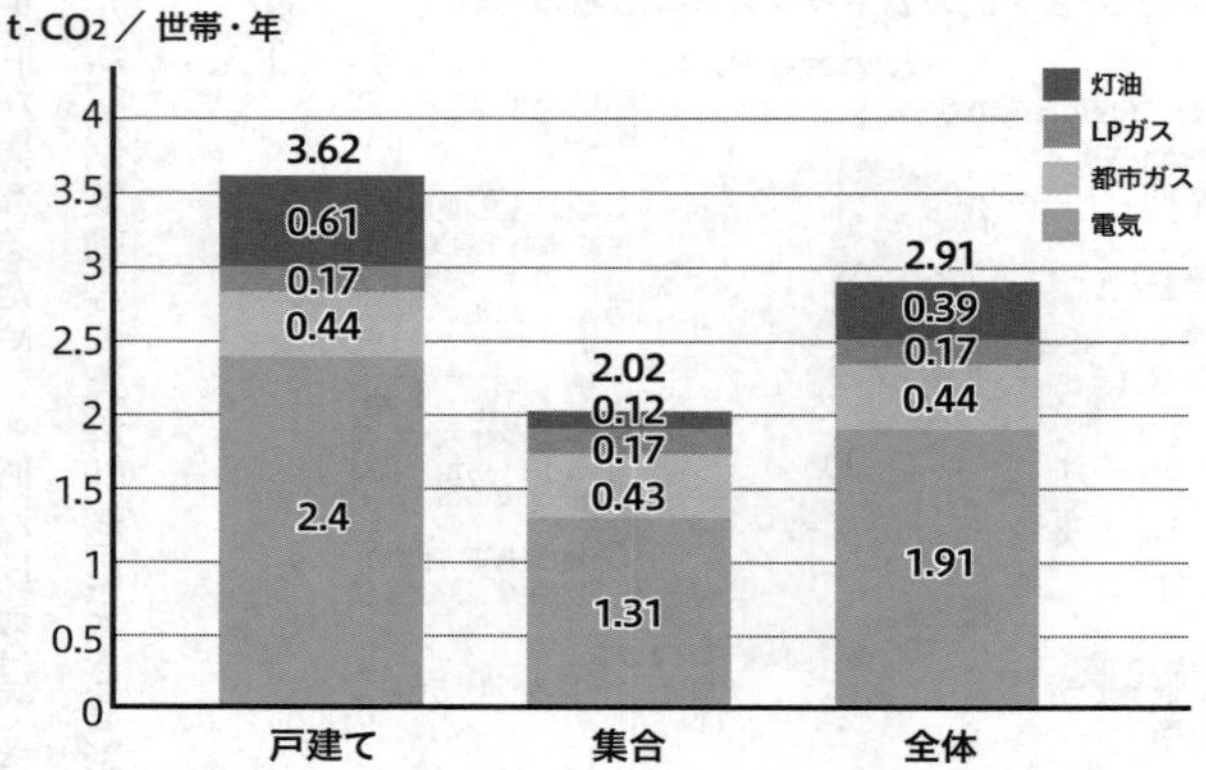

建て方別世帯当たり年間エネルギー種別CO_2排出量

我が国の総合食料自給率

図4

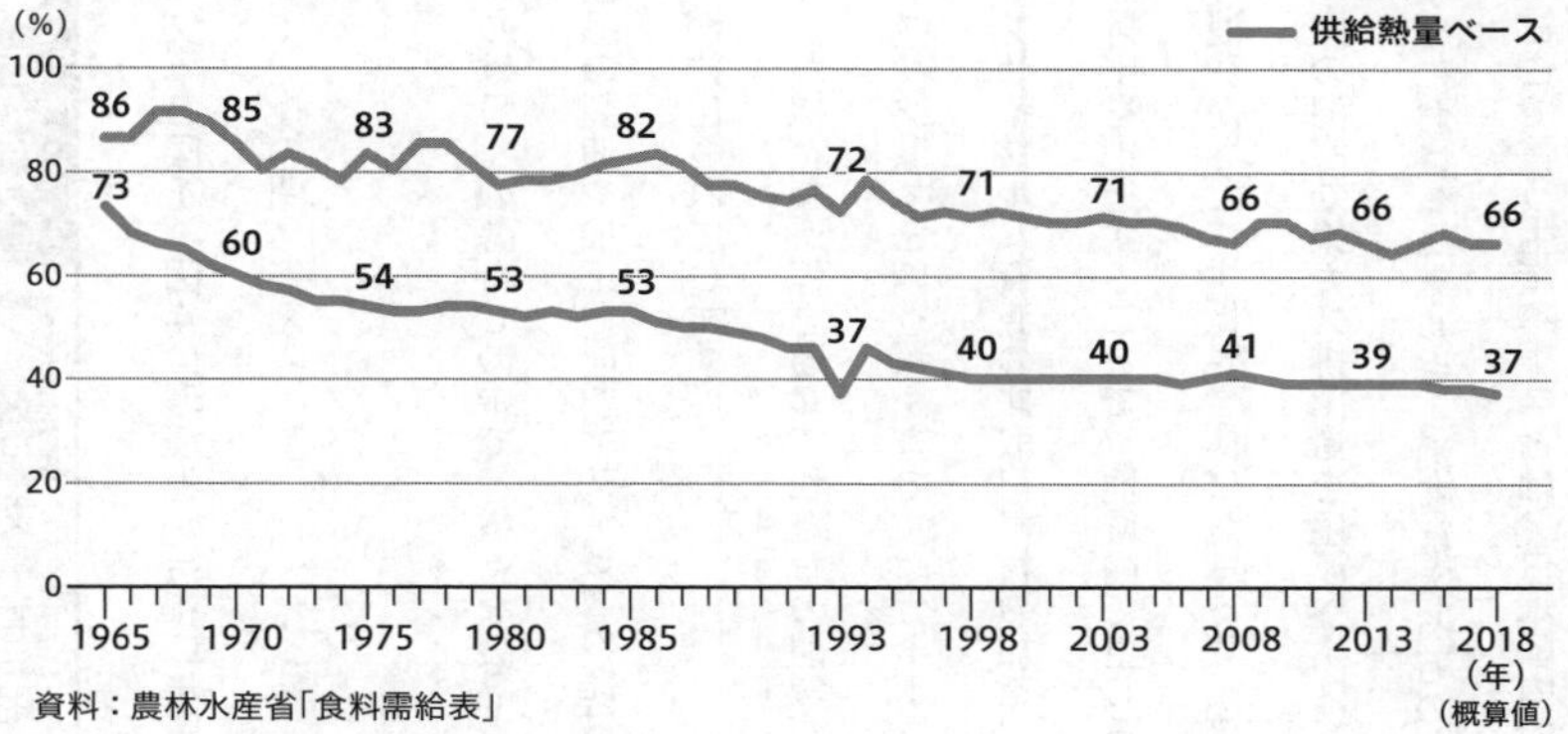

資料：農林水産省「食料需給表」

生産額ベース

「生産額ベース総合食料自給率」の割合を表す。食料の経済的価値に着目したものであり、国民に供給される食料の生産額（食料の国内消費仕向額）に対する国内生産の割合を示す指標である。

供給熱量ベース

「カロリーベースの総合食料自給率」の割合を表す。生命と健康の維持に不可欠な基礎的栄養価であるエネルギー（カロリー）に着目したものであり、国民に供給される熱量（総供給熱量）に対する国内生産の割合を示す指標である。

問題チェック

✓考え方　文章を活用させてデータを読み取り、設問課題を論じる

次の文章と**図1**～**図4**は環境省『令和二年版　環境・循環型社会・生物多様性白書』のものである。これらを参照して、後の問に答えよ。

[1] 私たちは日々の暮らしの中で、様々な製品やサービスを購入、使用、不要になったものを捨てています。こうした製品の製造や加工、流通やサービスの提供、ごみを処理する過程においても、CO_2などの温室効果ガス（GHG）が排出されています。

[2] こうした様々な過程を通じて私たちの消費が気候変動へもたらす影響を消費ベースで把握するのが「カーボンフットプリント」という考え方です。カーボンフットプリントの考え方では、私たちが消費する製品やサービスのライフサイクル（資源の採取、素材の加工、製品の製造、流通、小売、使用、廃棄）において生じる温室効果ガスの排出を把握することで、地域内で生じる直接的な温室効果ガス排出量だけでなく、輸入品も含め、日本国内での消費がもたらす世界全体における気候変動へのインパクトを明らかにすることができます。

[3] 我が国の温室効果ガス排出量を生産ベースで見ると、家計関連に関する排出量は、冷暖房・給湯、家電の使用等の家庭におけるエネルギー消費によるものが中心となり、家計関連の占める割合は小さくなります（**図1**）。なお、ここで言う生産ベースとは、日本国内で発生した排出量であり、発電や熱の生産に伴う排出量を、その電力や熱の消費者からの排出として計算した電気・熱配分後の排出量のことです。その一方で、消費ベース（カー

ボンフットプリント）で見ると、全体の約六割が家計によるものという報告もあります（**図２**）。

４ 生産ベースの温室効果ガス排出量は対象期間が二〇一五年度で、消費ベースは二〇一五年であり、それぞれ対象期間が異なるため、一概な比較はできませんが、このように、とらえ方を変えるだけで、私たちのライフスタイルが気候変動等の環境問題に大きな影響を与えていることが見えてきます。

生産ベース→消費ベース。文章は「カーボンフットプリント」とはどのような考え方かを中心に述べている

図１
「生産ベース」＝従来の方式による排出量のデータ

生産ベースから見た我が国の温室効果ガス排出源の内訳

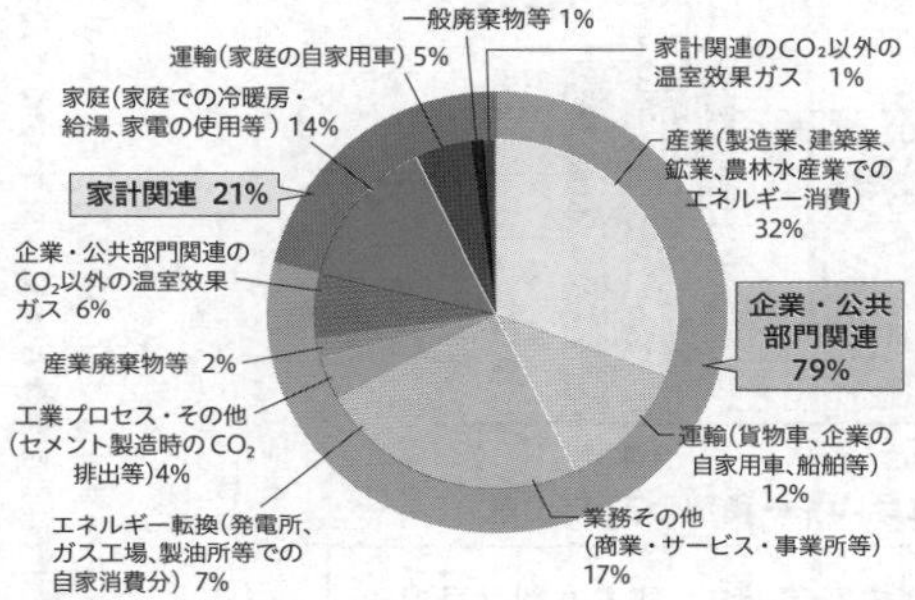

注１：対象期間は2015年4月1日から2016年3月31日。
注２：CO_2以外の温室効果ガスはCH_4、N_2O、HFCs、PFCs、SF_6、NF_3。
資料：環境省

図２
「消費ベース」
＝カーボンフットプリントによる排出量のデータ

消費ベース（カーボンフットプリント）から見た我が国の温室効果ガス排出量

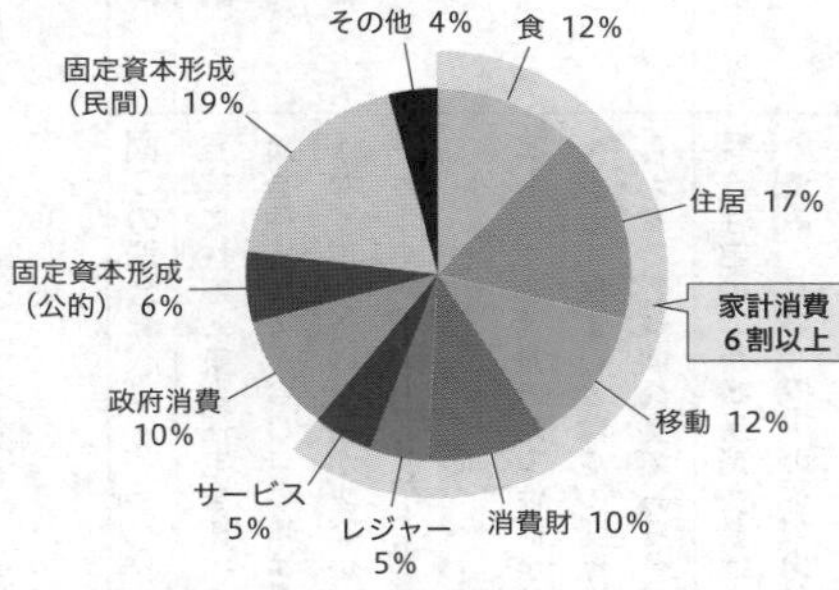

注：対象期間は 2015 年 1 月 1 日から 2015 年 12 月 31 日。
資料：南斉規介「産業連関表による環境負荷原単位データブック」（国立環境研究所提供）、Keisuke Nansai, Jacob Fry, Arunima Malik, Wataru Takayanagi, Naoki Kondo「Carbon footprint of Japanese health care services from 2011 to 2015」、総務省「平成 27 年産業連関表」より公益財団法人地球環境戦略機関（IGES）作成

問一 図１・図２で示されている違いを踏まえ、「カーボンフットプリント」とはどのような考え方かを説明し、その意義を二百五十字程度で説明せよ。

「違い」は文章と図１・図２から読み取る

「カーボンフットプリント」の考え方を文章から読み取り、その意義を考えて書く――解答に必要な要素は「読み取れるデータの違い」、「カーボンフットプリントの考え方（概念）の説明」、「意義」の三つであるとわかる

問一
データが示す内容は文章内にも示されているが、排出に影響する家計関連の割合は図１＝約２割に対し、図２＝６割以上と圧倒的に多いことがわかる

設問に「衣食住」というテーマが設定されている

問二　衣食住は私たちの日々の暮らしにとって欠かせないものですが、カーボンフットプリントが示すように環境への負荷も大きなものとなっています。図３・図４のどちらかをカーボンフットプリントと関連づけて、私たちの生活のあり方についてあなたの考えを六百字程度で論じよ。

①カーボンフットプリント＝気候変動にもたらす影響を消費ベースで把握することを踏まえた上で、
②私たちの生活（衣食住）について考えたことを書くことが課題

図３

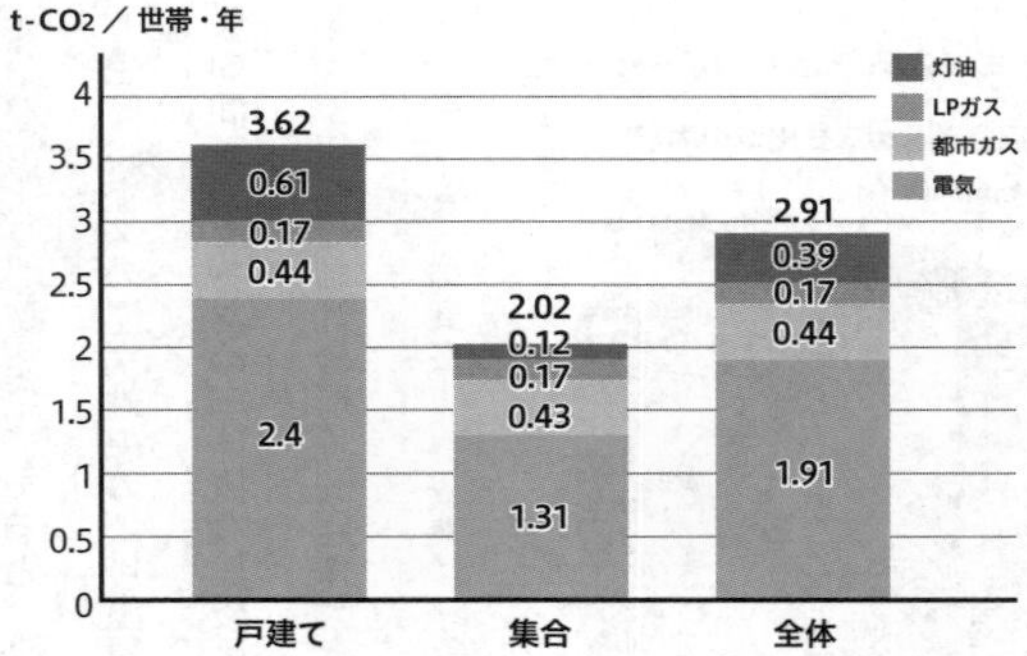

建て方別世帯当たり年間エネルギー種別CO_2 排出量

問二
- 衣食住のうちの「住」に関するデータ。建て方別（戸建てと集合住宅）でCO_2の排出量が比較されている
- 住まいの形態とエネルギー消費との関係性を考察することが中心となる

問二：構成メモ例

構成	図3の場合	図4の場合
序論	戸建て住宅と集合住宅を比べると、集合住宅の方がＣＯ２の排出量が少なく環境への負荷が少ない ＝カーボンフットプリントの考え方 ⇔ エネルギー消費の効率性ばかりを強調して住まいと環境の関係をとらえることには慎重であるべきだ	図４が示す通り、我が国の食料自給率は低下傾向にある ← カーボンフットプリントにヒントを得て、消費者の立場から食料自給率の向上に結び付けるための方策を考察する
本論	集合住宅の方が暖房消費量は少なく済み、ＣＯ２の排出量が少ない ⇔ 修繕や建て替えの手続きなど、集合住宅もまた固有の問題がある	消費者の行動が食料自給率の低下を招いている理由 ・消費者が国内産を選ばないという選択の問題 ・消費をせずに廃棄する食品ロスの問題も見逃すことはできない
結論	・住まいとは人間の私生活の拠点であり、人間は消費のためだけに住居を構えているわけではない ・人間の住まいと環境の関係も人間の生と健康の関係と同様である	消費者の数は生産者や企業と比べ圧倒的に多い ↓消費者の行動が食料自給率の向上に寄与する可能性が十分にある

図4

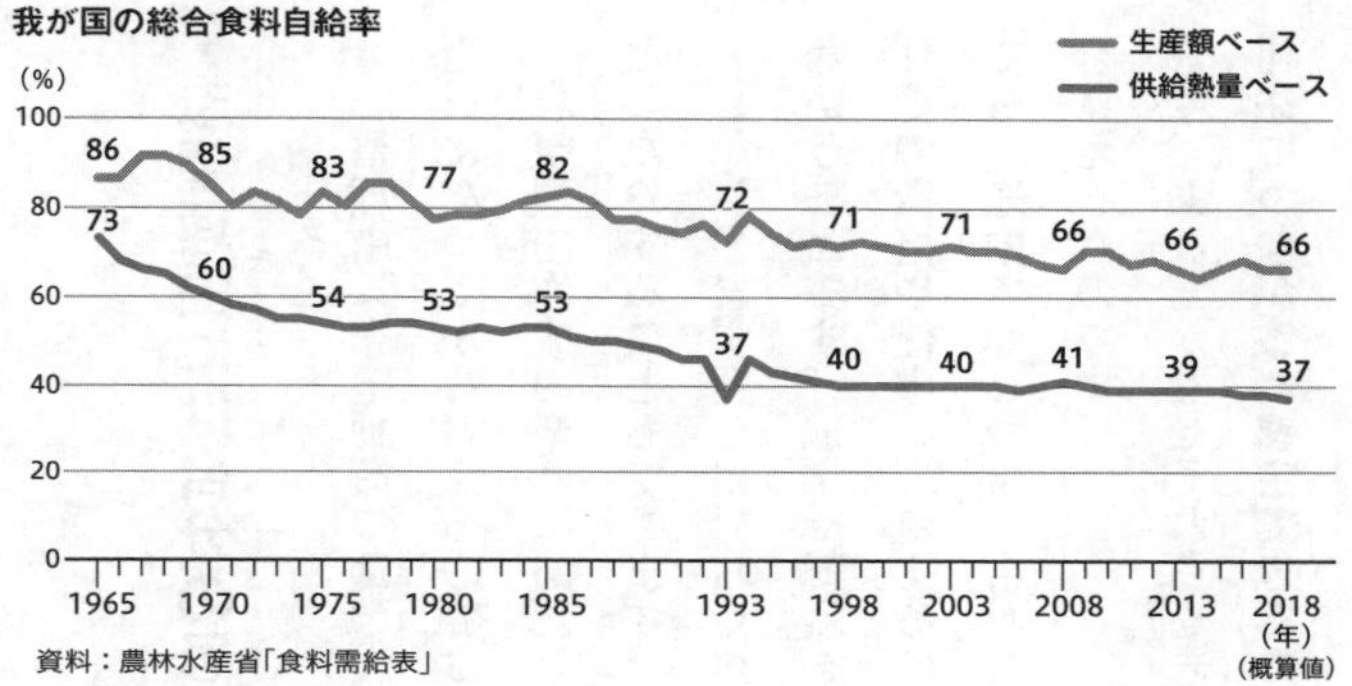

生産額ベース

「生産額ベースの総合食料自給率」の割合を表す。食料の経済的価値に着目したものであり、国民に供給される食料の生産額（食料の国内消費仕向額）に対する国内生産の割合を示す指標である。

供給熱量ベース

「カロリーベースの総合食料自給率」の割合を表す。生命と健康の維持に不可欠な基礎的栄養価であるエネルギー（カロリー）に着目したものであり、国民に供給される熱量（総供給熱量）に対する国内生産の割合を示す指標である。

問二

- 食料自給率は「衣食住」のうちの「食」に関わる
- 図からわかるのは食料自給率が減少傾向にあること。これを生産ではなく消費と関わらせて考える

→食料消費という観点から、たとえば輸入食料の問題点としてフード・マイレージのことや、食品ロスの問題などを考えることができる

出典

環境省『令和二年版　環境・循環型社会・生物多様性白書』〈第一部・第三章　一人一人から始まる社会変革に向けた取組〉、第一節「脱炭素型の持続可能な社会づくりに向けたライフスタイルイノベーション」。

100字要約

消費が気候変動にもたらす影響を生産ベースではなく消費ベースで把握する「カーボンフットプリント」の考え方を導入することにより、私たちのライフスタイルが環境問題に大きな影響を与えていることが明らかになる。（100字）

第3章 第6節

志望理由書演習 ――自身の考え・具体性・他者の理解

文系、理系、医療・看護系に関する志望理由書【文系、理系、医療・看護系】

6-1 志望理由には自分の思いを書く

志望理由（志望動機）は、小論文課題としてだけでなく、願書や面接でも問われることがあります。当日になってから考えるのではなく、あらかじめ準備しておくとよいでしょう。

志望理由作成の準備にあたり、もちろん他の人からアドバイスをもらったり、志望理由の例を手本としたりすることもできます。

しかし、まず押さえておくべきなのは、**あなたの志望理由の「答え」はあなた自身の中にしかないということです**。進学や就職を志望するあなた自身が、なぜその学校を、なぜその勉強や研究を、なぜその資格や仕事を志望するのか。その答えはあなたしか知りません。他の人の考え方や言葉を借りても、途中でつじつまが合わなくなったり、語彙の選び方が異なったりすることで、読む人は違和感を覚えるものです。

今、あなたがなぜそれらを志望するのか、つまり、**そこに進むことで、あなたにとってどのような利益につながると想定できるのか**。準備期間を設けて、しっかりと自分の気持ちを掘り下げておきましょう。

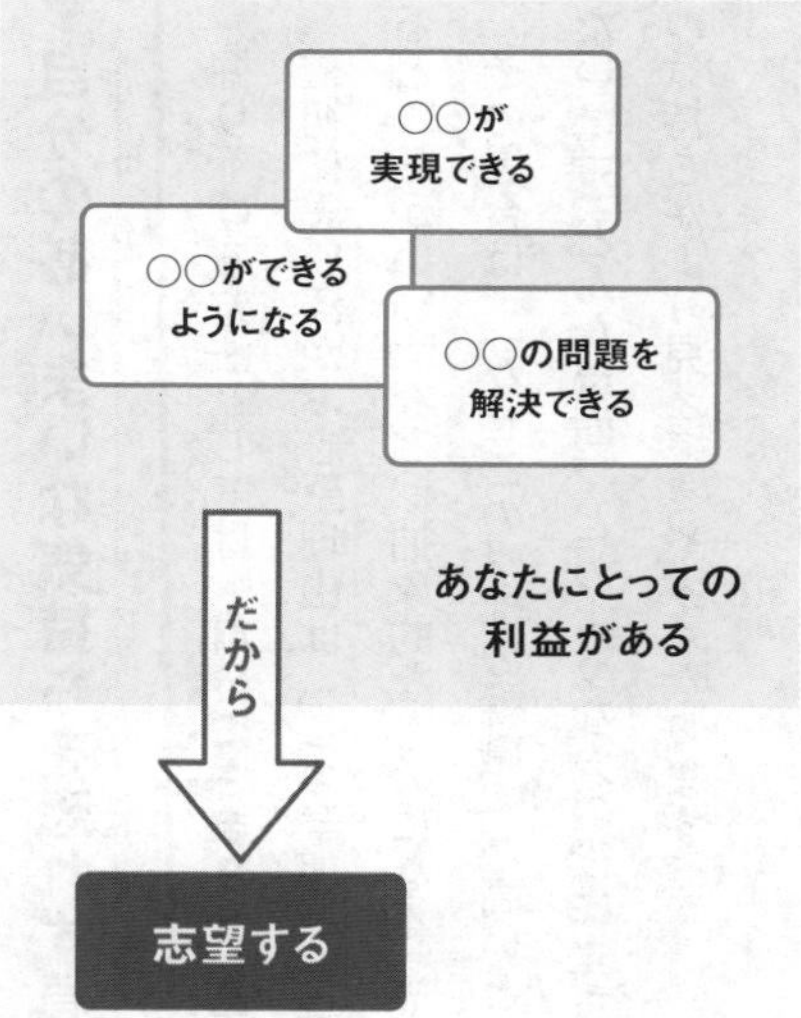
○○が
実現できる
○○ができる
ようになる
○○の問題を
解決できる
あなたにとっての
利益がある
だから
志望する

6-2 「進学／就職できそうだから」「資格がほしいだけ」の先に進もう

「難易度が自分に見合っているから」「就職に有利そうだから」「資格がほしいから」「将来お金が稼げそうだから」「家から近いから」……という正直な志望理由を述べてよいのか悩む人も多いでしょう。

結論から言えば、このような動機は、志望理由としては適切ではありません。

では、なぜこれらが志望理由として不適切なのかというと、理由として十分ではないからです。同様の難易度である、同様の収入や安定を期待できる資格や進学先は、他にもあるはずです。それなのに、あなたはなぜ、その志望先の一つを選択したのか、先に挙げた内容では説明が足りません。

同様の資格、収入、安定につながる進学／就職先の中で、あなたはなぜそれを志望するのでしょうか。

その志望先のどこかに、別の魅力や期待を感じているのではありませんか。あるいは、その志望先に進むことで、自分や社会に何らかの利点や効果があると考えているのではありませんか。

それらの点を、自分で問い直してみましょう。それでもどうしても思いつかない人は、改めて他の選択肢と比較検討してみましょう。よりあなたの希望に近い志望理由や志望先が見つかるかもしれません。

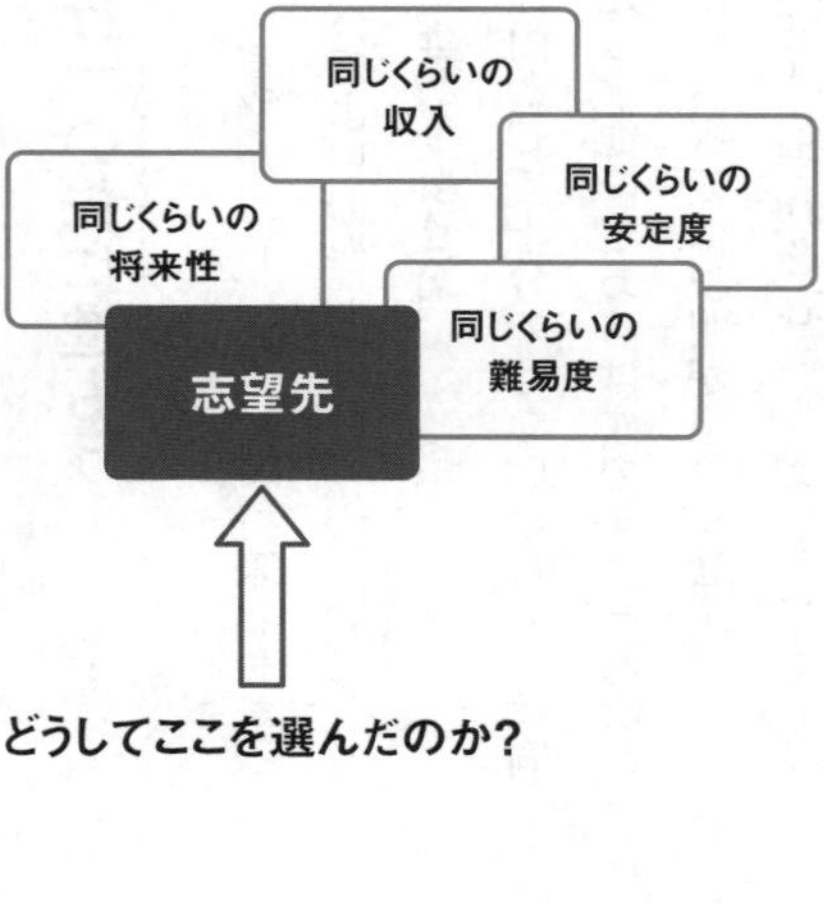

6-3 自分のあいまいな気持ちを恐れず具体的に掘り下げる

掘り下げる方法としては、**自分にさまざまな角度から問いかけ、志望理由を探りましょう。**

最初に思い浮かぶ志望理由は「この学部の就職率が高そう」「人と関わりたいから」「人の役に立てるところがいい」など、抽象的なものになることもあるでしょう。

その場合は、「なぜこの学部の就職率が高いと思う?」「どんな人とどんな場面でどのように関わりたい?」「どんな場面でどのような人の役に立ちたい?」などさらに踏み込んで具体化すると、自分の気持ちがより見えてきやすくなります。

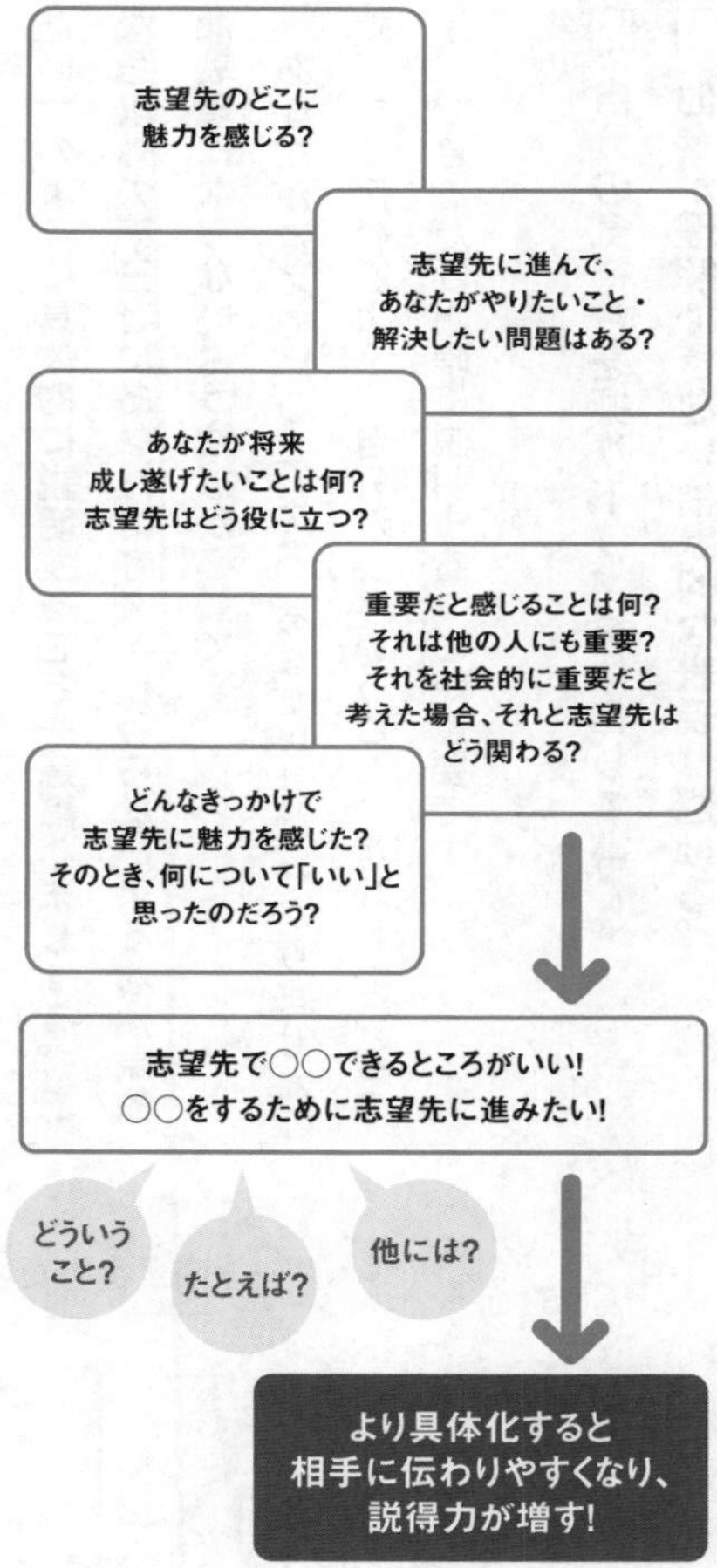
志望先のどこに
魅力を感じる?
志望先に進んで、
あなたがやりたいこと・
解決したい問題はある?
あなたが将来
成し遂げたいことは何?
志望先はどう役に立つ?
重要だと感じることは何?
それは他の人にも重要?
それを社会的に重要だと
考えた場合、それと志望先は
どう関わる?
どんなきっかけで
志望先に魅力を感じた?
そのとき、何について「いい」と
思ったのだろう?
志望先で○○できるところがいい!
○○をするために志望先に進みたい!
どういう
こと?
たとえば?
他には?
より具体化すると
相手に伝わりやすくなり、
説得力が増す!

6-4 志望先の知識を増やし、自分にとっての魅力を知る

志望理由書を書く準備としてやってほしいのは、**志望先について調べ、志望先のパンフレットや資料、志望先に関連する書籍や新聞記事などを用いて、知識をある程度深めること**です。

あくまで志望する理由なので、必ずしも進学／就職後の本格的な知識を得る必要はありませんが、その志望先に進むことによって、「何ができるようになるのか、何が得られるのか」を深く知ると、新たな魅力を発見できたり、うまく言語化できていなかった自分の思いを言葉にできたりすることにつながります。

その際に、学校や企業等の側が志望者にＰＲしている点があっても、無理に触れる必要はありません。あなたのやりたいことや理想に合致すれば是非触れるべきですが、そうでなければ、無理に触れても、志望動機の論理的説得力を失わせるだけです。あくまで、あなたにとっての魅力や利点につながることをもとに、自分の志望理由を書きましょう。

6-5 他者が理解できるように書く

ある程度志望理由が固まったら、一度文章にしておくとよいでしょう。その際は、「○○を学び、△△という問題に向き合いたい」「○○という資格を取り、△△が抱える不安に寄り添いたい」「○○という学問を通して△△の未来を考えたい」のように**具体的に説明することを意識しましょう。あなた以外の第三者にあなたの考えが伝わらないような抽象的な表現にならないよう注意が必要**です。

あなたが考えていることは、あなた以外にわかりません。誤解なく伝わるよう、自分がどういうことを意味しているのか、できるだけ明確に説明することが重要です。

- □ **自分の気持ちを掘り下げ、具体化して書く。**
- □ **他者が理解できない抽象的な表現は避ける。**

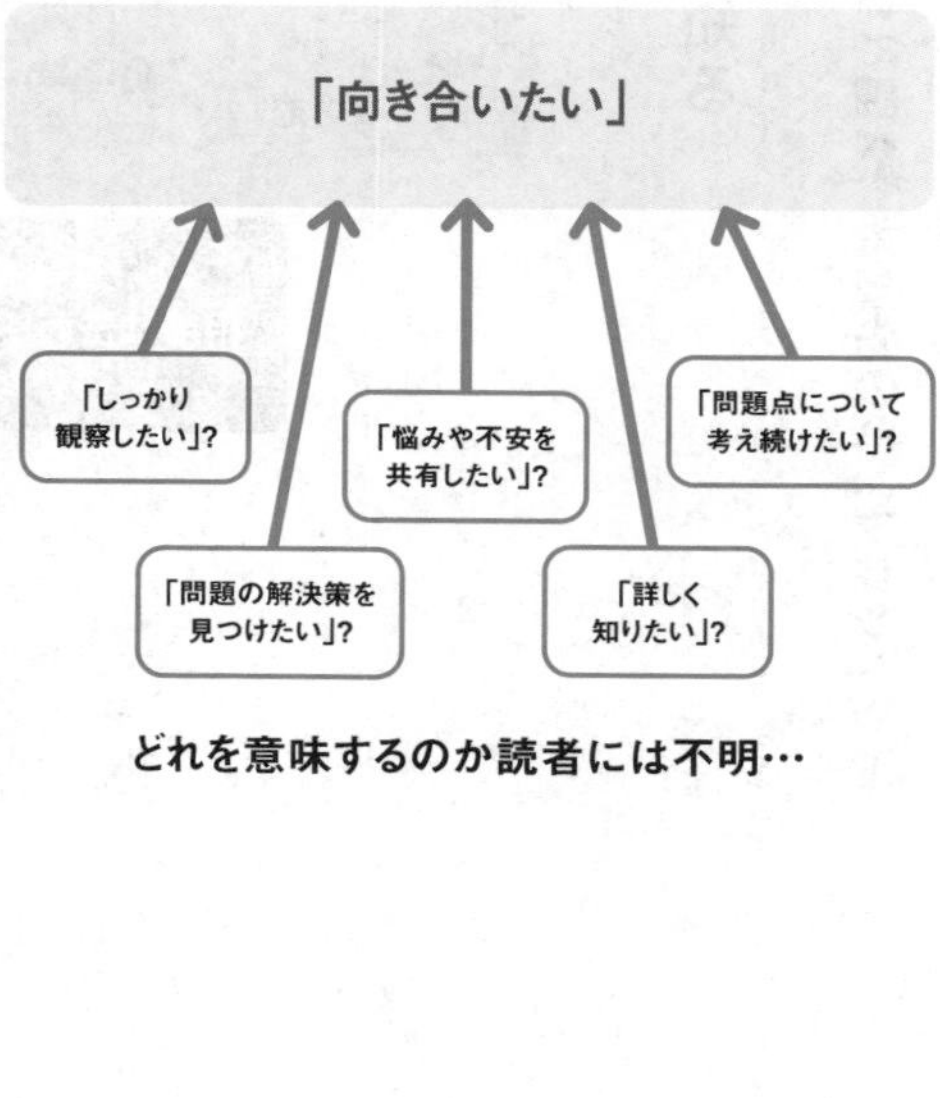

問題演習

解答時間60分

自己評価 ⓐ ⓑ ⓒ

※解答は別冊P86

次の問のうち、自分の志望系統に近いものを選んで答えよ。

問A 文系　あなたにとっての〇〇を学ぶ意義と本学部を志望する理由を述べよ。（六百字程度）
※〇〇にはあなたが志望する学問を当てはめよ。（例　英語・教育学）

問B 理系　本学部で行われている研究を、あなたが志すのはなぜか。六百字程度で説明せよ。

問C 医療・看護系　医療従事者を志す理由を示した上で本学の志望理由を説明せよ。制限字数は六百字程度とする。

問題チェック

考え方 設問条件を踏まえて、志望理由を具体的に説明する

次の問のうち、自分の志望系統に近いものを選んで答えよ。

問A 文系 あなたにとっての○○を学ぶ意義と本学部を志望する理由を述べよ。（六百字程度）

※○○にはあなたが志望する学問を当てはめよ。（例　英語・教育学）

> あなたにとって○○を学ぶの意義（＝価値）と、志望学科の志望理由がつながることを意識するとよい

問B 理系 本学部で行われている研究を、あなたが志すのはなぜか。六百字程度で説明せよ。

> 研究を志す理由を問われているので、単に「学びたい」「興味がある」だけでは不十分。何らかの問題を解決したい、新たな事実を明らかにしたい、といった姿勢が必要。その研究によってどのようなことが可能になるかという展望をある程度もっていることが求められていると考えよう

問C 医療・看護系 医療従事者を志す理由を示した上で本学の志望理由を説明せよ。制限字数は六百字程度とする。

> 志望する医療職の魅力に加え、志望学校の魅力も説明すること。「医療従事者を志す理由を示した上で」という指定があるので、医療職の志望動機を先に書く

出典
（Z会）オリジナル問題。

構成メモ例

構成	問A文系　外国語学部	問B理系　理工学部情報工学科	問C医療・看護系　看護学部
志望理由 志望動機	異文化コミュニケーションや英語圏の社会や文化についての研究コース↓英語の修辞法や文化	文系科目におけるデータサイエンスの応用↓教育の分野への活用の関心	病や怪我を経験した人が、自立して元の生活に戻っていくまでを目標とした援助
理由説明	異なる文化圏の人間と英会話の障壁の乗り越え↓価値観を相対化する好機を得られる	教育法や指導法について、科学的根拠は十分でない↓データサイエンスの活用	自分の怪我の体験↓生活の支障↓患者が自信をもって元の生活に戻れるように支援する
学ぶ意義	コミュニケーションのあり方↓異文化コミュニケーションや英語圏の社会や文化を学問として学ぶ	これまで踏み込みきれなかった分野でも科学的客観的根拠のある結論を導ける可能性	志望する学校なら、患者の多様な不安やニーズに応えられる看護師を目指して学べる

面接のアドバイス

ここでは面接に対して不安を覚える代表的な原因を三つ取り上げ、それに対する対策を考えてみたいと思います。

(1)人と話すのが苦手である

普段から人と話すのが苦手だという人は、「面接のためにコミュニケーション能力を高めなくては」と思うかもしれませんが、必ずしもそうとは限りません。面接で求められているのは、聞かれていることを正確に理解し、それに対する自分の意見や回答を的確に伝えることです。

面接官の発言をよく聞いて理解し、自分の回答をきちんとまとめ、それを的確に伝える力を訓練することを普段から意識しておきましょう。

(2)何を聞かれるかわからない

本来、**面接の目的は「受験生の人間性や志望動機などが、その大学の求める学生像と一致するかどうか」を確認すること**です。そうである以上、受験生が暗記している回答を聞くだけでは、その受験生の人物像を把握するのは難しいでしょう。したがって、さまざまな角度からの質問に対する反応を通して、受験生の様子を評価（確認）するのは自然なことです。

対策としては、①「アドミッションポリシー」などを通して、**その大学が求める人物像をよく理解しておくこと、②普段から相手の問いに対して自分の考えをまとめて発言する訓練を意識的に積んでおくこと**が挙げられます。

また、自身が志望している分野や時事的な話題についてどれだけ知っているかが問われることもあります。普段からアンテナを張り巡らせて、さまざまな知識を取り入れつつ、それに対する自分の見解をまとめる訓練も積んでおきましょう。

(3)自分の考えをまとめるのが苦手である

面接では、**すぐに適当な相槌《あいづち》を返すよりも、相手の問いをきちんと理解し、考えて回答することの方がはるかに重要**です。

普段から取り組んでおくべきこととしては、先にも述べたように**「アンテナを張り巡らせて、さまざまな知識を取り入れつつ、それに対する自分の見解をまとめる訓練」を積んでおくことが有効です**。

もちろん、面接に対する不安を覚える原因はここで取り上げたものだけではないでしょう。その場合、自分が面接に不安を覚えている原因を思いつく限り書き出し、どのような対策をすればよいか考えてみましょう。**その際のポイントは、「逆を考えてみる」ことです。たとえば、先の「人と話すのが苦手」であれば、その逆は「人と話すのが得意」だということです。**そうであれば、周囲の人や知っている著名人の中で「人と話すのが得意な人」だと自分が思う人物をよく観察し、その人にはどんな特徴があるか、どうすれば同じように振る舞えるのかを考えてみましょう。

おわりに

これからの学習アドバイス

ここまでお疲れ様でした。本書の中でも言及したように、小論文の学習を通して身につけた力は、大学入試にとどまらず、大学入学以後の学問や経済活動、さらには私たちが生きていく上で常に必要とされる力です。ぜひ、本書を通して習得した小論文へのイメージや学習法、考え方や書き方の基本となる技術を今後に生かしていってほしいと切に願っています。

最後にみなさんが今後、小論文の力をさらに発展させていくためのアドバイスをお伝えしておきます。

①さまざまな情報に対して積極的に触れましょう

国語だけでなく、あらゆる科目の授業は、その分野に精通している先生方から知識を与えてもらえる絶好の機会です。また、日常生活でも、家庭学習や他の人との会話、インターネットで触れる情報、目にしたニュースなど、さまざまな場面に知識を仕入れていくチャンスは転がっています。常にアンテナを張り巡らせて、自分の知識をアップデートしていくようにしましょう。

②読書を通して「語彙」や「テーマ」の知識を増やしましょう

読書をすることで「語彙」の知識を増やすことができます。知らない言葉に出会ったら、逐一調べる癖をつけておきましょう。意味や使い方を踏まえて、自分の言葉で説明できるようになって、はじめて「その言葉を理解した」と言うことができます。

また、自分の志望する学問分野に関する本を読み、その内容を把握しておくことで、そのテーマに対する解像度を上げ、より的確で深い解答を作成することができるようになります。一冊の本を読んだら、参考文献リストなどを参考に、その分野に関係する他の本に進んでみることもおすすめです。最初に手に取った本に書かれた内容に賛同する本、あるいは反対する内容の本などを通して、物事を多面的・多角的に見る練習になるはずです。

③入試問題にチャレンジしてみましょう

大学の入試問題に触れることで、その大学の出題傾向や難度を把握することができます。入試を意識する時期になったら、一度チャレンジすることをおすすめします。はじめは解き切れなくとも、自分の現時点の実力を測ることができるはずです。

とくに小論文では、予備知識がないとどう立ち向かえばよいかわからない問題が出題されていることもあり得ます。目標とする大学の問題の傾向を知っておくことは、今後の学習指針を立てていく上で大いに役立ちます。

解答用紙・縦横兼用：六百字（二十字×三十字）　※太線で百字毎に目安を付けています。コピーしてご利用ください。

※横書きで用いる場合は、こちらを上にしましょう。

構成メモシート

※「序論・本論・結論」の構成メモシートです。必要に応じて第二段落以降の番号を書き込んで使用しましょう。コピーしてご利用ください。

序論 第一段落	本論 第　段落	結論 第　段落

書籍のアンケートにご協力ください

抽選で**図書カード**を
プレゼント！

Z会の「個人情報の取り扱いについて」はZ会Webサイト（https://www.zkai.co.jp/poli/）に掲載しておりますのでご覧ください。

著者紹介

羽場雅希（はば まさき）

Educational Lounge 代表。1991年千葉県生まれ。
大学入学と同時に高校受験進学塾で国語の指導を始め、現在では首都圏の塾・予備校を中心に指導している。穏やかな語り口で目の前の文章と正面から真摯に向き合いながら、汎用性の高い考え方を提供する授業には定評がある。著書に『スマートステップ現代文』（Z会編集部共編）。

執筆協力
寺山千紗都

校閲協力
小谷菜津子・藤岡まや子

スマートステップ小論文 学習法・表現スキルからはじめる小論文入門

初版第1刷発行 …………… 2023年6月30日
初版第2刷発行 …………… 2024年5月10日

著者 ………………………… 羽場雅希
編者 ………………………… Z会編集部
発行人 ……………………… 藤井孝昭
発行 ………………………… Z会
〒411-0033 静岡県三島市文教町1-9-11
【販売部門：書籍の乱丁・落丁・返品・交換・注文】
TEL 055-976-9095
【書籍の内容に関するお問い合わせ】
https://www.zkai.co.jp/books/contact/
【ホームページ】
https://www.zkai.co.jp/books/
装丁・本文デザイン・DTP … 川野有佐
印刷・製本 ………………… 日経印刷株式会社

ISBN978-4-86531-523-3 C7081

Z-KAI

スマートステップ
小論文

学習法・表現スキルからはじめる小論文入門

解答・解説

目次

「SNSの功罪」に関する学習ノート

※問題は本体P78

解答

問一 **A** ソーシャル・ネットワーキング・サービス（social networking service）
B よい点と悪い点（各1点）

問二 **例1** 写真やデータを簡単に共有できること。（18字・5点）
例2 昔の同級生の近況を知ることができること。（20字・5点）

採点基準 SNSの機能を使ってできることで、便利なことが書けていれば可。

問三 イ（3点）

設問解説

問一 1-2 **【論点・テーマの把握問題】**

AのSNSは「ソーシャル・ネットワーキング・サービス」（social networking service）の頭文字で、ウェブ上で登録者同士が交流し、社会的ネットワークを構築可能にするサービスのことです。フェイスブックやインスタグラム、ツイッター、ラインなどがそれにあたります。これらのサービスがどのようなものかを考えましょう。どれも**①ウェブ上のサービスで**、**②登録者が互いに情報を文面や写真、動画などでやり取りし**、**③社会的なネットワークを作り上げるという要件を満たしていること**がわかります。

Bの「功罪」は「こうざい」と読みます。「功」と「罪」は互いに反対の意味を表しています。

功…すぐれた働き　**罪…よくない働き**

SNSは便利な道具ですが（＝「功」）、一方では「SNS疲れ」という言葉があるなど、SNSがなかった時代には考えられなかった問題点も生まれています（＝「罪」）。

問二 1-2 **【具体例の記述問題】**

空欄**C**には、**SNSの「功」、すなわちSNSのよい点を示す「具体的な例」が入ります**。また、設問には**「自分**

自身の体験を踏まえた上で」とありますので、**ふだんSNSを使っていて便利だと思える機能や体験を一つ挙げれば**よいとわかります。

解答例では、「**写真やデータの共有**」と、「**同級生の近況を知ること**」としています。SNSの登場以前には「写真やデータ」を簡単に送ることはできませんでしたが、SNSでは自分自身の近況を発信することができます。また、疎遠になっている知り合いが今何をしているのかを気軽に知ることもできます。これもSNSがあればこそ可能なことです。

問三 1-1 **【要旨把握問題】**

〈3〉の「まとめ」に入る内容を選ぶ問題です。ここでのポイントは次の二つです。

> **i 「SNSの功罪」というテーマに沿ったものであること。**
> **ii 「まとめ」が〈1〉〈2〉を踏まえた考えであること。**

iは、「問い」と合う答え方をするという小論文の「約束」に関するものです。

iiは、論理的に整っているかどうかを問うものです。

現代文で、「全体の論旨に沿ったものを選ぶ」ことにあたるのがi、「前後の文脈に即したものを選ぶ」ことにあたるのがii、と考えてもよいでしょう。「読む」「書く」の違いはありますが、頭の働かせ方は現代文の読解と同じです。そして、iとiiのどちらについても述べているのは、**SNSに「功」と「罪」の二面性があるということなので、「功」と「罪」の両方に言及しているかどうか、という基準**で選択肢を検討すると、**イ**を選べます。

選択肢チェック

〈1〉の「功」と〈2〉の「罪」どちらも踏まえていません。

ア 常にSNSについて ✕ 最新の知識と情報をもっていることが不可欠だ。

イ ○ 長所もあれば短所もあることを意識してSNSを活用すべきだ。

「功」と「罪」の言い換えにあたるので適切です。

ウ ✕ 便利な面だけを積極的に強調してSNSを普及させていくべきだと思う。

〈2〉の「罪」への言及がありません。

エ ✕ SNSという呼び方がなぜ定着したのかを意識しておくことが必要だ。

「呼び方」に関する話題は「功罪」とは関係ないので誤りです。

オ ✕ どのような物事であっても長所と短所が必ずあることを知っておくべきだ。

「長所と短所」には触れていますが、「どのような物事であっても」は一般化のしすぎです。

第2節 朝日新聞「ケアを担う子　家族任せにせず支援を」

※問題は本体P86

解答

問一 **例** 家族の介護や世話を日常的に行っている子どもたち。（24字・5点）

採点基準
・「家族の介護や世話を日常的に行う」について書けている。ただし「世話を行う」という内容を欠いていないこと。（3点）
・「子どもたち・若年者」について書けている。（2点）

問二 **ア**＝五　**イ**＝孤立　**ウ**＝保障　**エ**＝支援　**オ**＝連携（各1点）

設問解説

問一 2-2 **【定義の記述問題】**

1段落に、「家族の介護や世話を日常的に担う、『ヤングケアラー』と呼ばれる子どもたち」とあります。ここには、

・「家族の介護や世話を日常的に担う」
・「子どもたち」

という二つの要素があります。この二つをまとめて、解答のように書くことができます。

なお、「ヤング」は young〈若い〉、「ケアラー」は carer〈ケア＝世話をする人〉と分析できるので、「ヤングケアラー」の説明としては、**若年であること、世話をする人**、という二つの要素が必要です。

問二 2-3 **【要約把握問題】**

それぞれの空欄を確認します。

ア 5段落に、厚生労働省と文部科学省による全国調査の結果が書かれています。それによれば、**「世話をしている家族がいる」と回答した中高生**は全体の五％前後でした。

イ 「ヤングケアラー」であることの弊害（問題点）とは何か。3段落に、

・**学校の勉強に支障をきたす**
・**進路の選択肢を狭める**
・**周囲が気付かず、孤立する**

の三つが書かれています。

ウ・エ 「ヤングケアラー」の問題で課題となっていることは何か。4段落に、**子どもの権利や学ぶ機会の保障を最優先に、社会全体の問題としてとらえ、必要な支援を考えねばならない。**とあります。この箇所から、**ウ**「保障」**エ**「支援」と判断できます。

オ 要約の最後の文は「〜すべきだ」であり、文章の主張にあたる部分だとわかります。8段落に、**悩みを抱える子どもたちを早期に把握し、手を差し伸べる。そのためにはさらなる実態把握に努め、学校と行政の福祉部門などとの連携を強化すべきだ。**とあり、「**連携**」が入ります。

今回扱った記事によれば、「ヤングケアラー」と認められる中高生は全体の五％にのぼることがわかっています。これは、およそ二〇人に一人が「ヤングケアラー」という計算となり、平均して学校のクラスには一人から二人の割合で「ヤングケアラー」がいることになります。

「ヤングケアラー」を扱った書籍なども出ていますので、一度読んでみることをお勧めします。

厚生労働省「平成二十九年　国民健康・栄養調査結果の概要」スポーツ庁「幼児期の外遊びと小学生の運動習慣・体力との関係」

※問題は本体P94

解答

問一　1＝○　2＝×　3＝○　4＝×　5＝×（各1点）
問二　（順に）多い　女子（完全解・5点）

設問解説

問一 3-2 【グラフの読み取り問題】

グラフは、男女別、年代別に示されています。男女で何らかの違いがあるか、年代別でどのような違いや特徴があるかに注目してみます。

女性では二十歳代で運動習慣のある者の割合が最も低く、年代が上がるにしたがって割合は次第に高くなっていくのに対して、**男性では三十代で割合が一度減り、その後また増えている、という違い**があります。

二十歳代という年代は、学生から社会人になる世代であること、また仕事や子育てに忙しい世代であることなどが考慮されますが、**データだけからでは要因はわかりません。要因を尋ねる項目を含むアンケートなどを実施しない限り、要因はあくまでも推測の域を出ません。**

年代別では、グラフの右端にある二十～六十四歳と六十五歳以上を区分したデータからも、**高齢世代で運動習慣があると答えた人の割合が大きい**ことがわかります。

選択肢チェック

男女ともグラフの右端に再掲された数値から正しいとわかります。

1　男女とも、○六十五歳以上の世代は六十四歳以下の世代よりも運動習慣のある人の割合が高い。

男性は三十歳代が最低で、二十歳代を下回っているので、この分析は誤りです。

2　男女とも、×年齢が高くなるにしたがって運動習慣のある人の割合が増えている。

3

○ 年代ごとに数値を比較すると、正しいとわかります。

すべての年代において、運動習慣のある人の割合は男性が女性を上回っている。

「約一・五倍」は「割合」を比較したもので、「人数」ではありません。男女では回答者の数（母数）に違いがあり、運動習慣があると答えた「人の数」は実際には同程度です。

4

運動習慣があると答えた✕人の数は、四十歳代の男性は四十歳代の女性の約一・五倍にのぼる。

運動習慣があるかないかはわかりますが、それがどのような要因によるものかは読み取ることができません。

5

二十歳代の女性や三十歳代の男性は、✕仕事や子育てのために運動習慣をもてない人が多い。

問二 3-3 【グラフの読み取り問題】

男子では「週六日以上」の子の得点が五十七・九点で、外遊びの回数が少なくなるにしたがって得点は低くなり、「週一日以下」の子の得点は最低の五十二・八点です。

女子も同様に、「週六日以上」の得点が五十九・一点、外遊びの回数が減るにしたがって得点は低下し、「週一日以下」では最低の「五十一・二点」です。

もちろん、「週一日以下」ということは一日の子もいればまったくない子もおり、「週六日以上」から「週一日以下」までそれぞれ回答した子の数はわかりませんので、一概に比較することはできません。

しかし、**入学前に外遊びをしていた頻度が高い群ほど得点が高いという関係性**は見出すことができます。

また、得点の幅を比較してみると、入学前に週六日以上外遊びをしていた群と週一日以下の群とでは、男子が五点程度に対し、女子は八点程度とあり、**女子の方が差が大きい**ことがわかります。

そこで、

- ・外遊びの習慣をもつ子とそうでない子の差は、男子よりも女子の方が大きい
- ・外遊びの習慣をつけることは女子の方により効果的に運動能力を与える

など、さまざまな仮説を立てることが可能です。しかしこの場合も、どれも推測の域を出ませんので、仮説を検証するためにはさらなる調査が必要です。

解答

問一 **例1** 深沢七郎『楢山節考』は、「姥捨」伝説を題材として子が老母を真冬の山に捨てに行く物語である。架空の「楢山節」が背景音楽の役割を果たしつつ、親子の愛情を感じさせる作品世界が構成されている。（92字・5点）

例2 沖縄で愛唱される民謡「てぃんぐさぬ花」は、親や年長者に従うことなどの教訓を歌にしたものである。沖縄の言葉で書かれた歌詞と独特のメロディーは、沖縄出身の私にとって、郷土愛ともいうべきものを感じさせる。（99字・5点）

採点基準

・一つめの文で、作品（本、文章、音楽）のタイトルが具体的に書けている。（1点）
・一つめの文で、作品の内容が具体的に書けている。（2点）
・二つめの文で、作品の意義や価値などが書けている。（2点）

問二 一カ月に読む本の数が0と答えた人が全体の三分の一近く、一、二冊と答えた人が半数近くを占めている。ここでは「十八歳の時点で読書が習慣となっているためにはどうしたらよいか」について考えたい。（93字・5点）

採点基準

・一つめの文で、「本を読む冊数」について、どのくらいの割合の人が、どの程度の冊数を読むかを、グラフからわかる数値を挙げながら書けている。（3点）
・二つめの文で、十八歳の読書経験に関する課題を具体的に書けている。（2点）

設問解説

問一 4-2【体験説明問題】

選ぶ題材は**「何でも構わない」**とあり、選択の幅が広いので、かえって迷ってしまった人もいるでしょう。「何でも構わない」とあるので、芸術の分野で高く評価されている作品を選んだからといって評価が高くなることもなければ、その逆もありません。マンガや童謡でもいいのです。ただし、**作品のタイトルや作者名を間違えずに明記できていることが条件**です。**たとえば「子どもの時に毎日歌っていたある童謡は」といった書き方は不可**になります。題材を決めたら、作品の内容を紹介する文を書きます。この部分では、**作品のあらすじやモチーフを、客観的に書きます**。解答例は、教科書でおなじみの作品などを取り上げました。

二つめの文は、「作品を通して作者が述べようとしたこと」「作者が問いかけているテーマ」といった客観的なことを書いてもよいですし、自分は作品のどこに心を打たれたか、作品が自分にどのような影響を与えたか、など内面的なことを書いても構いません。ここでのポイントは、作品のあらすじやモチーフをもとにして、**少し高い次元から作品をとらえる見方を示すこと**です。具体的な作品の内容を少し抽象化させる、といったことも考えられるでしょう。

解答の**例1**では**「親子の愛情」**、**例2**では**「郷土愛」**という形で示してあるのがそれです。

問二 4-3【課題と意見提示問題】

「一カ月に何冊の本を読むか」という調査は、人々の「本離れ」を具体的に示すデータとしてよく行われるものです。

本問は、この調査結果を客観的に読み取ることと、そこから課題を一つ導き出すことを求めています。

まず調査結果ですが、「全く読まない」が全体の三分の一、「一、二冊」が全体の半数近くにのぼっています。

この二つをまとめて「全体の四分の三が、一、二冊以下」のようにまとめても構いません。ただし、「本を読む習慣のある人はごく少ない」のように漠然とした書き方ではなく、**具体的な数値を示しながら分析結果を記すことが必要です**。

「課題」ですが、テーマとしては次のものが挙げられます。

- **本を読むこと**
- **読書離れをどう食い止めるか**

一つ注意したいのは、これが十八歳前後の若者を対象とした調査だということです。

「日本人の読書離れ」などとしてしまうと、データを誤って読んでいることになってしまいますので、注意してください。

川添愛「【コント】ミスリーディング・セミナー」

※問題は本体P110

解答

問一

例1 私はこのような表現を使うことに賛成である。なぜなら、読む人の意表を突く表現を工夫することは、表現の面白さを知ることにもなるからである。ただし、このような表現は個人による発信にとどめるべきで、公的な文章では悪影響の方が大きくなる可能性があるので使うべきではない。（130字・10点）

例2 私はこのような表現を使うことに反対である。なぜなら、誤解を招きやすい表現をあえて使ってまで、他人の注目を集める必要はないからである。また、文中に登場する男性が言うように「炎上」を招くと、非難の矛先が自分に向けられることも想定されるからだと考える。（123字・10点）

採点基準

・三つの文からなり、一つめの文で「賛成」または「反対」を明示している。（2点）
・二つめと三つめの文がそれぞれ適切な接続語で書き出している。（4点）
・二つめと三つめの文で「賛成」または「反対」の理由や、意見の補足を書いている。（4点）

設問解説

問一 5-4 【条件型意見論述問題】

生徒と講師が示した見出しの案は大きく違っています。

生徒 大物芸能人Aが所有するマンションに男が侵入 器物損壊で逮捕

講師 芸能人A「親として情けない」マンションへの不法侵入で

生徒による見出しは、「男が芸能人Aの所有するマンションに侵入して逮捕された」ことをすんなり理解させます。

講師による見出しは「マンションへの不法侵入」という事実に対してAが「親として情けない」とコメントした――ここからイメージされるのは、Aの子がマンションに不法侵入し、それを「情けない」とコメントする姿です。講師の意図は誤解を招く見出しをあえてつけてミスリーディングを誘い、記事をクリックさせようとするところにあると考えられます。講師は「中身を読めばちゃんと分かる」としていますが、生徒には「炎上」という事態が頭をよぎります。

さて、設問で問われているのはミスリーディングの手法への賛否とその根拠です。賛成または反対、どちらの立場をとるかは自由です。むしろ、今回のポイントは**「論拠」を「適切な接続語」を使って組み立てること**です。

賛成と反対、それぞれの立場で考えてみましょう。まずは賛成の立場からです。たとえば、

> **なぜなら**、読む人の意表を突く表現を工夫することは、表現の面白さを知ることにもなるからである。

といった形で、「賛成」を示すことができます。

しかし、いったん読者を誤解させているわけですから、人間の生死に関わる重大なこと、あるいは公的な場面にはこうした表現はふさわしくないともいえます。そこで、

> **ただし**、このような表現は個人による発信にとどめるべきで、公的な文章では悪影響の方が大きくなる可能性があるので使うべきではない。

などのように補足説明を加えることが妥当でしょう。

次に反対の立場はどうでしょうか。生徒が「炎上」を危惧しているのは、「仮定」を現実のように見せかける手法が、嘘《うそ》すれすれの言い方、人によっては「嘘」と認定する人もいるとも考えられることによるからでしょう。また、嘘すれすれの表現をしてまで、記事をクリックさせるというのは、ある意味で読者への裏切りであり、またそこまでする必要性は認められないともいえます。こうした点を論拠とすると、次のようにまとめられます。

> ①**なぜなら**、仮定を現実として表現することは相手に誤解を与えることを前提とした手法であり、倫理的に問題があると考えるからである。
> ②**なぜなら**、誤解を招きやすい表現をあえて使ってまで、他人の注目を集める必要はないからである。
> ③**なぜなら**、文中に登場する男性が言うように「炎上」を招くと、非難の矛先が自分に向けられることが想定されるからである。

根拠や理由が複数ある場合は、**「第一に〜、第二に〜」「また」などの接続語を使って、並列させる構文を用いること**になります（解答の**例2**では「また」を用いています）。

解答

問一 イ（5点）

問二 **例** あなた自身も環境の一部だとは考えられないでしょうか。（26字・5点）

採点基準 あなた（消費者、人間）が環境と一体、または環境の一部であるというとらえ方ができている。

設問解説

問一 6-2 **【内容把握問題】**

第一段落で相談者が告白している行為をまとめてみましょう。

- **「消費期限」「賞味期限」間近の商品を買うことができない。**
- **賞味期限を過ぎた食品をすぐに捨ててしまう。**

一方で相談者は「てまえどり」の運動や、「持続可能な社会」といったスローガンの存在やその意義を理解していると言います。**理解はしているが行いと結びつかないという悩みを抱えている**わけです。

「相談者の思いを一部認めながら、相談者を説得する文」とありますから、回答者の使命は**相談者の行為が行き過ぎであることを示すことにある**と考えられます。

ここは、相談者を頭ごなしに否定するのではなく、一定の理解を示し、「心情的には理解できる」という形で**「譲歩」し、そののちにそれを打ち消す構文**が適当です。

譲歩の構文では、**「何と何が対立するのか」**という軸を正しく設定することがポイントであり、ここでは、「消費期限・賞味期限を気にしすぎる自分」「てまえどりのできない自分」と、「環境を配慮しなければならない立場」との対立がそれにあたります。

選択肢チェック

譲歩の方向が逆になっており、相談者を「説得」できていません。

ア もちろん「賞味期限」や「てまえどり」には確かな根拠があってのことですが、✕必ず守らなければならないものでもありません。

相談者の心理を理解した上で、「社会の持続性と対立している」という形で説得できています。

イ 古いものを遠ざけてしまうというあなたの心理は人間の行為としては自然なことかもしれません。しかし、○その行いが社会の持続性と対立していることもまた事実です。

前後の内容が対立しておらず、譲歩の構文になっていません。

ウ あなたの言う通り✕地球環境問題について配慮する必要はありますが、食品ロスのことを考えて行動すべきです。

「他人の視線が気になる」ことは本文には書かれていないので誤りです。

エ ✕他人の視線が気になるというあなたの気持ちはわかりますが、賞味期限を過ぎた食品をすぐに捨ててしまうのは極端すぎませんか。

問二 6-3 **【意見提示問題】**

環境のとらえ方の違いとはどのようなものか、考えてみましょう。

「環境のために自分の感覚をねじ曲げる」という考え方では、「環境」は自分の外部にあります。自分の外部にある環境が危機に瀕しているので、それを防ぐために環境を保護する、という発想です。

しかし、見方を変えると、**地球環境が破壊されてしまえば、自分自身という存在もまた存亡の危機に瀕するのは自明のことです。すなわち、自分もまた環境の一部**です。

相談者の考え（A）

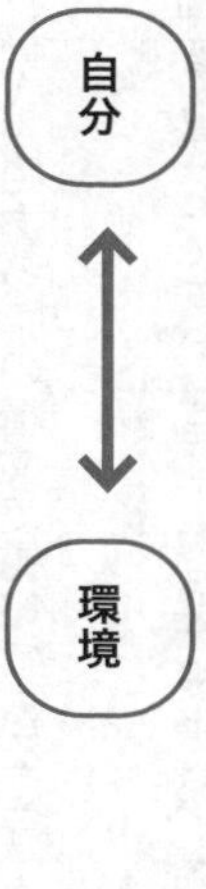

「自分」と「環境」は別物であるというとらえ方

それとは異なる考え（B）

「自分」も環境の一部であるというとらえ方

Aとは異なるBの考えがあることを示せばよいでしょう。

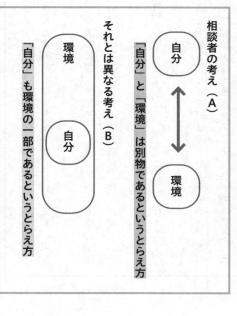

※問題は本体P126

解答

問一

例1 ここでは対話とおしゃべりとを区別して考えたい。対話とはあるテーマに沿って意見を交換し合い建設的な結論を目指すことであり、おしゃべりとは脈絡もなく言葉を交わし合うことで楽しい時間を共有することである。（99字・4点）

例2 ここでは知識と情報とを区別して考えたい。知識とは個人が内部に蓄積していく主観的な面をもつものであり、情報とは誰もが共有できるその時々の客観的なものである。（77字・4点）

採点基準

・類義語の組合せを一つ挙げ、「○○とは……であり、●●とは～である」の構文で書いてある。（2点）

・類義語の意味の違いを端的に書けている。（2点）

問二

例1 原価を高くする代わりに販売に必要な人件費を抑えることで安い値段で商品を提供し、客の満足度を高める工夫が見られる。ネットバンキングでは、ＡＩを駆使することで人件費を抑え、その分金利を上乗せして顧客に還元している例がある。（109字・6点）

例2 一般に想定される販売価格を下回る価格で商品やサービスを提供し、定期的に来店することを促す工夫が見られる。客が定期的に来店することを期待して、商店が開店時に原価を大幅に下回る価格で商品を提供したり飲食店がクーポン券を配布したりする例がある。（119字・6点）

採点基準

・「人件費を抑える工夫」または「定期的な来店を促す工夫」に触れている。（両方指摘も可・3点）

・「経費を下げる」または「収益を上げる」ための工夫と合う販売方法を具体的に書けている。（3点）

設問解説

問一 7-2 【表現の説明問題】

設問文に挙げた「対話とおしゃべり」「知識と情報」で考えます。

自分の頭で考える前に辞書を引いても、意味の違いはピンと来ないと思います。二つの言葉のペアから、どのようなことがイメージされるか、それぞれ考えてみましょう。

まず「対話」と「おしゃべり」です。

私語をしている学生に向かって「おしゃべりをやめなさい」とは言いますが、「対話をやめなさい」とは言いません。一方で、断絶した関係にある国や地域の間で「対話を継続すること」の必要性が説かれることがあります。「対話」は「話し合い」と言い換えてもよいでしょう。

すると、**「おしゃべり」とは脈絡なく言葉を交わし合うことで、「対話」はある課題などの解決を目的として話し合いを行うこと、といった違い**が浮かび上がってきます。

次に、「知識」と「情報」はどうでしょうか。それぞれの**具体例**を考えてみましょう。

「明日は晴れる」は天気予報の「情報」で、「夕焼けの翌日は晴れ」は「知識」と言えそうです。また、「英単語の知識」などとは言いますが、「英単語の情報」とは言いません。

「情報」は誰もが共有できるものであるのに対して、「知識」は個人の経験に即して人間の内部に蓄積されていくもの、という違いが挙げられます。

問二 7-3 【条件型説明問題】

まず、**具体的な事象から抽象**（今回は「工夫」）を読み取ります。設問で示されたコンビニエンスストアのコーヒーに見られる工夫は、次の二点に集約されます。

- **原価が高いことを補うために、セルフ・サービスとして人件費を抑える。**
- **トータルで収益を上げるために、安価な商品を提供する。**

この二つのどちらかについて、それぞれ**同様の「工夫」**を考えてみましょう。

解答例に示したもの以外でも、「原価率」をヒントとして、多種類の品目が均一の価格で販売されている「百円均一の雑貨店」や「回転寿司」の業態を挙げ、トータルの販売額で利益を確保する、といった販売形態を挙げてもよいでしょう。

解答

問一

	文	部	科	学	省	の	20	10	年	「	子	ど	も	の	学	習	費	調	査」
（	平	成	22	年	度	）	に	よ	る	と	、	学	習	塾	・	家	庭	教	師
費	の	支	出	は	、	小	中	学	生	と	も	に	世	帯	収	入	に	よ	る
差	が	大	き	い	。	世	帯	年	収	40	0	万	円	未	満	の	グ	ル	ー
プ	で	5	万	70	00	円	に	対	し	、	10	00	万	円	以	上	で	は	21
万	50	00	円	で	あ	っ	た	。	中	学	生	で	も	40	0	万	円	未	満
の	グ	ル	ー	プ	で	は	19	万	40	00	円	、	10	00	万	円	以	上	で
は	31	万	40	00	円	が	支	出	さ	れ	て	い	た	。					
	塾	問	題	と	は	古	く	て	新	し	い	テ	ー	マ	で	あ	る	。	受
験	競	争	の	激	化	が	社	会	問	題	化	し	て	い	た	19	70	～	80
年	代	の	日	本	で	フ	ィ	ー	ル	ド	ワ	ー	ク	を	行	っ	た	米	国
の	あ	る	文	化	人	類	学	者	は	、	塾	と	は	受	験	戦	争	に	お
け	る	戦	略	的	武	器	（	ta	ct	ic	al	w	ea	po	ns	）	の	よ	う
な	も	の	だ	と	述	べ	た	。	塾	は	、	平	等	主	義	や	公	共	の
価	値	を	重	視	す	る	公	教	育	の	理	想	主	義	の	裏	で	、	人
々	の	現	実	的	な	ニ	ー	ズ	に	応	え	る	た	め	に	は	び	こ	り、
塾	と	学	校	と	の	関	係	は	「	本	音	と	建	前	」	と	評	さ	れ
た	。																		

〈採点基準〉

・段落の冒頭が１マス空いている。（２点）
・行頭に句点や記号が来ていない。（２点）
・数字、アルファベットを１マスに２字分書けている。（２点）

問二

ウ（4点）

※問題は本体P134

設問解説

問一 8-2 **【原稿用紙の書き方問題】**

原稿用紙の書き方は、p132〜133で確認した通りです。**段落冒頭は一マス空ける、句読点や記号は前の行の最後に記す**など、国語の記述式問題の場合とは異なるルールがあるので注意してください。また、今回のように**横書き**で書く場合には、**数字やアルファベットを一マスに二字分ずつ入れることが原則**ですので、確認しておいてください。

問二 8-1 **【要旨把握問題】**

1段落では、第一文に**「学習塾・家庭教師費の支出は、……世帯収入による差が大きい」と主題**が端的に書かれています。続く二つの文は、具体的なデータを示したものであり、第一文での「世帯収入による差が大きい」ことを実際に裏付ける役割を果たしています。

2段落では、「塾問題」について、

- **古くて新しいテーマ（古くから論じられているが、現代でも十分論じる価値のあるテーマ）**
- **「戦略的武器のようなもの」**
- **「人々の現実的なニーズに応えるため」の存在（現実に存在する「ニーズ」［たとえば学力の向上］を満たすための存在）**

であるとしています。筆者は文化人類学者の用いた比喩などを引用し、公教育との比較を盛り込みながら、塾がどのような場であるかを説き明かしています。

以上の検討から、**ウ**が正解とわかります。

選択肢チェック

2段落は、過去の経緯などの「歴史」が書かれているのではありません。

ア
1段落― ○ 学習塾・家庭教師費の支出格差
2段落― × 塾問題の歴史

1段落のポイントは、世帯収入による格差です

イ
1段落― × 学習塾・家庭教師費の増大
2段落― × 塾問題の歴史

2段落は、比喩を用いたり比較をしたりして、塾がどのような場であるかを述べています。

ウ
1段落― ○ 学習塾・家庭教師費の支出格差
2段落― ○ 塾という場の性格

1段落のポイントは、世帯収入による格差です

エ
1段落― × 学習塾・家庭教師費の増大
2段落― ○ 塾という場の性格

解答

問一 **例1・Kさん** 会場に行く時間や手間がかからないので、気軽に楽しむことができる。(32字・3点)

例2・Mさん ステージ上の演者と観客の一体感はライブでしか感じ取れない。(29字・3点)

採点基準 Kさんの場合は「賛成」、Mさんの場合は「反対」の論拠としてふさわしいものであること。

問二 **例1・Kさん**

私は次のような理由から、公演をライブ配信で視聴することに賛成である。

第一に、ライブ配信での視聴は、時間や場所の制約を気にすることなく、多くの公演を気軽に楽しむことができるからである。第二に、大きな会場では後方から見ても出演者の様子はわからず、結局はカメラでクローズアップしたスクリーン映像を見ることになるからである。ステージを「生」で見ることには及ばないという意見もあるが、大きな会場の後方でスクリーンに映し出された映像を見るならば、自宅で映像を見ることと変わらない。

このように、公演を気軽に楽しむことを可能にするライブ配信による視聴に私は賛成する。(271字・7点)

例2・Mさん

私は、ライブ配信で見ることに反対である。会場での公演を楽しむこととライブ配信を視聴することは別物だと思う。

ライブ会場はステージ上の演者と観客が一体となってその場の空間を共有する空間である。しかし配信での視聴ではその場の雰囲気をそのままの形で伝えることはできない。配信された映像はしょせんライブ空間のコピーであり、配信で視聴する者はいわば傍観者でしかない。

なるほどライブ配信はライブ会場の雰囲気を伝えはするが、会場の空気そのものを体感することとは異なり、結局のところライブ配信は副次的なものに過ぎないのである。（254字・7点）

採点基準

・最初に「賛成」または「反対」の立場うぃ示している。（1点）
・段落分けがなされている。（2点）
・「構成メモ」に沿って書いている。（2点）
・接続語の使い方が適切である。（2点）

設問解説

問一 9-1【構成把握問題】

賛成または反対の立場から、それにふさわしい論拠が書かれていることが条件です。そこで「論拠」を一つ考えます。賛成と反対の立場では、次の点などが考えられます。

賛成の立場

・移動がないので気軽に楽しむことができる。
・周囲の人たちに気がねすることなく楽しむことができる。

反対の立場

・実際に会場に足を運んだのと同じ体験をすることはできない。
・配信映像はステージだけを切り取った部分に過ぎない。

問二 9-2【条件型論述問題】

まず注意したいことは**「私はやはりライブは会場で楽しみたい」といった思いを書いているだけでは不十分だということ**です。

解答例は「構成メモ」をほぼそのままなぞる形で作成したものですが、実際の小論文では、もう少し肉付けをして書くことになります。

次ページに掲げるのは、字数として四百字を目安に書いたものです。参考にしてください。

賛成の立場

　パソコンをはじめとする通信技術の進歩により、現在では演劇やコンサートなどの公演をライブ配信で視聴する人が増えている。私は公演をライブ配信で視聴することに賛成である。

　従来、公演とは会場に直接足を運ぶことのできる人だけが体験できるものだった。しかしライブ配信で視聴するという選択肢ができたことで、公演は多くの人に開かれたものとなった。時間や場所の制約を気にすることなく、気軽に楽しむことができる。ステージを「生」で見ることには及ばないという意見には一理あるが、大きな会場の後方でスクリーンに映し出された映像を見ていることは、自宅で映像を見ていることと変わらないとも言える。また、ライブ配信で視聴すれば移動の時間や手間がかからないので、その分多くの公演を楽しむことができることも利点だ。

　したがって、ライブ配信による視聴によって公演を楽しむことは十分に可能であり、私は配信で視聴することに賛成である。（396字）

反対の立場

演劇やコンサートなどの公演を多くの人がライブ配信で視聴しているが、会場での公演を楽しむこととライブ配信を視聴することは別物だと思う。

ライブ会場ではステージ上の演者と観客が閉じた空間で向き合い、観客の熱気は演者の気分を高揚させ、相互の一体感が場をさらに盛り上げる。公演とは演目やその内容だけでなく、演者と観客が一体となってそのつど作り上げる一回限りの空間である。配信での視聴ではその場の雰囲気をそのままの形で伝えることはできない。直接会って話すことと電話やメールで要件をやり取りすることが本質的に違うように、配信された映像はしょせんライブ空間のコピーでしかなく、配信で視聴する者はいわば傍観者の立場にある。

感染症の流行時などに配信での視聴がライブを代替する機能を果たしたことは事実である。しかし配信は代替の域を出るものではなく、ライブ配信による視聴はライブ会場での体験とは別物であると考える。（395字）

※問題は本体P150

解答

問一 **例** 交通死亡事故件数を減らすことが期待されている（。）（3点）

問二 **例** 七十五歳以上の年代では死亡事故割合が高く、八十五歳以上になると値が急上昇する（。）（4点）

採点基準

・高齢者による死亡事故の割合が高いことを指摘している。（2点）

・具体的な年代を挙げつつ「突出して」を使わない表現に改める。（2点）

問三 ア（3点）

設問解説

問一 10-2 【表現把握問題】

傍線部**a**は、このままだと**「交通死亡事故件数」が「期待されている」ことになり、主述が対応していません**。そこで「期待されている」のは、「交通死亡事故件数が減らすこと」なので、これを主部として「が」で受け、「期待されている」という述部で受けると考えられます。ただし、**「交通死亡事故件数が減らすことが期待されている」**とするのは、「が」が重なり、意味もわかりづらいです。そこで「交通死亡事故件数を減らすことが期待されている」とすると、適切な表現になります。

問二 10-1 【構成把握問題】

傍線部**b**には**「他の年齢に比べて突出して高い」**とありますが、**図1**によれば、**最も高いのは八十五歳以上の年代であるものの、次いで高いのは十五～十九歳の年代層**ですので、**傍線部bの表現は正確と言えません**。とはいえ、高齢になるにしたがって死亡事故の発生件数が高くなるという傾向はあり、そのことは高齢者の運転免許返納という本問のテーマに関連させて指摘します。ここでは、**十五～十九歳の事故件数が高いことには触れない形で、高齢になるにしたがって事故発生件数が増えていくことを具体的な年代を挙げて指摘すればよい**でしょう。

問三 10-1 **【構成把握問題】**
最終段落を再確認してみましょう。

> 一例として、島根県の山間部で暮らす私の祖父は昨年免許を返納したが、町営のコミュニティバスで買い物や通院をしている。このように、**自治体によるコミュニティバスの運行をすることが、運転免許の返納率を高めると考える。**

第一文では、書き手である「私」の祖父の事例が紹介されています。この事例をもとにして、「自治体によるコミュニティバスの運行をすることが、運転免許の返納率を高める」という主張・考えが示されています。

しかし、**「島根県の山間部で暮らす」という祖父が免許を返納しコミュニティバスを利用していることは事実だとして、それが運転免許の返納率を高める結論を導くための十分な論拠にはなりません**。図2によれば、島根県の免許返納率は三段階のうちの二番目にあたり、返納率が低い地域ではないからです。

また、書き手の祖父に関する事例だけをもとにして、**コミュニティバスが有効であると言い切るのは、強引だというべきでしょう**。これは「**粗雑な一般化**」にあたります。

※問題は本体P158

解答

問一 **例** 今日、多様性の尊重が叫ばれている一方で、日本社会では一定の規範に沿う行動を促す「同調圧力」が強い。だからこそ多様性を意識的に尊重することが必要であると私は思う。（80字・3点）

採点基準

・読点（、）を減らしている。（1点）

・二つ以上の文で書いている。（2点）

問二 **例** 国際化が進む現代では異質な文化や国籍をもつ外国人がコミュニティを形成していているケースや、ＬＧＢＴなどのマイノリティの存在が社会的に認知されるようになっている。（80字・5点）

採点基準

・さまざまな「国籍」あるいは外国の「国籍」をもつ人の存在に言及している。（3点）

・社会におけるマイノリティの存在に言及している。（2点）

問三 耕畜→構築（2点）

設問解説

問一 11-3 【推敲問題】

第一段落に示された「推敲前の文」は、次の通りです。

今日、多様性の尊重ということが、しきりに叫ばれているが、一方ではまた、とくに日本の社会はそのこととは対極的に、誰もが同じような行動をするこ

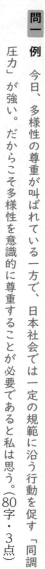

とを促す「同調圧力」がとても強く働いていることが、現状であるので、多様性の尊重ということに、意識的である必要がある、と私は思う。

段落全体が一つの文からなり、不必要な読点も目立ちます。そのためスムーズに読むことができないと感じられます。この段落で書かれていることを箇条書きに整理します。

- **多様性の尊重がしきりに叫ばれている。**

⟷ **しかし**

- **日本の社会では「同調圧力」が強く働いている。**

⟵ **だから**

- **多様性の尊重に意識的であるべきだ。**

三つの内容は「しかし」「だから」などの接続語を使って結ぶことができます。**適切に接続語を使うことで、論理関係の明確な文を組み立てることができます。**

問二 11-2 【空欄型記述問題】

空欄は前の文の「社会は、さまざまな人たちが共生する場である」を受けています。また、空欄に続く文は逆接の接続詞「しかし」ではじまり、「『同調圧力』が強い」とあります。

そこで、空欄の直後にある「しかし」を軸として、次のようにまとめてみます。

- **社会は、さまざまな人たちが共生する場である**

＋

⟷ b

しかし

- **（日本は）「同調圧力」が強い**

bには「**さまざまな人たちが共生する場**」**と同じ内容、もしくはそれを説明する内容が入り、それは「同調圧力」が強いことと対立する関係**だとわかります。

設問の指示には、「**『国籍』『マイノリティ』の語を用いて**」とあります。2段落では「マイノリティ」は「マジョリティ」と対比して使われ、「多様性の尊重」という文脈で「マイノリティの生が尊重されるべき」と3段落に続くことから、**さまざまな人たち＝多様な国籍の人、マイノリティの存在を含む人たち**と整理できます。「さまざまな人たち」の具体例として、多様な国籍の人や文化的なマイノリティに触れていれば、最低限の基準を満たしていると言えます。

問三 11-5 【表現把握問題】

〈作り上げていくこと〉という意味で「**構築**」が正解です。漢字の間違いは、手書きでは部首（へん・つくり）の間違いが多く、キーボード入力の場合には読みの同じ言葉を誤って使う変換ミスが多く出てきます。推敲や清書の読み返しの際には、**手書きで書いたのか、キーボードで入力したのかの違いに注意すると、ミスを見つけやすくなります。**

松尾芭蕉『おくのほそ道』

※問題は本体P166

解答

問一 本体P170・調べた資料を参照。（2点）

問二 **例** 生涯を船頭として過ごす人たちや、馬を引いて一生を終えていく馬子たちは、毎日のようにあちこちを行き来しているので、旅そのものが日常であるということ。（73字・3点）

採点基準

・「生涯を船頭として過ごす人たちや、馬を引いて一生を終えていく馬子たち」を指摘している。（1点）
・「毎日のようにあちこちを行き来している」ことを指摘している。（1点）
・「旅そのものが日常である」ことを指摘している。（1点）

問三 **例** 松尾芭蕉は五十年の生涯のうち、最後の十年で三回にわたり各地を巡る旅に出た。その様子は『野ざらし紀行』『笈の小文』『おくのほそ道』などにまとめられ、中でも『おくのほそ道』の旅は五カ月、移動距離は二千四百キロにも及ぶ。『おくのほそ道』には道中で作った彼の代表作となった俳諧が多数織り込まれている。（146字・5点）

採点基準

・どのような旅に出たかを書いている。（2点）
・『おくのほそ道』など作品名と内容を具体的に挙げている。（3点）

設問解説

問一 12-2【書写問題】

『おくのほそ道』は、**芭蕉の代表作とも言える晩年の紀行文**です。「月日は百代の過客にして」ではじまる冒頭部分は、李白の詩などを踏まえて書かれた格調の高い文体であり、人生を旅に見立てたあと、漂泊の旅に誘われる自分の心境と、出発までのできごとが凝縮してつづられています。

この部分は中学校の教科書などにも載っており、多くの人に親しまれています。

問二 12-2【内容説明問題】

「舟の上に生涯を浮かべ」るのは船頭、「馬の口とらへて老いを迎ふる者」は馬子です。

馬子は人や荷物をのせた馬を引いて歩く仕事をしていた人で、現代でいえばタクシーやトラックの運転手といったところでしょうか。いずれも、**一つの場所にとどまらず毎日のように移動しながら生活しているという意味において、彼らの日常は旅**だと言えるでしょう。

「旅暮らし」という言い方がありますが、**「旅をすみかとす」の「すみか」とは、「日常的にいる場所」ということであり、彼らにとっては「旅そのものが日常である」という意味**です。

問三 12-3【条件型論述問題】

松尾芭蕉は伊賀で生まれ、三十歳を前にして江戸に出てきました。

その後、**四十歳前後から各地を旅してまわるようになり、行程でのできごとを紀行文**にまとめます。その成果が**『笈の小文』や『おくのほそ道』などの作品**です。

『おくのほそ道』の旅を経て、江戸に戻ったあとも各地をまわり、五十歳の時に大阪で亡くなります。現代に比べ、制度としても時間や費用の面でも移動が難しい江戸時代に、これだけの旅をしていたことは驚異的なことです。

四十一歳	『野ざらし紀行』の旅	伊賀、大和、吉野、山城、美濃、甲斐など
四十四歳	『笈の小文』の旅	熱田、伊賀、伊勢神宮、吉野、大和、須磨、明石など
四十五歳	『更科紀行』の旅	美濃、木曽、姨捨、善光寺など
四十六歳	『おくのほそ道』の旅	東北、北陸、大垣など

※年齢は数え年

※問題は本体P177

解答例

問一 例1

1 ⓐ小学生の時の習い事で教わっていたピアノの先生は、私が少しでもうまく弾けた時には必ずほめてくれ、ミスをした時も決して否定的なことは言わない人だった。今から思えば多少大げさな面もあったとは思うが、ほめられることが単純に嬉しかった私は家でも積極的に練習に励み、ピアノの腕は上達した。ピアノの先生は指導者として肯定的な評価を強調して示すことによって私を認め、私の「やる気」、つまり向上心を引き出しピアノを上達させた。ⓑ肯定的な評価を与えられることは物事への積極的な取り組みを促し、さらなるよい結果をもたらすという好循環を生む。私はここに評価の意義の一つを見出したいと思う。

2 ⓒもちろん評価は肯定的なものばかりとは限らない。また、評価は人間の行うものだから常に適切に下されるわけでもないだろう。しかしどのような評価であっても、それが根拠のない誹謗中傷のように人格を全否定する類のものでない限りは、他者から自分へのメッセージとして受け取ることができるであろう。他者による評価と向き合うことで、自分は他者の目にどう映っているのか、なぜその人が自分をそのように評価したのかを考え、周囲との今後の向き合い方や、よりよい自己に向けての改善点を模索する手がかりを見出すことができる。

3 ⓓ以上より、肯定的な評価だけでなく他者からの評価全般に、自分自身をよい方向へと導くきっかけとしての意義があると考える。（585字）

評価基準

ⓐ**評価に関する経験を具体的に書いている**

→ピアノでほめられたことが、技能の上達につながったというエピソードを挙げている

ⓑ**評価に関する経験を一般化して意味づけている**

→肯定的な評価が向上心を引き出す、としている

ⓒ**理由づけや予想される反論などを示し、論証ができている**

→肯定的でない評価など、評価一般をどうとらえるかを論じている

ⓓ**「評価することの意義」を適切に示している**

→自分自身をよい方向へといざなうきっかけとしての意義がある

例2

1 ⓐ幼い頃から絵を描くことが好きだった私は中学校では美術部に所属し、将来は絵描きになりたいなどとも漠然と考えていた。しかし部に絵のとても上手な先輩がいて、彼は部内のコンクールでも最高の評価を獲得した。才能の違いをまざまざと見せつけられた私はこの時、落胆というよりも、ある種の爽快感を抱いたことを今も鮮明に覚えている。

2 ⓓ思うに、評価という営為は評価者の価値観を反映したものである。評価を通して人は他者そして社会の価値観がどのようなものかを学び、自分自身を相対化していく。これが評価の意義ではないだろうか。ⓑ絵が好きなことは私の個人的な嗜好であり、絵描きになることは私の希望だった。しかし、私よりずっと才能のある先輩がコンクールで高く評価されたことは、社会の認める絵の才能とはどのようなものか

ということ、自分はそれに及ばないこと、社会は私を絵描きと認めないことを私に教えた。また絵を趣味として続けることや、他にも絵と関わる仕事があることなどを考えさせた。私はこの時、自分だけが生きる世界を脱し社会の一員として生きる視点と自覚をもつことができたのだと思う。

3 ⓒ評価というととかくテストの点数や各種のランクづけを連想し、機械的に人間を選別するシステムを考えがちである。ⓓしかし人は評価を通じて社会の一員として生きることを自覚し、自分という存在を客観的にとらえ直す。評価にはそのような積極的な意義があると考える。（594字）

評価基準

ⓐ評価に関する経験を具体的に書いている

→中学の美術部で自分よりも才能のある先輩が評価され自分は評価を得られなかったというエピソードを挙げている

ⓑ評価に関する経験を一般化して意味づけている

→自分の才能を客観視し、社会の一員として生きる視点と自覚をもつきっかけとなった、としている

ⓒ理由づけや予想される反論などを示し、論証ができている

→評価とは機械的に人間を選別するシステムにとどまらないことを記す

ⓓ「評価することの意義」を適切に示している

→評価とは社会の一員として生きることを自覚し、自己を客観的に見つめることを促している

設問解説

問一

ⓐ 1-1 評価に関する経験を具体化する

この問題では**「あなたの今までを振り返り、評価に関する経験を一つ挙げながら」という条件**がありますので、まずはあなた自身の「評価に関する経験」にはどのようなことがあるか、振り返ってみましょう。

「経験」は何でも構いません。しかし本問での課題は「経験」そのものを紹介することではなく、**ここで書いた「経験」をもとに「評価することの意義」を述べること**です。

したがって、**「評価することの意義」を導き出すことができる「経験」でないと、答案を構成していくことができなくなる可能性があるので注意してください。「マッピング法」**の要領にしたがって「評価の経験」を書き出し、「評価することの意義」と結びつけていくとよいでしょう。

解答例1
ピアノの先生がほめてくれた（評価された経験）
否定的なことを一切言わないことに特徴があった
→「やる気」がそがれることがなく、技能の上達につながった

解答例2
中学の美術部で才能の違いを見せつけられた（評価を得られなかった経験）
→自分を客観的に見つめ直す機会を与えられた

解答例2のように「評価を得られなかった」という経験でも構いません。また、評価というと大げさですが、SNSで「いいね」をもらったことが励みになった、といったような日常的で小さなことも十分に「経験」と言えるものです。

ⓑ 1-3 評価に関する経験を一般化して意味づける

ⓐで記した具体的な自分の経験を、**「評価することの意義」という形で一般化（抽象化）して意味づけることができているかどうか**が、採点上のポイントです。

ⓐで書いた経験の内容や優劣よりも、ⓐの経験をどのような形で一般化して意味づけるかが問われています。

解答例1では1段落の前半で述べた経験について振り返り、1段落の後半でその経験を一般化しています。

> ピアノの先生は指導者として肯定的な評価を強調して示すことによって私を認め、私の「やる気」、つまり向上心を引き出しピアノを上達させた。（**経験の振り返り**）
>
> ←
>
> 肯定的な評価を与えられることは物事への積極的な取り組みを促し、さらなるよい結果をもたらすという好循環を生む。（**一般化**）

解答例2では、2段落の第二文で「評価することの意義」を示し、そのあと自分の経験に即して説明を加えています。

> 評価を通して人は他者そして社会の価値観がどのようなものかを学び、自分自身を相対化していく。これが評価の意義ではないだろうか。（**評価することの意義**）
>
> ←
>
> 私よりずっと才能のある先輩がコンクールで高く評価されたことは、社会の認める絵の才能とはどのようなものかということ、自分はそれに及ばないこと、社会は私を絵描きと認めないことを私に教えた。また絵を趣味として続けることや、他にも絵と関わる仕事があることなどを考えさせた。（**自己の経験に即した説明**）

C 6-2 理由づけや予想される反論などを示しての論証

「評価することの意義」として自分が挙げたことについての「説得」にあたる部分です。

解答例1は、2段落で譲歩の構文（→第2章　第6節）を使って、肯定的な評価ばかりではないこと、評価が必ずしも適切になされるとは限らないことを示しています。**しかしそれでも、評価には自己を見つめ直す意義がある**として、評価することの意義を確認しています。

> もちろん評価は肯定的なものばかりとは限らない。また、評価は人間の行うものだから常に適切に下されるわけでもないだろう。（**譲歩**）
>
> ←
>
> **しかし**……他者による評価と向き合うことで、自分は他者の目にどう映っているのか、なぜその人が自分をそのように評価したのかを考え、周囲との今後の向き合い方や、よりよい自己に向けての改善点を模索する手がかりを見出すことができる。（**反論**）

解答例2は、設問文にもある「ランクづけ」などから連想されるマイナスイメージに言及し、論に厚みをもたせた上で、**「評価」には単に「ランクづけ」すること以上の意義があるという結論への橋渡し**をしています。

> 評価というととかくテストの点数や各種のランクづけを連想し、機械的に人間を選別するシステムを考えがちである。

d 9-1 「評価することの意義」を適切に示す

結論にあたる部分です。**「評価することの意義」という課題に対して、ストレートな解答を示してあること**が必要です。

解答例1では、序論と本論を踏まえて、最後の3段落で**「評価することの意義」をまとめています。**

> **以上より**、肯定的な評価だけでなく他者からの評価全般に、自分自身をよい方向へと導くきっかけとしての意義があると考える。

解答例2では、すでに2段落（本論）の冒頭で「評価することの意義」を端的に示していますが、**その後の論証を経て、**最後の3**段落で再度「評価することの意義」を示す書き方をしてあります。**

> 人は評価を通じて社会の一員として生きることを自覚し、自分という存在を客観的にとらえ直す。評価にはそのような積極的な意義があると考える。

体言止めは、文末を省略して読者に想像を委ねることで余韻を狙う修辞法（表現技法）です。小論文では、書いていないことを読者に想像させてはいけません。

問一　添削例１

1 ⓓ評価することの意義は、一つの物事に対する多角的・多面的視点を知る機会を設けられることにあると私は考える。さまざまな人間の評価を知ることができれば、自分の視点が相対化され、物事をより客観的に考えることが可能になる。

2 ⓐたとえば、小学校の成績表には学校での態度を記す欄があったが、学年が変わって評価者が変わるたびに、自分の特性に対する異なる評価を見ることができた。私は物事をはじめるまでに時間がかかるタイプだったが、この私の傾向に対して慎重さや計画性を評価する教師もいれば、周囲と合わせることが苦手だと判断する教師もいた。

3 ⓒもちろん一人の人間からの、あるいは一つの基準や価値観からの一方的な評価では、自身とその評価のとらえ方の違いはわかるものの、多様な見方が存在することを実感するまでには至らない。多数の評価を知り、多角的・多面的な評価を得る機会を作ること。そうすれば、自分の考えの一面性を自覚できるようになり、その経験を通して多角的・多面的な考察を行えるようになれば、偏りのない考察や判断が可能になり、より適切な結論を導くことが可能になると考える。（470字）

「さまざまな見方がある」と学ぶことも十分にあり得るので、「至らない」と言い切るのは不適切。事実と可能性を分け「実感するのは難しくなるだろう」にとどめましょう。

評価基準を踏まえた添削コメント

ⓐ評価に関する経験を具体的に書いている

○小学校時代の成績表について具体的な説明ができています。

ⓑ評価に関する経験を一般化して意味づけている

×ⓑに当てはまる内容が見当たりません。具体例は示していますが、この経験を「評価することの意義」に照らしてあなたがどうとらえているのかをまとめ、一般化して示されていないことになります。あなたの小論文が適切に論証されていることを伝えるためにも、〈同じことに対しても異なる評価が存在すると知った〉のようなまとめとあわせて一般化した主張を示しましょう。

ⓒ理由づけや予想される反論などを示し、論証ができている

△予想される反論として〈一つの評価を知るだけでは十分ではない〉という点に触れることができています。また〈これに対して多数の評価を知ることが重要である〉と持論を示すことができている点もよいでしょう。ただしⓑで述べたように、理由づけとして示される具体例と主張の関連がややあいまいになっているため、評価が△となっています。

ⓓ「評価することの意義」を適切に示している

○〈多角的・多面的視点を知る機会を設けられること〉と明示できています。

改善例（※マーカー部分を中心に書き直している）

1 ⓓ評価することの意義は、一つの物事に対する多角的・多面的視点を知る機会を設けられることにあると私は考える。さまざまな人間の評価を知ることができれば、自分の視点が相対化され、物事をより客観的に考えることが可能になる。

2 ⓐたとえば、小学校の成績表には学校での態度を記す欄があったが、学年が変わって評価者が変わるたびに、自分の特性に対する異なる評価を見ることができた。私は物事をはじめるまでに時間がかかるタイプで、自分のことを臆病だと感じていた。これに対して慎重さや計画性を評価する教師もいれば、周囲と合わせることが苦手だと判断する教師もいた。ⓑ私はそれらを通して、一つの物事に対して、さまざまな評価の仕方があることを知った。そして、その評価を意識しながら、場面に応じて計画を立てたり、あえて積極的な行動を心がけたりして、いろいろな課題を乗り切ることを覚えた。

3 ⓒ他者の評価を耳にする機会がなければ、自分とは異なる価値観や評価があり得ることを想像するのは難しい。もちろん一つの価値観からの一方的な評価では不十分だ。重要なのは、多数の価値観を知り、多角的・多面的な評価を得ることである。そうすれば、自分の考えの一面性を自覚できるようになる。そして、その経験を通して多角的・多面的な考察を行うようになれば、偏りのない考察や判断が可能になり、物事に対してより適切な結論を導くことが可能になると考える。（588字）

「ある時」とぼかさないように。具体例は、確実な事実を主張の根拠として示すために書くものです。文章に対してあいまいさを残さないようにしましょう。

問一 添削例2

1 ⓐある時、私は、根拠のない印象で運動部の後輩を評価しようとしてしまい、後輩から反感を買ってしまったことがある。この経験に懲りた私は、客観的で明確な評価の基準を作り、それを用いて評価を行うようになった。ⓑこのように、人の印象とは、無責任で根拠のないものであることも多いのだ。自分の主観からいったん距離をとり、基準や根拠を明確にして評価することは、相手にその評価を受け入れてもらう上で重要である。

2 ⓒもちろん自分の印象や感情をもつことは自由だが、それが自分の主観に基づくあいまいなものだと意識すべきときもある。ごく親しい間柄なら問題ないかもしれないが、公的な場で他者に関わる判断が必要な際に、無根拠で無責任な判断を下すことは、大多数の利益を考える上で避けるべきだ。ⓓ基準や根拠をもった判断を下す体験をしておくことで、自分の印象を公的に表明することのデメリットに気づくことができることは、重要なポイントであるかもしれない。（403字）

主張は「〜と考える」「〜と主張する」など主張として示しましょう。「〜かもしれない」「〜ではないだろうか」などの推測・疑問表現を主張で用いてはなりません。

評価基準を踏まえた添削コメント

ⓐ評価に関する経験を具体的に書いている

× 部活動について説明しようとする姿勢は見られます。しかし、体験に具体性がなく、他者に対する印象とは根拠のないものであるという一般論を導くには不十分です。その結果、具体例と結論の内容が、〈私は根拠のない印象を他人にもっていたことがあるから、人は根拠のない印象を他人にもっているものだ〉という同義反復になっており、論理的説明が成立していません。基準を設けることについても〈なぜ評価の基準が重要だと言えるのか、その基準によって本当に他者に受け入れてもらうことができるのか〉といった根拠を、具体例の中で示すことができていません。読者も妥当であると納得させるように示すのが具体例ですので、読み手に伝わるよう具体的に示しましょう。

ⓑ評価に関する経験を一般化して意味づけている

△「このように」という要約を示す語を用いて、具体例へのまとめ（一般化した内容）を示そうとしている点

は評価できます。ただし、ⓐで触れたように具体例とまとめの対応が適切ではない点で評価を下げました。

ⓒ予想される反論や理由づけなどを示し、論証ができている

○予想される反論として、自分の印象や感情をもつことは否定されない点に触れることができています。これに対して、公的な場で他者に関わる判断が必要な際に無根拠で無責任な判断を下すことは、大多数の利益を考える上で避けるべきと再反論を行うことで、自分の主張を強調している点も評価できます。

ⓓ「評価することの意義」を適切に示している

×評価の意義を示そうとしているのか、判断に基準や根拠を設けることの意義を述べようとしている（課題からずれている）のか判断できません。課題への答えは、読み手の誰もがそれとわかるようにはっきり示しておきましょう。

改善例（※マーカー部分を中心に書き直している）

1 ⓓ私が評価することの意義として考えるのは、他者を評価しそれを相手に伝える経験を通して、評価の基準と根拠は自身の主観と距離を置くべきだと理解できるようになるという点である。

2 ⓐ運動部で上級生になった時、私は後輩部員に自分がもつ印象をそのまま伝えてしまい、部内の和を乱したことがある。頑張っている、努力不足等の内容を伝えたのだが、その基準があいまいだったため、不当さを感じた部員が多かったのだ。私は自分の主観的な発言を後悔し、練習の参加回数や試合中の得点やパスの回数の記録などから評価基準を作って公表し、その上で各部員へのフィードバックを行った。この評価基準は部員に受け入れられ、修正を加えながら今も受け継がれている。基準に沿って評価すると、印象のよくなかった部員が、実は試合によく貢献していたとわかることもあった。ⓑこのように、人の印象とは、無責任で根拠のないものであることも多いのだ。

3 ⓒもちろん自分の印象や感情をもつことは自由だが、それが自分の主観に基づくあいまいなものだと意識すべきときもある。とくに公的な場で他者に関わる判断が必要な際に、無根拠で無責任な判断を下すことは、大多数の利益を考える上で避けるべきだ。ⓓしかし、それは評価を行ってはならないということではない。評価を行う側に立ち、適切な基準や根拠を設定して判断を下すという経験は、相手をよりよく知り、信頼関係を築くためにも意義のあることだと考える。（599字）

解答例

問一 例1

1 ⓐ課題文では、日本人のWell-beingの度合いを上げるべく日本人が社会的つながりを実感し孤独を解消するためには、スポーツが重要だと述べている。ⓑこれを踏まえ課題文にある「互助的なコミュニティに所属しているという感覚」を養い日本のスポーツ人口を増やすためには、同じスポーツをしたい人と人をつなげるような機会や場を作ることが必要だと考える。

2 ⓒそのような人と人をつなぐ機会として地域コミュニティに根ざしたスポーツイベントの開催が考えられる。スポーツといっても本格的な競技もあるが、たとえばスポーツのイベントの例として、地域の公園で定期的に開催されるランニングイベントの企画を地域住民が主体となって行うことが考えられる。ヨガ教室など初心者や未経験者が気軽に参加しやすいものがよい。さらに高齢者も気軽に参加できるよう、ウォーキングイベントや座ってできる軽運動イベントなどがあることで、高齢者と現役世代との交流を図ることができるだろう。対象年齢を幅広くすることで、多様な立場や状況の人々が交流できる機会を生み出すことが期待できる。

3 ⓑこのような機会や場が社会に普及することは、筆者が問題視している一人暮らしの孤独を解消することにもつながるだろう。とくに一人暮らしの高齢者が現役世代とスポーツを介して、コミュニケーションをとったり、身体を動かしたりすれば、Well-being向上とともに孤独の解消につながると考える。

（589字）

評価基準

ⓐ課題文の論旨を踏まえている

↓スポーツの必要性がWell-beingのために主張されているものであることを確認した上で、人々が社会的つながりを実感し孤独を解消する目的として本文を引用している

ⓑ問題の要求に対する答えを明確に示している

↓スポーツを介して人と人をつなぐ機会や場が社会に普及することは、筆者が問題視している一人暮らしの孤独を解消することにもつながる、と示している

ⓒ主張の根拠を示している

↓なぜその対策や方法がスポーツ人口を増やすことにつながるか、対象年齢を幅広くすることで、多様な立場や状況の人々が交流できる機会を生み出す具体例として説明している

例2

1 ⓐ課題文では、Well-beingに関わる要素を踏まえつつ、「互助的なコミュニティに所属しているという感覚」による孤独感の解消のため、スポーツで社会的なつながりを創出することが重要であると述べる。ⓑスポーツ人口を増加させ、かつ筆者が述べるようにスポーツによって社会的つながりを人々が実感するために必要だと考えられるのは、競技スポーツ以外のものもスポーツとしてイメージできるよう、それらのスポーツを知り、触れる機会を早い段階で確保することである。

2 ⓒ競争を目的とすると、年齢や体力、身体条件等でスポーツの相対的弱者となる人がなじめないと感じ

てしまう恐れがある。日本スポーツ協会の二〇二二年の調査では、競技での結果を求められるプレッシャーやうまくできない自分に対する同級生の視線などにより、五人に一人がスポーツにネガティヴな思い出があるという。しかし、競技スポーツ以外にもスポーツがあり、自分自身の年齢や体力、身体状況にあったスポーツが存在する。

3 ⓑスポーツによって「互助的なコミュニティに所属しているという感覚」が育まれるためには、年齢や体力、身体の条件が時とともに変わったとしても、その時々で自分に合ったスポーツを選べばよいという考え方を広めることが大切である。そのような考え方が浸透すれば、スポーツの相対的弱者とされる人も自分に合ったスポーツを見つけようと思い、前向きにスポーツコミュニティに加わると考える。

（594字）

評価基準

ⓐ**課題文の論旨を踏まえている**

→本文を引用して、筆者が互助感を重視していることを示し、スポーツで社会的なつながりを創出することが重要だとしている

ⓑ**問題の要求に対する答えを明確に示している**

→競争や体力の向上以外にもスポーツをする目的があることを強調した上で体験させておくことで、スポーツの相対的弱者とされる人も前向きにスポーツコミュニティに加わる、と示している

ⓒ**主張の根拠を示している**

→なぜその対策や方法がスポーツ人口を増やすことにつながるか、日本スポーツ協会の調査によれば五人に一人がスポーツにネガティヴな思い出があるという事実に基づいて説明している

設問解説

問一

ⓐ 2-1 課題文の論旨を踏まえる

今回の問題ではスポーツ人口増加のための具体的対策・方法について問われています。しかし、単にスポーツをする人を増やせばよいと考えてはいけません。ここでは課題文の傍線部に関して問われているので、どのような話題背景からスポーツ人口を増やすべきだと筆者が述べているのかをつかんだ上で考える必要があります。

そして、解答では、傍線部が前提としている課題文の主張をつかんでいることを示すため、**課題文の主張を何らかの形で必ず引用しましょう。**

今回の課題文の主張は、

> 日本人が社会的つながりを実感し、孤独を解消するためには、スポーツが重要だ

というものです。これをもとにしつつ、小論文中で示す自分の考えを説明する上で必要な情報を取捨選択しながら引用します。

解答例1では、まず「課題文では、日本人のWell-beingの度合いを上げるべく日本人が社会的つながりを実感し孤独を解消するためには、スポーツが重要だと述べている」と、スポーツの必要性がWell-beingのために主張されているものであることを確認した上で引用しています。さらに単にスポーツ人口を増やすのではなく、課題文の「社会的つながりが実感し孤独を解消する」という目的を押さえておきましょう。

解答例2では、「課題文では、Well-beingに関わる要素を踏まえつつ」とした上で、「『互助的なコミュニティに所属しているという感覚』による孤独感の解消のため、スポーツで社会的なつながりを創出することが重要であると述べている」と、筆者が連帯感を重視していることを強調しています。

ⓑ 2-2 問題の要求に対する答えを明確に示す

問われたことに対するあなたの答えは、それが答えであるとわかるように明示しましょう。今回の問題ではスポーツ人口を増やすための具体的な対策や方法を問われています。そのため、次のような問いを自分で立てて、解決策などを探ってみましょう。

> ・どうしたらスポーツを多くの人がしやすくなる？
> ・スポーツをしない人にとって、スポーツをはじめるための障害になっていることは何？（↓障害を取り除けば、スポーツ人口が増える）

このような問いによって対策や方法を見つけたら、「スポーツ人口を増加させるためには……することが必要である」などのように、はっきりと示します。

ただし、注意しなければならないのは、ここで示す解答は、傍線部の主張を踏まえて、次に挙げる目的につながることを意識した内容でなければならないことです。

> ・**社会的なつながりの創出・実感するため**
> ・**孤独の解消するため**

これらを踏まえた具体的な対策・方法を問われているので、**「国民全体の意識を変えてスポーツを普及する」「スポーツの機会を国や行政が増やす取り組みをする」**などのように、**単にスポーツ人口を増やすにとどまった意見**は解答として適切ではありません。以上を踏まえて、**解答例1**・**解答例2**が挙げる対策・方法を示します。解答例二つはいずれも、1段落の後半で目的と対策方法を示し、最後の3段落で詳しい内容として結論を示す構成をとっています。

解答例1

目的

「互助的なコミュニティに所属しているという感覚」を養い日本のスポーツ人口を増やす

対策・方法

同じスポーツをしたい人と人をつなげるような機会や場を作ることが必要だ

結論

スポーツを介して人と人をつなぐ機会が社会に普及することは、筆者が問題視している一人暮らしの孤独を解消することにもつながる。とくに一人暮らしの高齢者が現役世代とスポーツを介して、コミュニケーションをとったり、身体を動かしたりすれば、Well-being 向上とともに孤独の解消につながる

解答例2

目的

スポーツ人口を増加させ、かつ筆者が述べるようにスポーツによって社会的つながりを人々が実感するために必要だ

対策・方法

競技スポーツ以外のものもスポーツとしてイメー

ジできるよう、それらのスポーツを知り、触れる機会を早い段階で確保する

結論

スポーツによって「互助的なコミュニティに所属しているという感覚」が育まれるためには、年齢や体力、身体の条件が時とともに変わったとしても、その時々で自分に合ったスポーツを選べばよいという考え方を広めることが大切である。そのような考えが浸透すれば、スポーツの相対的弱者とされる人も自分に合ったスポーツを見つけようと思い、前向きにスポーツコミュニティに加わる

ⓒ 5-1 主張の根拠を示す

小論文であなたが示すすべての考え、意見、主張には、必ずセットになる具体的根拠が必要です。ⓑで挙げているのは**あなたの主張ですので、これらがなぜ必要なのか、なぜスポーツ人口を増やすのに有効なのかを、具体例や事実をもとに示しましょう**。

最後に**解答例1・解答例2**の具体的根拠と主張の対応を示しておきます。

解答例1

具体例 地域コミュニティに根ざしたスポーツイベントの開催
・初心者や未経験者が気軽に参加できる
・高齢者と現役世代との交流を図ることができる

↓

主張 対象年齢を幅広くすることで、多様な立場や状況の人々が交流できる機会や場を生み出すことが期待できる

解答例2

事実 日本スポーツ協会の調査…五人に一人がスポーツにネガティヴな思い出がある

↓

主張 競技スポーツ以外にもスポーツがあり、自分自身の年齢や体力、身体状況に合ったスポーツが存在する

調査の結果は事実であり、「ようだ」という推測の形で示すのは不適切です。事実は事実として示しましょう。

問一 添削例1

1 ⓐ課題文では、今後日本においてスポーツの重要性が高まると指摘されている。日本でスポーツ人口を増やすための具体的な対策・方法として、どのようなものが考えられるだろうか。

2 ⓑWHOの調査によると、日本人が身体を動かす時間は、余暇の時間ではなく仕事時間が大きな割合を占めているようだ。労働時間が長すぎることが社会問題になっていることも考慮すると、現代の日本人は、仕事に時間と体力を圧迫され、余暇でスポーツを行うための時間と体力を確保できなくなっているのである。このような現状を変え、スポーツ人口を増やすためには、企業等雇用者側が福利厚生として、スポーツジムの利用を社員に推奨する、という方法がある。

3 ⓒもちろん、すべての企業内にスポーツジムを開設することは難しいだろう。しかし、企業側が一般のスポーツジムと提携して、利用料金を下げる、あるいは無料にすることで、余暇の時間にスポーツを行うハードルが下がると考えられる。また、もしオフィス内に開設することができれば、スポーツジムに通うための時間を設けずとも、退勤後や休憩中にすぐスポーツをすることが可能になる。かつて新聞で、社会人の半数が週に一度もスポーツをしないという記事を見たことがあるが、身体だけでなく精神的健康のためにも、雇用者側が被雇用者のスポーツ実施を推奨することが望ましいと考える。（563字）

ここに示されているのは回答者の推測ですが、事実であるかのように書かれています。推測は推測として書きましょう。

評価基準を踏まえた添削コメント

ⓐ課題文の論旨を踏まえている

× 引用方法は適切ですが、引用している箇所が課題文の主張を反映しておらず、論旨を十分にとらえていない印象を与えます。〈日本人の孤独の解消と社会的つながりの実感のため、スポーツの重要性が高まる〉という課題文の主張を明確に示しましょう。

ⓑ問題の要求に対する答えを明確に示している
△スポーツジムを雇用者が被雇用者のために用意するという方法を具体的に提示しているものの、課題文にある〈社会的なつながり・孤独感の解消を目的にした方法〉として明確に示すことはできていません。
ⓒ主張の根拠を示している
△挙げている対策によって、対象者の料金や時間のコストが減らせることを示すことはできてます。ただし、それが社会的つながりや孤独を解消することに、どうつながるのかが述べられていませんので、根拠としては不十分です。社会的つながりや孤独を解消することに、どうつながるのかを述べましょう。

改善例（※マーカー部分を中心に書き直している）

1 ⓐ課題文では、日本人の孤独の解消と社会的つながりの実感のため、スポーツの重要性が高まっていると指摘されている。日本のスポーツ人口を増やすための具体的な対策・方法として、どのようなものが考えられるだろうか。

2 ⓑ過重労働が社会問題になっていることから考えると、社会人の多くは、仕事に時間と体力を圧迫され、余暇でスポーツを行うための時間と体力を確保できなくなっている可能性がある。時間と体力が限られた社会人のスポーツ人口を増やし、かつ孤独感を解消するためには、企業等雇用者側が福利厚生としてスポーツジムの利用を社員に推奨する、という方法が挙げられる。

3 ⓒもちろん、すべての企業内にスポーツジムを開設することは難しい。しかし、企業側が一般のスポーツジムと提携して利用料金を下げる、あるいは無料にすることで、余暇の時間にスポーツを行いやすくなるだろう。また、もしオフィス内に開設することができれば、スポーツジムに通うための時間を設けずとも、退勤後や休憩中にすぐスポーツをすることが可能になる。ジムに通うことで、仕事中の関係にとどまらない関わりが生まれ、そこで築かれた関係性は広がりが期待できるため、日常的に互助的なコミュニティを実感できることにもつながる。ⓑこのように日本のスポーツ人口を増やし、かつ実施者の孤独感を解消するためには、福利厚生としてのスポーツジムを増設するのが一つの方法として有効だと考える。（593字）

「まさに」が〈世間でよく言うところの〉という意味なのか課題文で述べていることを示すのかがあいまいになっています。引用は引用の形で示しましょう。

問一　添削例２

1 ⓐ課題文の筆者は、日本人のWell-beingの度合いが世界の中でも低いことを挙げ、これを改善するために、スポーツによって孤独感を解消することや、社会的なつながりを生み出すことの重要性を指摘している。私はこの主張に賛成する。一人暮らしをする人が増えている現在、孤独感を抱える人は増えているはずだ。ⓑスポーツ人口を増やすための方法を考え、早急に実践すべきである。

2 ⓒ確かに、孤独感を解消するためにできることは他にもあるが、スポーツ、とくにチームとして戦うスポーツは、チームの強化や勝利といった共通の目標をもちやすく、またそれらの目標のための定期的な練習も必要になることから、強いつながりを形成しやすいという利点がある。さらに身体を動かすことは本来楽しいことであるため、Well-beingの向上、すなわち「健康」と「幸福」向上のためにスポーツを実践することは、非常に理にかなっていると言えるだろう。私自身もこれまで部活動として六年間バレーボールを行ってきたが、心身双方の健康を実感できるだけではなく、そこで一緒に長い時間を過ごしてきた部員たちは、まさに「互助的なコミュニティ」であると言えるだろう。

3 日本人の孤独感を解消し、周囲の人間とのつながりを実感するためには、今運動習慣のない人たちにできるだけスポーツに参加できるような方法を模索していく必要があると考える。（566字）

引用の形をとっていませんが、内容は課題文の内容そのままです。引用したことを示しましょう。

評価基準を踏まえた添削コメント

ⓐ課題文の論旨を踏まえている

○日本人の孤独感を解消してWell-beingの度合いを上げるための方法としてスポーツを重視していることを適切に引用し、論旨を押さえていることを示せています。

ⓑ問題の要求に対する答えを明確に示している

×「スポーツ人口を増やすための方法を考え、早急に実践すべき」としか述べられていません。具体的な方法や対策を論じることが課題の要求であることを踏まえましょう。

ⓒ主張の根拠を示している

×スポーツを通して孤独を解消できる方法のようですが、途中で「健康」と「幸福」向上のためにスポーツを実践することのよさに論がずれてしまい、「一緒に長い時間を過ごしてきた部員」を「互助的なコミュニティ」というのも唐突です。スポーツを通して孤独を解消できる方法につながる根拠を示しましょう。

改善例（※マーカー部分を中心に書き直している）

1 ⓐ課題文の筆者は、日本人のWell-beingの度合いが世界の中でも低いことを挙げ、これを改善するために、スポーツによって孤独感を解消することや、社会的なつながりを生み出すことの重要性を指摘している。筆者の指摘を踏まえ、ⓑスポーツ人口を増やす方法として私が考えるのは、地域規模の公的なスポーツイベントの開催である。

2 ⓒスポーツをしたくても、自分の地域にどのような運動施設があって、どのような条件で利用できるのかなどを知らない人は少なくない。私の祖父は元水泳部で泳ぐことが好きだったが、公共のプールのある公園の近所に暮らしているのに、その公園内にプールがあることも、六十五歳以上が無料で利用できることも知らなかった。公共の運動施設は、ウェブサイトが見にくかったり更新されていなかったりと、直接行かなければわからない場合も多い。祖父のように、機会と場所があればスポーツをしたいと考えている人は、他にもいるだろう。

3 ⓑそこでそのような人をターゲットにした、同地域の各運動施設のさまざまな種類やレベルでのスポーツイベントの開催を提案する。しっかりとPRを行い、見学や参加を自由にすれば、潜在的なスポーツ人口を施設利用者として獲得できると考えられる。このようなスポーツイベントを通して、自らも仲間とともにスポーツを楽しもうとする人が増加すれば、社会的なつながりが生まれて孤独が解消され、Well-beingの向上も期待できる。（592字）

※問題は本体P196

解答例

問一 例

ⓐ図Ⅰ・2によると、日本の若者は、ⓑ自分にある程度以上満足している割合が約四十五%、ⓒ自分の将来にある程度以上明るい希望を持っている割合が約六十%だが、どちらも七か国中最低である。また、図3によればⓓ社会で成功する要因に「身分・家柄・親の地位」を挙げた割合は約七%で他国と比較して約半数~六分の一と顕著に低く、対照的に七か国中最も多い割合の回答は「個人の才能」「運やチャンス」でそれぞれ二十%程度である。（198字）

評価基準

ⓐ何のデータを踏まえているのか（「図○によれば」「△△による◇◇年の調査の結果」など）について言及している

ⓑ図1における日本の「（どちらかといえば）そう思う」という回答が七か国中最低であったことに、数値に言及しつつ触れている

ⓒ図2における日本の「（どちらかといえば）希望がある」という回答が七か国中最低であったことに、数値に言及しつつ触れている

ⓓ図3における日本の「身分・家柄・親の地位」という回答が七か国中最低、「個人の才能」「運やチャンス」が最高であったことに、数値に言及しつつ触れている

問二　例1

1 ⓐ日本の若者は現状に満足しておらず、自分自身で人生を切り拓くべきだと考える傾向があると言える。ⓑ親の地位、経済力からの影響の大きさから一時期「親ガチャ」といった表現がテレビやインターネット等で話題になったが、実際には成功するか否かを親のせいにせず、自分次第で人は成功するものだと考えている若者の意識が、内閣府の調査から明らかになった。

2 この調査によれば、日本の若者は自分自身や将来を低く評価する傾向が対象国の中で最も強いが、成功する要因として努力や自分個人の才能、運やチャンスといった自分次第のものを挙げる割合が高いという。こういった傾向は、日本の若者の克己心の強さを表していると言える。

3 ⓒ格差社会によって社会の分断が進むことが懸念されているが、若者は自身の将来が家柄や親の地位で決定されるものではないとみなしていると考えると、そこに格差の拡大を抑制する可能性を見出せるという点で、評価できると考える。（397字）

評価基準

ⓐ図1〜3から考察した、日本人の若者の傾向を明示している

↓図1〜3のデータと矛盾しない、妥当な判断を示している

ⓑ図1〜3のどの点からⓐの傾向が導かれているのかに言及している

↓日本人の若者の自分自身に対する満足感の低さ（図1）、将来に対する明るい希望を持つ割合の低さ（図2）に触れ、一方で「身分・家柄・親の地位」の回答の少なさや「個人の才能・運やチャンス」が比較的多いこと（図3）を挙げている

ⓒどのような点でⓐの傾向をどう評価するかを具体的に示している
↓単に「評価する／しない」だけではなく、どのような判断でそう評価するかに触れている

例2

1 ⓐ日本の若者の特徴的傾向として、自責による自己肯定感の低さが指摘できる。ⓒこの傾向は、福祉への消極的な態度につながる点で評価できない。

2 ⓑ内閣府の調査によると、日本の若者は、自身への満足感や将来への明るい希望を持つ割合が、対象国中最も低い。また、社会で成功する要因としてとくに日本で多く回答されるのが、才能や努力であるのに対して、特徴的に少ないのが自分自身に起因しない要素を含む家柄や親の地位である。それを踏まえると、成功は自分自身の問題だと考える傾向が強いといえ、ここから、日本の若者が自分自身や将来を悲観する原因を自身に見出していることがうかがえる。

3 ⓒ現状や将来が望ましくない原因は当人にあると考えてしまうと、生活等に困る人への援助に正当性を感じなくなる恐れがある。困窮の原因を多角的視点でとらえ、社会として援助していくことで福祉が成立していることを考慮すると、日本の若者の意識は変革すべきだと考えられる。（400字）

評価基準

ⓐ図1～3から考察した、日本人の若者の傾向を明示している
↓図1～3のデータと矛盾しない、妥当な判断を示している

ⓑ図1～3のどの点からⓐの傾向が導かれているのかに言及している
↓日本人の若者の自分自身に対する満足感の低さ（図1）、将来に対する明るい希望を持つ割合の低さ（図2）に触れ、かつ「身分・家柄・親の地位」の回答の少なさや「個人の才能」が比較的多いこと

（図3）から考察している

ⓒ**どのような点でⓐの傾向をどう評価するかを具体的に示している**

↓単に「評価する／しない」だけではなく、どのような判断でそう評価するかに触れている

設問解説

問一

ⓐ 3-2 **設問や図表のタイトル、縦軸横軸などから、図表が何を表すのかを把握する**

今回は設問文と図の縦軸から、日本と韓国・アメリカ・イギリス・ドイツ・フランス・スウェーデンを比較した、満十三歳から満二十九歳までの男女が対象で、内閣府による二〇一八年の「我が国と諸外国の若者の意識に関する調査」であることがわかります。回答でこれらすべてに触れる必要はありませんが、**どのデータをもとにして述べているのか、解答のみからある程度わかるように引用するとよいでしょう**。同様の調査等を行ったデータであっても、結果が異なることは考えられるので、他のデータではなく、課題で示されたデータをもとにしていることを明確にしておくためです。

ⓑ～ⓓ 3-2 **図表の特徴を読み取る**

図1～3は、タイトルに示された質問に対しての回答の割合を国ごとに示したものです。日本とその他の国を比較した上で、日本にはどのような特徴があるのかを答えましょう。また、**図表から読み取ったデータを示す際には、数値を用いて客観的に示す必要があります**。

問二

ⓐ 3-3 **図表から考察した傾向を考察して示す**

問一で記述したデータから、日本人の若者にはどのような傾向があるかを考察しましょう。その際に着目すべきは次の通りです。

> **図1**…自分自身に対する満足感の低さ
> **図2**…将来を悲観する割合の高さ
> **図3**…日本の若者が考える成功の要因として親の地位や身分等を回答する割合の低さ、個人の才能、運やチャンスと回答する割合の高さ

これらをもとに指摘できる傾向を考察します。**ここで示すことが求められているのはあなたの考えなので、データを根拠としながら考察しましょう**。

解答例1は、〈個人の才能〉〈運やチャンス〉によって成功できるか否かが決まる、というデータを評価する方向で考察したものです。現状や将来に満足していない（→**図1**、**図2**）ことを、理想の高さによるものととらえ、その満足できなさを個人で挽回できるものと日本の若者が考えていると考察しています。

解答例2は、**図3**で自分自身に起因する内容を答える割合が高いこと、自分に起因しない要素の割合が低いことを、自責的であるととらえ、自分に非があると考えやすいために自己に対して悲観的であると考察しています。

ⓑ 3-4 **ⓐで示した考察の根拠を示す**

あなたの考察が**図1〜3**を通してどのデータから導かれているのかを示しましょう。単にデータを列挙するのではなく、あなたの考察に関連したデータを具体的に示します。

ⓒ 10-1 **ⓐで示した傾向に対する評価を示す**

ここでもあなたの考えを問われているので、評価できるという結論でも、そうでなくても構いません。ただ、**どのような観点から何を基準に評価するのかを明確にした上で評価を行いましょう**。また、客観的・論理的な小論文を書くために、それが個人的な感覚や感想で終わらないよう、ある程度評価が一般的な内容になるように注意します。

> **解答例1**…克己心の表れと言える→**評価できる**
> **解答例2**…望ましくない状況は、その状況にいる当人に非があるという意識の表れと言える→福祉の理念に反する懸念→**評価できない**

そして、その評価の観点がなぜ必要、あるいは妥当だと言えるのかを説明しましょう。あなたがcのように評価す

る背景を示しておくことで、読者はあなたの考えを理解しやすくなります。

解答例1
…社会的格差の拡大が問題となっている→日本の若者の意識は、これを抑制できる可能性がある
→**親の影響で成功できるか否かが決まっている、という諦めの傾向が強くないため**

解答例2
…福祉は社会の中で他者とともに生きていくために必要な理念である→日本の若者の意識は、これを脅かす可能性がある
→**生活困窮者の責任は社会ではなく当人にあるとみなすことにつながるため**

■**書き方の注意点**

図表を読み取り解答を作成しようとする際には、書こうとする内容が、データに表れた事実であるのか、データから推測できる内容であるのか、データから飛躍した思い込みであるのかを自身で区別しながら情報を取捨選択・整理しましょう。たとえば、**図1**についてなら、次のようになります。

事実
・「日本人は他の七か国と比較して自分自身に満足していると答える割合が低い」
・「日本人が自分自身にある程度以上満足していると答える割合は、約四十五％である」

推測
・「自分に満足していると答える日本人の割合の低さには、日本人の多くが自己肯定感を高く持てていないことが表れていると考えられる」

飛躍
・「自分に満足していると答える日本人の割合の低さは、日本人が自己肯定感を持てていないことを表している」（→あたかも事実であるかのように決めつけている）

データから飛躍した内容を事実のように書いてしまうと、データの誤読や改ざんとみなされ、大きな減点の対象となります。事実は事実として、推測は推測としてはっきり示しましょう。表現の仕方でも、「推測」と言える範囲なのか「飛躍」となってしまうのかが変わってしまうので、十分に注意しながら解答を作成しましょう。

図表から読み取ったデータを示す際は、主観的な表現は避けましょう。

問一　添削例

ⓐ日本の若者は、ⓑ自分自身に満足している割合とⓒ社会に希望を持っている割合が非常に低くなっている。また、ⓓ社会に出て成功するための要因に「身分・地位・親の年齢」と答えたのは約七%で、これも驚くほど低い。逆に「個人の才能」「運やチャンス」はそれぞれ約二十%で、他の国の中で最も多く回答があった。成功の要因として最も多くの日本人が回答したのは「個人の努力」で、この回答は全体の約三十一パーセントを占めていた。（198字）

単に日本で多かった回答を示してしまっています。この項目は他国でも少なくなく、日本の特徴とはいえません。

評価基準を踏まえた添削コメント

ⓐ何のデータを踏まえているのか（「図○によれば」「△△による◇◇年の調査の結果」など）について言及している

×解答で示されるデータが何からの引用なのかをまったく示さないと、いつの時代の若者の話なのか、後で示される「他の国」とはどの国を指すのかなどが不明となり、論理的な文章とはいえません。

ⓑ図1における日本の「(どちらかといえば)そう思う」という回答が七か国中最低であったことに、数値に言及しつつ触れている

△図1から読み取れる〈自分自身に満足している割合〉の低さには言及できています。しかし、回答の割合、あるいは他国との比較が示されないため、客観性・具体性を欠いています。

ⓒ図2における日本の「(どちらかといえば)希望がある」という回答が七か国中最低であったことに、数値に言及しつつ触れている

×図2は「自分の将来に明るい希望を持っているか」を問うた結果を示すもので、社会に対する希望があるか否かを示すものではなく図の示す内容を誤解しています。また、回答の割合、他国との比較もありません。

ⓓ図3における日本の「身分・家柄・親の地位」という回答が七か国中最低、「個人の才能」「運やチャンス」が最高であったことに、数値に言及しつつ触れている

△いずれも、数値を挙げながら説明することはできていますが、「身分・家柄・親の地位」の数値に対して「驚くほど低い」という主観的な表現や不必要な内容が混ざっており、数値の対比関係がわかりづらい文章になっています。

改善例（※マーカー部分を中心に書き直している）

ⓐ内閣府による「我が国と諸外国の若者の意識に関する調査」で、日本の若者は、ⓑ図1の自分自身に満足している回答で「そう思う」が約十%、ⓒ図2の自分の将来に明るい希望があるという回答が約二十%と調査国中最低であった。また、ⓓ図3の社会で成功する要因に「個人の才能」「運やチャンス」と回答したのはそれぞれ約二十%で、調査国中最多だった。これに対し「身分・家柄・親の地位」を挙げたのは約七%と参加国中最低であった。（199字）

「先進国すべての中で」という意味にとれる表現なので避けましょう。図１～３で示される７か国を先進国のすべてとみなすことはできません。

問二　添削例１

１　ⓐ図Ｉ～３より、日本の若者には悲観的な傾向があると考えられる。ⓒこれは、現状や将来のさまざまなリスクを想定し、慎重に計画を立てることにつながる姿勢であり、評価できると考える。

２　ⓑ日本の若者は自分自身に満足していると答える割合、自分の将来に明るい希望を持っているとする割合が、先進国の中で最も低い。また、社会で成功する要因として、親の身分、家柄や地位といった要素を、他国と比較して低く見積もっているというデータもある。ⓐここから、日本の若者は現状や未来を悲観する傾向が強いと指摘できる。

３　ⓒ現状や将来に対して悲観的であるということは、自身や自身が身を置く環境に対してマイナス要素を発見・想定できているということである。このような傾向を、自分自身だけにとどまらず、社会全体のリスク予測、リスク回避に活かすことができれば、日本の経済成長につながるのではないだろうか。

（373字）

最終的な主張を疑問文にするのは避けましょう。判断を採点者に委ねてはなりません。

評価基準を踏まえた添削コメント

ⓐ図１～３から考察した、日本人の若者の傾向を明示している

×図１・２を踏まえた傾向を明示しているが、図３を踏まえているとはいえません。

ⓑ図１～３のどの点からⓐの傾向が導かれているのかに言及している

△それぞれの図の特徴は適切に説明できています。しかし、「社会で成功する要因として、親の身分、家柄や地位といった要素を、他国と比較して低く見積もっているというデータ」という記述から、なぜ悲観的傾向を導いているのか説明できていません。

ⓒどのような点でⓐの傾向をどう評価するかを具体的に示している

△「現状や将来のさまざまなリスクを想定し、慎重に計画を立てることにつながる姿勢」という点で評価すると明示しており、〈社会全体のリスク予測、リスク回避に活かすことができれば日本の社会に貢献できる〉という最終段落の主張に導く上で矛盾はありません。しかし、最終段落でなぜ「経済成長」に限定した貢献にしているのかがわからない内容になっていますので、社会の傾向としてまとめましょう。

改善例（※マーカー部分を中心に書き直している）

1 ⓐ図1～3より、日本の若者には、社会で成功する要因を未来に求める一方で自身の現状や将来に悲観的な傾向があると考えられる。

2 ⓑ日本の若者は、図3によれば、社会で成功する要因として、親や家柄といった既得の条件よりも、個人の才能や努力、運やチャンスなど未来で実現可能な要素を重要視する傾向が強い。しかし図1・2によれば、自分自身に満足している割合、自分の将来に明るい希望を持っている割合は、図に示される七か国の中で最も低い。ⓐここから、日本の若者は未来を重視するが、今後を悲観する傾向が強いと指摘できる。

3 ⓒ現状や将来に対して批判的かつ未来を重要視できるということは、自身や周囲の環境に対してマイナス要素や危険因子を発見・想定できることにつながる。単に悲観するだけでなく、悲観する要素がどこに起因するのかを探れば、自分自身や、自分の所属する社会の改善点を見つけることにつながるという点で、生産的な傾向であると言える。（400字）

この場合「私も」という表現は、主観的なものになってしまうので避けましょう。

問二　添削例2

1　ⓐ図１・図２から、日本の若者の謙遜を美徳とする傾向が見てとれる。ⓑ日本の若者が自己に対して満足感を持つ割合や自己の将来に明るい展望を持つとする割合は他の調査対象国と比較すると格段に低いが、これは、他者に対して自己を低く評価することをよしとする感覚によるものである。ⓒこの感覚は、同じ日本の若者である私も共有できるものであり、同じ日本人として好ましい傾向であると評価する。

2　また、ⓑ図３からは成功の条件として、自分の才能や努力、運やチャンスを重視するという特徴を見ることができる。これを図２のデータとあわせて考えると、ⓐ日本の若者は、自分が今後うまく行かなかった際、他者を責めずに自分の才能や努力、運やチャンスが足りなかったからだと考えることが示される。ここには、日本の若者の自責的思考傾向を見出すことができるだろう。ⓒこれも、控えめで奥ゆかしい日本人らしさの表れとして評価できる。（383字）

「見てとれる」という主観的な表現ではなく、図１・図２のデータから客観的に読み取ったことを記しましょう。

評価基準を踏まえた添削コメント

ⓐ図１～３から考察した、日本人の若者の傾向を明示している

× 図１・２で扱う質問への回答が謙遜によるものだと断定したり、図２・３の回答から〈挫折した際には自分を責める〉という飛躍した考察を示したりするなど、客観的に図表のデータを分析しているとはいえません。

ⓑ図１～３のどの点からⓐの傾向が導かれているのかに言及している

△ 各データが示す特徴を踏まえた上で、かつそのどの点からそれぞれの傾向を導いたのかを説明しようとする姿勢は見られます。しかし、数値がなく内容もまとまっていない構成になっています。

ⓒどのような点でⓐの傾向をどう評価するかを具体的に示している

×「同じ日本人として」「控えめで奥ゆかしい日本人らしさの表れとして」という偏った思いこみから説明されており、具体的・客観的な説明がされていません。たとえば、図から読み取れる日本人の若者思考傾向を国際社会のコミュニケーションにおいてどうなのかを考察してみましょう。

改善例（※マーカー部分を中心に書き直している）

1 a 図1～3からは、日本の若者が自己を責め、低く評価する傾向がうかがえる。

2 b 図1～3によると、日本の若者は、成功の条件として、親や家柄といった要素よりも自分の才能や努力、運やチャンスといった自身に関わる要素を重視する特徴がある。また、自己に満足感をもつ割合や将来に明るい展望をもつ割合が、他の調査対象国より格段に低い。とくに図1の自分自身に満足しているという回答は他国と約二十～五十ポイントもの差が生じており、日本の若者が自己を過小評価している可能性も指摘できる。

3 a このような自己否定的、自責的傾向には、日本人が謙遜を美徳とすることの影響もあるだろう。c しかし、物事を客観的に認識せず自責的思考に陥ったり、実際とは異なる内容を謙遜として言葉にしたりすることは、文化の異なる相手には理解されづらい。日本の若者の思考傾向は、国際社会でコミュニケーションを図る時に大きな妨げになる可能性が高く、評価できないと考える。（400字）

解答例

問一 **例**

ⓐ一方の立場は、国際化のためにはローカルな言語を使うのではなく英語のような全世界で共通する言語を採用することがよいと考え、オペラにしても原作の言語で上演することこそが「本格的」であるとみなす立場である。ⓑもう一方の立場は、自国の言葉をベースにして世界の伝統ある国々と比べても引けをとらない文化を構築し、それを世界に向けて開いてゆこうとする強い意志をもち続けることこそが真の国際化であると考える立場である。（200字）

評価基準

ⓐ全世界で共通の言語を使うこと、原作の言語でオペラを上演することを「本格的」とみなす立場であることを説明している

ⓑ自国の言語を用い、国際社会で確かな地位を得られる文化を構築することが国際化であると考える立場を説明している

問二 **例1**

1 ⓐローカルな言語を放棄して公用語を採用する「国際化」に対して、日本陸連が自国語で陸上競技スタートの号令を定め、文化を世界に開こうとする姿勢をⓑ筆者は「もうひとつの国際化」と礼賛する。ⓒしかしこのような姿勢は「文化の国際化」には有効だが、統一された基準による国際的な制度運用の場合とは区別すべきだと私は考える。

2 ⓓ民族の来歴や慣習を背景にもつ地球上の文化は多様であり、中でも言語は文化の中核にあるものである。世界中の国が一堂に会するオリンピックでの号令に開催国が自国の言語を使い、その言語を世界に知らしめようと試行錯誤することは、文化の国際化に一役買うと期待される。しかし他方、現代世界では金融や安全保障などを含む実利的な制度が世界同一の尺度で運用されている。前者は試行錯誤を伴う体験であってよいが、後者は誰が扱っても同じ結果を得られる標準化されたシステムでなければならない。オリンピックも、全参加国が同一の条件でメダルを争う競技の場ととらえるならば、開催国だけに有利となりかねないローカルな言語ではなく、事実上の国際語である英語や国連の公用語など汎用性のある言語を用いることが公平性にはかなう。

3 ⓒ文化接触の場での「もうひとつの国際化」は否定されるべきではないが、今日の地球社会は「ひとつめの国際化」ともいうべき制度の標準化にも支えられている。我々は二種の国際化を区別して考えるべきである。（588字）

評価基準

ⓐ**「オリンピック」または「オペラ」に触れて書いている**

→本文で言及されたオリンピックの号令について書いている

ⓑ**「もうひとつの国際化」とそれに関する筆者の見解を正しく把握している**

→筆者が「もうひとつの国際化」に肯定的であることを記している

ⓒ**自分の考えを適切に書いている**

→「文化の国際化」と「国際的な制度運用」は性質が異なることを示している

ⓓ筋道立った論証をしている

→「文化の国際化」と「国際的な制度運用」を対比させ、両者の違いを論じている

例２

１ ⓐオペラを原作の言語ではなく自国語で上演することは ⓑ国民文化の構築につながり、帝国主義的な国際化とは異質の「もうひとつの国際化」に通じるとして筆者はこれを支持する。ⓒ自国語でオペラを上演することは、国際化が進む現代のあるべき文化受容の姿であると私は思う。

２ ⓓあらゆる文化事象はそれを担う集団の価値観や感受性と不可分であり、どんな異文化もそれまで自分が培ってきた価値観や感受性のフィルターを通してしか受容できない。とくに言語は人間の最も根幹に関わっており、類義語の細かいニュアンスをはじめとして外国語を母語と同じように理解することは難しい。したがってオペラも自国語で上演される場合の方が深い理解を可能にする。そして、母語を通して受容された異文化が在来の文化と相互に好影響を与え合うことは、新たな国民文化を生み出す素地ともなる。さらに、国際化が進展し文化接触が著しい現代では、本場の文化が外部からの刺激を受けて洗練されることも十分に期待できる。

３ ⓓ確かに、他言語への翻訳が元の文化の伝統を傷つけその純粋性を汚すという批判もあるだろう。しかし文化とは人間の不断の活動が支える動的なものであり、その伝統や純粋性を保守することが文化の目的ではない。ⓒ国際化を背景に人類の多様なエネルギーが関わって文化が活性化することは望ましいことである。その意味でも、人類の文化活動は一部の帝国主義的な動きに吸収されてはならない。（594字）

評価基準

ⓐ「オリンピック」または「オペラ」に触れて書いている

→本文で言及されたオペラの上演言語について書いている
ⓑ **「もうひとつの国際化」とそれに関する筆者の見解を正しく把握している**
→筆者が「もうひとつの国際化」に肯定的であることを記している
ⓒ **自分の考えを適切に書いている**
→筆者の考えを異なる側面から論じ、考察を深めている
ⓓ **筋道立った論証をしている**
→文化接触の実際を、段階を追って論じ、また予想される反論を示している

設問解説

問一

ⓐ 4-1 **「国際化」についての一方の立場**

問一では、「国際化」という言葉に対して相反する二つの考え方（立場）があるとする本文を読んで、「国際化」についての立場（見解）の違いをまとめることを求めています。本文ではオリンピックの会場で用いられる言語と、オペラの上映の際に用いられる言語を例にして記述されています。

まずはこれらの例を通して、二つの立場の違いを読み取りましょう。

ひとつめは、今日「国際的」とされる考え方によるものです。全世界での共通語である英語を使って号令をかけたり、「本場」の言葉でオペラを上演したりすることが「本格的」であるとする立場です。**「全世界で共通する言語」と「ローカルな言語」という対比でまとめ、前者を使う方が「本格的である」とみなす立場であることが指摘できればよいでしょう。**

ⓑ 4-2 **「国際化」に関するもう一方の立場**

これも本文に書かれた事例に沿って考えましょう。オリ

ンピックの会場で採用されるかけ声は、当初は英語の「オン・ユア・マーク、ゲット・セット」が採用されていましたが、その後「邦語化」（日本語化）の動きが生じ、「位置について、用意」という提案が採用されました。これと同じ向きにあたるのは、オペラの日本語上演です。「原語上演より日本語上演の方が『本格的』である」とされました。

ⓐに対して、こちらの立場は次のようにまとめられています。

> 自国の言葉をベースにした文化をしっかり形作ってゆくことこそが、世界に出して恥ずかしくない、近代国家にふさわしい「国民文化」のあり方だと考えられていたのである。

言ってみれば、言語という表面的なところだけを世界共通にするのではなく、**ローカルな言葉を使ってオリンピック競技やオペラと接することで、文化そのものを理解し、形作ろうとする立場です**。なお、**a**と**b**は順不同であり、二つが区別されていれば各順序は逆でも一向に構いません。

ⓑ 4-3 **「もうひとつの国際化」とそれに関する筆者の見解**

問一は国際化に関する二つの立場を整理する問題でした

問二

ⓐ 4-3 **「オリンピック」または「オペラ」に触れて書く**

「『オリンピック』または『オペラ』のいずれかの話題に即して」という**設問の指示を満たす**ための項目です。**解答例1**はオリンピック、**解答例2**はオペラに即して書かれています。

また、「もうひとつの国際化」とは**問一**ⓑの解説で示した立場、すなわち、**世界共通語の英語や原語を使うのではなく、ローカルな言語を使う立場であることも確認しておきます**。**解答例**では次のようにまとめました。

> **解答例1**
> ローカルな言語を放棄して英語を採用する「国際化」に対して、日本陸連が自国語で陸上競技スタートの号令を定め、文化を世界に開こうとする姿勢
>
> **解答例2**
> オペラを原作の言語ではなく自国語で上演することは国民文化の構築につながり、帝国主義的な国際化とは異質の「もうひとつの国際化」に通じる

が、**問二**はそのうちの一方の立場である「もうひとつの国際化」についてどう考えるかを書くことが課題です。

その前提として、筆者はこの「もうひとつの国際化」を支持する立場であることを確認しておきます。それは、本文末尾の次のような文言から確認できます。

> そこにある「もうひとつの国際化」の姿は、「国際化」というと「英語帝国主義」的なあり方しか思い浮かばなくなってしまった今のわれわれに対して、一石を投じているようにすら思える。

「国際化＝英語帝国主義」というある意味で硬直化したものの見方に「一石を投じているようにすら思える」と筆者は書き、「国際化」とは何かを問い直すきっかけになると考えていることがわかります。これで、「もうひとつの国際化」という言葉で筆者がどのようなことを想定しているか、またそれをどう考えているかがわかりました。

c 9-2 自分の考えを適切に書く

筆者のいう「もうひとつの国際化」をどう考えるか、筋道立てて書くことがここでの課題です。

bで確認した通り、筆者は「もうひとつの国際化」を、今現在の「国際化」の状況に一石を投じるものとして評価しています。**ここで問われているのは、いわば国際社会においてどのような言語を用いるべきかということであり、言語と文化との関係をどう考えるかという問題でもあります**。


賛成の立場を示す場合には、〈現在の英語帝国主義的状況に一石を投じる〉という見解をなぞるだけではなく、また別の点から「国際化」にとって有効な視点であることを示せばよいでしょう。

反対の場合には、たとえば実効性の面から疑問を投げかける、といった方向性が考えられます。

解答例1は、オリンピックにせよオペラにせよ、「国際化」であることは事実ですが、そこでの「国際化」は「文化交流」という一側面をもっていることに注目したものです。一方で「国際化」といっても経済や安全保障などの国際化は誰にとっても標準化されている必要があり、別物だとする見解を示しています。

> 文化接触の場での「もうひとつの国際化」は否定されるべきではないが、今日の地球社会は「ひとつめの国際化」ともいうべき制度の標準化にも支えられている。我々は二種の国際化を区別して考えるべきである。

解答例2はオペラの例に即して、「もうひとつの国際化」を支持する考えを示したものです。本文はローカルな言語で対象（ここではオペラ）と向き合うことが、〈国際化が進む現代にふさわしい『国民文化』〉だとしています。

これに対して、異文化接触への批判を取り上げた上で、ある異文化をコピーして取り入れるのではなく、ローカルな言語でかみ砕いて吸収する過程で文化接触が起こり、そのことがより次元の高い文化を生み出すという意義を見出しています。そして、結論として次のようにまとめます。

> 国際化を背景に人類の多様なエネルギーが関わって文化が活性化することは望ましいことである。その意味でも、人類の文化活動は一部の帝国主義的な動きに吸収されてはならない。

d 9-1 **筋道立った論証**

解答例1は、「文化の国際化」と「国際的な制度運用」を区別すべきであるという視点が出発点にあります。そこで両者を対比させて記述しました（2段落）。

> 民族の来歴や慣習を背景にもつ地球上の文化は多様であり、中でも言語は文化の中核にあるものである。

> 世界中の国が一堂に会するオリンピックでの号令に開催国が自国の言語を使い、その言語を世界に知らしめようと試行錯誤することは、文化の国際化に一役買うと期待される。
>
> ⇔ **〈しかし他方〉**
>
> 現代世界では金融や安全保障などを含む実利的な制度が世界同一の尺度で運用されている。

文化接触は「試行錯誤を伴う体験であってよい」が、経済などの実利的なシステムは完成された標準システムであることが必要です。すると、**現在のように英語などの共通言語が国際語として機能していることが、システムを維持する上では必要だというわけです。**

解答例2では、言語と文化の関係性と、ローカルな言語を用いることの意義を論じ、文化接触と文化の変容の実際とあるべき姿に言及しました。

> あらゆる文化事象はそれを担う集団の価値観や感受性と不可分であり、どんな異文化もそれまで自分が培ってきた価値観や感受性のフィルターを通してしか受容できない。とくに言語は人間の最も根幹に関わっており、類義語の細かいニュアンスをはじめとして外国語を母語と同じように理解することは難し

い。（言語と文化の関係）
↓**したがって**
オペラも自国語で上演される場合の方が深い理解を可能にする。（ローカルな言語を用いることの意義）
↓
母語を通して受容された異文化が在来の文化と相互に好影響を与え合うことは、新たな国民文化を生み出す素地ともなる。さらに、国際化が進展し文化接触が著しい現代では、本場の文化が外部からの刺激を受けて洗練されることも十分に期待できる。（文化接触の姿）

文化の変容に対しては、次のように純粋性を守るべきだという反論を予想し、**書き手の考える「文化像」**を示しています。

他言語への翻訳が元の文化の伝統を傷つけその純粋性を汚すという批判もあるだろう。しかし文化とは人間の不断の活動が支える動的なものであり、その伝統や純粋性を保守することが文化の目的ではない。

問一　添削例

ⓐ今のわれわれにとって「国際化」というと「英語帝国主義」的なものになってしまったと筆者は述べる。しかし、ⓑかつての日本には、日本語をベースにして自国の文化を積み重ねつつ、それを何とか世界に開いてゆこうとする強い意志が感じられるという。これは、「もうひとつの国際化」の姿である。（136字）

要約の場合は、「〜と筆者は述べる」「課題文では〜と指摘される」「（課題文では）〜という」のような引用を示す表現は不要です。

評価基準を踏まえた添削コメント

ⓐ全世界で共通の言語を使うこと、原作の言語でオペラを上映することを「本格的」とみなす立場であることを説明している

×「英語帝国主義」的、という表現のみでは、これがどのような立場であるのか不明瞭である。よりわかりやすく説明している箇所をもとに要約を完成させましょう。また、「〜になってしまった…」と、この「国際化」に対する筆者の批判的な意見が反映されていますが、今回の問いでは、「国際化」に対する立場の違いを説明することが求められています。筆者の主張や考えを含めて要約することは求められていないので、『国際化』に対する一般的な立場は……というものである」のように示せばよいでしょう。

ⓑ自国の言語を用い、国際社会で確かな地位を得られる文化を構築することが国際化であると考える立場を説明している

△課題文の「近代国家たらんとした日本が、まずは世界の先進国に匹敵するオペラ文化を自国語によって築き上げなければならないと考えた」という箇所は十分には反映されていないものの、日本語（＝自国語）を用いて国際社会の中に固有の文化を構築しようとする、という点は押さえられています。また、他国の例も課題文中に示されていることを踏まえ、「もうひとつの国際化」の姿を日本の例に限定して示さず、一般化して示すことができれば、なおよいでしょう。

改善例（※マーカー部分を中心に書き直している）

ⓐ「国際化」に対して一般的な立場は、たとえば西洋のオペラを日本で上演するような他国の文化を自国に取り込む際に、自国の言語に翻訳せず原語をそのまま採用するというものである。ⓑもう一方の立場は、近代国家として「国民文化」の形成を目指していたかつての日本に見られたような、原語を自国語に置き換えることで他国の文化を自国の文化として積み重ねつつ、他国との交流も深めようとするものである。（187字）

課題文中の「」などの記号は、可能な限り反映させましょう。筆者が想定する意味とずれる可能性があるからです。

問二 添削例1

1 ⓑ課題文の「もうひとつの国際化」とは、自国語に翻訳して異文化を受容しようとする態度を指しており、ⓒ私は筆者の考えに反対する。

2 ⓐ課題文では一九六四年の東京オリンピックのスタート時の号令が、元の英語から「位置について、用意」に翻訳され使用された例が示されている。ⓓしかし、もしこれが現代のオリンピックであれば、選手たちの間に大きな混乱が起こっただろう。スタート時の号令や試合の進行に関わる用語のような勝敗に大きく関わる言葉を、開催国とはいえ自国のローカルな言語に置き換えるのは、各選手にとって大きな負担となるはずだ。もちろん課題文中には各国選手と交流し試行錯誤の末に日本語での号令がなされたことも示されているが、試行錯誤の時点で、他の選手に不要な負担を強いているとも指摘できる。

3 また、筆者は現在一般的である国際化の感覚を「英語帝国主義的」だと批判している。しかし、オリンピック競技において使用される言語は英語に限定されない。たとえば、フェンシング用語はフランス語。テコンドーの場合は韓国語が中心となっている。スポーツを通じて他国の言語に触れることは、そのスポーツのみならずそのスポーツを育んだ土地や歴史に敬意を払うことに他ならない。

4 ⓒ自国の言語や文化を重視することは当然重要であるが、それは、他の言語や文化を軽視してよい理由にはならないだろう。このような方法で国際化を目論むことは、否定すべきことだと考える。（597字）

一文の途中で句点を打ってはなりません。この場合「フランス語。」箇所で体言止めが使用されていると判断され、減点の恐れがあります。

評価基準を踏まえた添削コメント

ⓐ「オリンピック」または「オペラ」に触れて書いている

○「オリンピック」の例に沿って書くことができています。

ⓑ「もうひとつの国際化」とそれに関する筆者の見解を正しく把握している

△課題文の「もうひとつの国際化」の説明はできていますが、これに対する筆者の見解を説明していません。

ⓒ自分の考えを適切に書いている

×自分の考えを示そうとしていることはうかがえます。しかし1段落で「反対する」とされている筆者の考えがⓑで示されていないため、前にある「もうひとつの国際化」そのものを否定しているように読めてしまい、あなたがどういう立場なのか伝わらなくなっています。

ⓓ筋道立った論証をしている

×最終段落のように考える根拠として2・3段落を示そうとしていることは把握できます。しかし、2段落の根拠とされているのは、「もし〜であれば」という仮定によってなされるもので、事実ではありません。続く3段落では、競技の用語に関する事実を提示できていますが、ここから「スポーツのみならずそのスポーツを育んだ土地や歴史に敬意を払うことに他ならない」とするのは論の飛躍です。2段落で示したような仮定や事実に基づかない推測、3段落の理想論にとどまる内容は、論証の際の根拠になりません。

改善例（※マーカー部分を中心に書き直している）

1 ⓑ課題文における「もうひとつの国際化」とは、自国語に翻訳して異文化を受容しようとする態度を指す。筆者はこれに対し、原語を至上として自国語を軽視する現代の一般的な「国際化」観に一石を投じるものだとし、評価している。ⓒ私は自国語圏でこのような態度をとることは否定しない。しかし、自国語圏外でこのような態度を強行するのは他言語・他文化を軽視する態度であり、評価できないと考える。

2 ⓐ課題文で示される東京オリンピックのスタート時の号令の件のように、ⓓ他言語話者と接触する場においても自国語の使用を強行するのは、他言語や他文化を軽視する行為である。確かに各国選手と交流し試行錯誤の末に日本語での号令がなされたことは示されているが、試行錯誤の時点で、他の選手に不要な負担を強いていたとも指摘できる。

3 各競技では、号令をはじめとする用語がある程度世界共通で決められている。こういった状況にすでに慣れている選手たちに対し無理にローカルな言語に翻訳した用語を使用するのは、とくにスタート時の号令など勝敗に大きく関わるような場面の場合、各選手にとって大きな負担となるだろう。

4 ⓒ自国の言語や文化を重視することは当然重要だが、それは、他の言語や他の言語の使用者を軽視してよい理由にはならない。自国の言語の使用を他言語話者に押しつける意味で国際化を言い立てることは、否定すべきである。（572字）

「わからず」や「わからなくて」が適切です。助動詞「ない」の連用中止として近年見られる表現ですが、書き言葉としては避けましょう。

問二 添削例2

1 ⓑ筆者の評価する「もうひとつの国際化」とは、他国の文化をそのままの形で取り入れようとするのではなく、自国語に翻訳するなどしながら自国の文化と融合させ再形成することで目指されるものである。ⓒ私は、他国の文化を上辺だけでなく、その文化の成立した背景まで理解することが重要であると考える。

2 ⓐ課題文中にはオペラの例が示されるが、オペラを劇の展開に合わせて原語で理解できる人間は、ごく限られるだろう。ⓓ私はオペラを見たことはないが、中学校の行事で狂言の観劇をしたことがある。その時は、大半の生徒が狂言の中で使われている言葉がわからなく、居眠りをしてしまって、あとから先生に怒られた。しかしその後古典文法を学び、その狂言の台本の現代語訳を教えていただいて、本来民衆の娯楽のためのものであったという狂言のコミカルな面白さに気づくことができた。ⓐ原語にこだわらず理解できる言葉に置き換えることで、その文化の理解が進むことはある。

3 ⓓ原語にこだわると、多くの人が未知の文化を理解し、楽しむことができるようになるのは難しい。一部の人だけでなく、多くの人がその文化を理解できるようになることを考えるのであれば、自国語や現代語に置き換えるなどして翻訳し、その文化の背景まで理解できるようにする過程が重要になる。（536字）

「です」「ます」の文末でなくても、小論文での敬語の使用は、基本的に一切避けましょう（課題文を直接引用する場合は例外です）。

評価基準を踏まえた添削コメント

ⓐ「オリンピック」または「オペラ」に触れて書いている

△「オペラ」を挙げていますが、言語の上演か、自国語の上演について述べているのかがあいまいです。

ⓑ「もうひとつの国際化」とそれに関する筆者の見解を正しく把握している

○「もうひとつの国際化」とそれに関する筆者の見解について正しく説明できています。課題文を要約する場合は、筆者の考えや主張に関して問われているわけではなくても「これに対して筆者は……」「筆者同様私も○○を重視する」のような表現で筆者の中心的な考えや主張を含めて示しておくとよいでしょう。課題文とあなたの考えの共通点や、あなたの考えの独自性（オリジナリティ）が明確になります。

ⓒ自分の考えを端的に書いている

×単にあなた自身が国際化に関して重要だと思う点を述べるにとどまり、課題に答えていないように見えてしまいます。課題では「もうひとつの国際化」に対する考えを示すことが求められているので、この国際化とあなたの考えがどのような関係にあるのか(反対/賛成、どの点を評価/批判するのか等)を示しましょう。

ⓓ筋道立った論証をしている

△自身の体験をもとに論理的に意見を述べようとする姿勢は評価できます。しかし「オペラ」と、原語がわからず生徒が居眠りした体験の例として挙げられた狂言との関連が不十分であるので、筋道立てた論証にしましょう。

改善例（※マーカー部分を中心に書き直している）

1 ⓑ筆者のいう「もうひとつの国際化」とは、他国の文化をそのままの形で取り入れようとするのではなく、自国語に翻訳するなどしながら自国の文化と融合させ再形成することで目指されるものである。ⓒ他国の文化を上辺だけでなく理解することを目的とするのであれば、私は、他国の文化を自国語に置き換えた上で取り込もうとする姿勢は、筆者同様重要だと考える。

2 ⓐ課題文中にはオペラの例が示されるが、数世紀に渡るオペラの歴史を考えると、すでに古典となっている脚本を劇の展開に合わせて原語で理解できる他言語話者はごく限られるだろう。ⓓ同じく古典として日本には狂言がある。私の通っていた中学校では狂言の観劇の機会があったが、古語がわからず大半の生徒が居眠りをしてしまった。しかし、その後古典の授業で、その狂言の台本を現代語訳する機会を得て、本来民衆の娯楽であったという狂言の面白さに気づくことができた。ⓐオペラを原語ではなく自国語で上演するように原語を自分が使用する言語に置き換えることで、その文化の理解が進むことはある。

3 ⓓ原語のままでは、多くの人が未知の文化を理解し、楽しむことは難しい。一部の人だけでなく、多くの人がその文化を理解できるようになることを目指すのであれば、自国語や現代語などに翻訳して紹介し、その文化の背景にも説明を加えるという過程が重要になる。（560字）

※問題は本体P218

解答例

問一 例1

ⓐ図1によれば、生産ベースでは家計関連の温室効果ガス排出量は全体の二割程に過ぎないが、図2によれば、消費ベース（カーボンフットプリント）で計算すると家計関連の温室効果ガス排出量は全体の六割以上にのぼり、消費ベースで見ると消費者が環境に大きな負荷を与えていると読み取れる。ⓑカーボンフットプリントは、私たちの消費行動が気候変動にどのような影響を与えるかを統計データで示すことで、ⓒ私たちのライフスタイルが地球環境に大きな負荷をかけていることを可視化し、気候変動等の問題に対して自発的な対策を促す意義がある。（249字）

評価基準

ⓐ図1と図2を比較した上で分析している

↓消費をベースとすることで消費者が環境に大きな負荷を与えていることをデータとして示している

ⓑカーボンフットプリントの概念を端的に説明できている

↓カーボンフットプリントは、消費ベースで統計データを示すものであることを指摘している

ⓒカーボンフットプリントの意義を具体的に説明できている

↓消費が環境に大きな負荷を与えている事実を示した上で、カーボンフットプリントの意義を説明している

問二　例1

1 ⓐ図3は戸建て住宅と集合住宅を比べ、集合住宅の方がCO2の排出量が少なく環境への負荷が少ないことを示す。ⓑこれは消費をベースとして環境への負荷を計算するカーボンフットプリントの考え方に即したものだが、ⓒエネルギー消費の効率性ばかりを強調し住まいと環境の関係をとらえることには慎重であるべきだと考える。

2 ⓓ戸建て住宅と集合住宅では構造が大きく異なる。一軒ずつが独立した戸建てと比べ集合住宅は一般に床面積が小さく、上下左右を隣接の居室に囲まれているため周辺の熱が伝わりやすいので、暖房消費量は少なく済む。集合住宅が戸建て住宅に比べてCO2の排出量が少ないのはそのためである。しかし両者の違いはエネルギー消費量の違いにのみ帰せられるものではない。たとえば集合住宅では大規模修繕や老朽化した建物の建て替えには巨額の費用がかかる、修繕や建て替えの手続きに関して住民の総意を得られず思うように事が運ばないなど、集合住宅もまた固有の問題を抱えている。

3 そもそも住まいとは人間の私生活の拠点であり、人間は消費のためだけに住居を構えているわけではない。住まい方は人間の生と同様に個人の意向や家族構成などを反映した多様なものであってよい。「健康のためならば死んでもよいと考える人がいる」とは過熱する現代人の健康志向を揶揄したものだが、ⓒ人間の住まいと環境の関係も人間の生と健康の関係と同様、どちらか一方が他方に従属するものではない。（599字）

評価基準

ⓐ図3または図4の主題を端的に示している
→図3を、エネルギー消費の観点から論じている

ⓑ「カーボンフットプリント」との関連において論じている

↓図３が家の建て方によるエネルギー消費に関するデータであることを示し、その問題点を指摘している
ⓒ**「私たちの生活のあり方」についての考えを適切に書いている**
↓人間にとって住まいとは何かを深い観点から論じている
ⓓ**筋道立った論証をしている**
↓戸建てと集合住宅の違いを、消費効率だけでなくさまざまな面から論じている

例２

1 ⓐ図４が示す通り、我が国の食料自給率は低下傾向にある。その要因には、後継者不足など生産者側の事情や、海外の割安な農産物を買い付けた方が有利だと考える企業の思惑などが大きく関わっている。ⓑここでは、カーボンフットプリントにヒントを得て、消費者の立場から食料自給率の向上に結びつけるための方策を考えたい。

2 ⓓ消費者の行動が食料自給率の低下を招いている理由として考えられることは何か。第一は、消費者が国内産を選ばないという選択の問題である。外国産の肉や野菜の価格が安いなど個別の事情はあろうが、消費者の側も自給率の向上を念頭に置き、産地に対する意識を高めて行動すべきだ。国内産の大豆や小麦を使用していることを明記した製品などが各社から作られているので、消費者がそうした製品を意識的に選択することで、食料自給率は多少なりとも改善する。

3 第二に、消費をせずに廃棄する、いわゆる食品ロスの問題も見逃すことはできない。自治体による啓蒙活動も行われているように、食料を大量に輸入しながら大量に捨てている現状がある。計画的な購買を心がけ食料の無駄を減らすことは食料輸入を減らし食料自給率を上げることに寄与する。

4 生産者や企業に比べると、消費者の行動が食料自給率の向上に直結することは少ないだろうが、消費

者の数は生産者や企業と比べ圧倒的に多い。ⓒ各人の日常的な意識変革と行動の改善は自給率の向上を十分に促すと考える。（591字）

評価基準

ⓐ図3または図4の主題を端的に示している
→図4から食料自給率の低下を指摘している

ⓑ「カーボンフットプリント」との関連において論じている
→消費者の立場から食料自給率を考えるという視点を導入している

ⓒ「私たちの生活のあり方」についての考えを適切に書いている
→各人の日常的な意識変革と行動の改善を具体的に論じている

ⓓ筋道立った論証をしている
→「第一は」「第二に」という形式を用いて論点が整理されている。

設問解説

問一

ⓐ 5-2 図1と図2の比較・分析

文章をヒントにして、**図1・図2**の違いを比較する上での着眼点を理解します。**図1・図2**は、「カーボンフットプリント」を説明した文章に付されたものです。

「カーボンフットプリント」とは、環境に与える負荷を消費ベースで把握しようとするものであり、**生産ベース→消費ベースという読み替えをすることで、どのような違いが表れるか**が、比較・分析をする上での着眼点です。

図1（生産ベース）では、家計関連の温室効果ガス排出量は全体の二割ほどに過ぎません。

しかし一方、**図2**（消費ベース＝カーボンフットプリント）では、家計関連の温室効果ガス排出量は全体の六割以上にのぼっています。二割対六割、というように、具体的な数字を使って違いを示すことが適切です。その上で消費ベースを見ると、**消費者が環境に大きな負荷を与えている**と指摘できることを説明しましょう。

ⓑ 2-2 **カーボンフットプリントの概念**

カーボンフットプリントが何かについては、課題文で定義されています。

> こうした様々な過程を通じて私たちの消費が気候変動へもたらす影響を消費ベースで把握するのが「カーボンフットプリント」という考え方です。

ⓒ 3-2 **カーボンフットプリントの意義**

これも課題文によれば、次のように書かれています。

> ・地域内で生じる直接的な温室効果ガス排出量だけでなく、輸入品も含め、日本国内での消費がもたらす世界全体における気候変動へのインパクトを明らかにすることができます。
> ・このように、とらえ方を変えるだけで、私たちのライフスタイルが気候変動等の環境問題に大きな影響を与えていることが見えてきます。

生産ベースで見ている場合には、私たちの消費が環境に大きな負荷を与えているという現実は見えてきませんが、消費ベースで統計を出すことで、消費が環境に与えている影響が数字で示されます。そして、**図2**のようにグラフ化することで、**消費が環境に与える負荷の大きさが文字通り可視化されます**。そのことは、**私たちの次なる行動（環境問題への対策など）を促すことにもなると考えられます。**

問二

a 3-3 **図3または図4を「私たちの衣食住」の課題として読む**

図3は、戸建てと集合住宅を比較して、CO_2排出量という環境に与える負荷を示したデータです。戸建て住宅に住まうという形態は、集合住宅に住む場合よりも多くの負荷を与えていることがわかります。これは、衣食住の「住」、すなわち**住まいの形態を、エネルギーの消費という観点**から考察したものです。

図4は日本の総合食料自給率を示しています。食料自給率は年々低下傾向にあること、供給熱量ベースでの食料自給率は生産額ベースのそれより低いことがわかります。食料の生産が環境に与える負荷を考えれば、生産額ベースの方からも日本がこれに関与する割合は低く出ましょう。しかし、供給熱量ベースの食料自給率は四割以下であり、食料を海外からの輸入に多く依存するという現状は、食料生産を自国で行わないで**消費をする比率が高い**ということで

す。すると、**カーボンフットプリントの考え方に基づいて消費ベースで統計を考え直せば、日本の食料の生産において環境に大きな負荷を与えているといえます。**

ⓑ 5-3 **「カーボンフットプリント」との関連において論じる**

図3は、エネルギー消費という視点を手がかりにして、居住形態について考察しています。エネルギー消費という営みから住まいの形態をとらえると、**戸建て住宅よりも集合住宅の方がエネルギー消費は少なく、「効率がよい」というデータ**が出てきていると理解できます。

図4については、ⓐの項目でも確認した通り、食料を海外からの輸入に多く依存し、食料生産を行わないで消費をするということですから、**生産過程で環境に与える負荷が隠されていること**を意味します。カーボンフットプリントによって、その見えなくなっていた部分が明るみに出ます。

ⓒ 7-3 **「私たちの生活のあり方」についての考えを適切に書く**

「カーボンフットプリント」は「消費」という単一の切り口によって私たちの生活を「評価」したものですが、そのような**「単一の切り口」をどう考えるべきか、意見を展開することが課題**です。私たちは「消費者」であると同時に、「生活者」です。「消費者」とは、さまざまな性格をもつ「生活者」の一側面であり、両者の兼ね合いを考えることも興味深い視点と言えるでしょう。

解答例1は、私たちが「生活者」であるという観点から、**衣食住の「住」という人間の営みを消費だけに還元してとらえることに否定的な見解**を示しています。

・エネルギー消費の効率性ばかりを強調して住まいと環境の関係をとらえることには慎重であるべきだと私は考える。
・人間の住まいと環境の関係も人間の生と健康の関係同様、どちらか一方が他方に従属するものではない。

解答例2は、〈消費者であること〉を前面に出しました。**「消費者として食料自給率という課題」にどう向き合うかという視点**で考えています。食品ロスを減らすことが結果的に食料輸入を減らし、消費が環境に与える負荷を減らすという循環です。他に、いわゆるフードマイレージに言及してもよいでしょう。フードマイレージとは、食料生産にかかるコストに、食料の輸送にかかるコストを含めて考える考え方です。食料を海外からの輸入に多く依存しているということは、それだけフードマイレージがかさんでいることを意味します。海外から輸入された食料に頼ることは、それにかかる輸送面においてもエネルギー消費を行っていることになるというわけです。

ⓓ 9-1 **筋道立った論証**

解答例1は、まず**図3**のようなデータが出てきた理由を考察し、住まいの形態とエネルギー効率の間に関連性があることを認めます。

> 戸建て住宅と集合住宅では構造が大きく異なる。一軒ずつが独立した戸建てと比べて集合住宅は一般に床面積が小さく、また上下左右を隣接の居室に囲まれているため周辺の熱が伝わりやすいので、暖房消費量は少なくて済む。集合住宅が戸建て住宅に比べてCO_2の排出量が少ないのはそのためである。

その上で、**住まいの形態の違いはエネルギー効率の違いだけに還元されるものではないこと、また住まうことの選択肢はエネルギー効率によってのみ決定されるべきではないという考え**を展開しています。

> ・しかし両者の違いはエネルギー消費量の違いにのみ帰せられるものではない。たとえば集合住宅では大規模修繕や老朽化した建物の建て替えには巨額の費用がかかる、修繕や建て替えの手続きに関して住民の総意を得られず思うように事が運ばないなど、集合住宅もまた固有の問題を抱えている。
> ・そもそも住まいとは人間の私生活の拠点であり、人間は消費のためだけに住居を構えているわけではない。住まい方は人間の生と同様に個人の意向や家族構成などを反映した多様なものであってよい。
> ←
> 人間の住まいと環境の関係も人間の生と健康の関係と同様、どちらか一方が他方に従属するものではない。**（結論）**

解答例2は、「消費者の立場から食料自給率の向上に結びつけるための方策」を課題とし（1段落）、その前提として「消費者の行動が食料自給率の低下を招いている理由」を掘り下げました（2・3段落）。そしてその理由が二点あり、段落を分けて記述しています。

> ・第一は、消費者が国内産を選ばないという選択の問題である。
> ・第二に、消費をせずに廃棄する、いわゆる食品ロスの問題も見逃すことはできない。

そして、**「消費者の数は生産者や企業と比べ圧倒的に多い」ことを根拠に、消費者の行動が食料自給率の向上に寄与する可能性が十分にあること**を確認しまとめています。

> 各人の日常的な意識変革と行動の改善は自給率の向上を十分に促すと考える。

問一 添削例

ⓑカーボンフットプリントとは、我々が気候変動へもたらす影響を把握しようとする考え方である。これによって輸入品を含めた国内消費がもたらす気候変動への影響を明らかにすることができる。ⓐ図２によれば、家庭の温室効果ガス排出量は、国全体の約六割にのぼる。ⓒ家庭における消費が環境問題に大きな影響を与えていることが可視化される。（156字）

「我々」だけでは、あなたのクラスの人・日本人・人類を指すのか不明瞭です。何を指すのかをわかるようにしましょう。

評価基準を踏まえた添削コメント

ⓐ図１と図２を比較した上で分析している

×図２にしか言及しておらず、図１・２の比較がなされていません。

ⓑカーボンフットプリントの概念を端的に説明できている

△「気候変動へもたらす影響を把握しようとする」点は説明されていますが、生産ベースの考え方と異なり、消費ベースで考えるというカーボンフットプリントの特徴に言及できていません。

ⓒカーボンフットプリントの意義を具体的に説明できている

○家庭の消費が環境に大きな負荷を与えている事実を可視化できるという意義を説明できています。

改善例（※マーカー部分が主に改善した点である）

ⓑカーボンフットプリントとは、国内で消費される製品やサービスのライフサイクルが気候変動へ与える影響を把握する考え方であり、これによって輸入品を含めた国内消費がもたらす気候変動への影響が明らかになる。ⓐ図１・２によれば生産ベースで考えると全体の二割程度と把握されていた家計関連の温室効果ガスの排出量が、消費ベースでは六割以上を占めることから、消費ベースで見ると消費者が環境に大きな負荷を与えていることが読み取れる。これによりⓒ各家庭における消費が環境問題に大きな影響を与えていることが可視化される。（245字）

読者に呼びかけるタイプの表現は、新書や新聞記事では読者に興味をもたせるため用いられることもありますが、客観的な論証を求める小論文では避けましょう。

問二 添削例1

1 ⓐ課題で示された図3を見てみよう。集合住宅における世帯当たりのCO_2排出量は、戸建ての五十六％程度にとどまることがわかる。戸建てに住んでいる世帯人数が平均して多いため、よりエネルギー使用が必要になるという側面も考慮する必要があるが、人が集まって住むために相互に保温・保冷効果が期待できたり、床面積が戸建てと比較して少ない傾向にあったりすることによる、冷暖房や照明等に関するエネルギー使用量抑制効果は無視できないだろう。

2 ⓑまた図2を見てほしい。カーボンフットプリントから見た家庭の温室効果ガス排出量が国内全体の六割を超え、日本の家庭のエネルギー使用が気候変動に大きく影響していることがわかる。ⓓ日本人の生活を変えることができれば、環境問題への貢献になるはずだ。

3 慣れた住居や生活形態を捨てることに多くの人が抵抗を抱くかもしれないが、慣れた生活を続けるということは、これまでと同様の温室効果ガスを排出し続けるということに等しい。ⓒ実際に私たちの生活を変えるには長い時間が必要になるだろうが、だからこそ、少しずつはじめていくことが重要になるだろう。

（466字）

評価基準を踏まえた添削コメント

ⓐ図3または図4の主題を端的に示している

○図3で示される、戸建てと集合住宅の環境に与える負荷の比較について述べることはできています。

ⓑ「カーボンフットプリント」との関連において論じている

○図2を踏まえ「カーボンフットプリント」の考えから、家庭のエネルギー消費が気候変動に影響していることを指摘できています。

ⓒ「私たちの生活のあり方」についての考えを適切に書いている

×私たちの生活を変えるべき、という主張が一応は示されています。しかし、何をどのように変えるべきかという具体的な説明が欠けているため、あなたのアイディアがどのようなものなのか、読む側が把握することが困難です。1段落で集合住宅を評価していることを考えると、戸建て住宅よりも集合住宅に住むことを推奨しているのでしょうか。読む側に察することを求めず、あなたの考えをはっきりと書きましょう。

ⓓ筋道立った論証をしている

△図2と図3のデータを根拠に日本人の生活を変えることで環境問題解決に貢献できる、という結論を導いています。ただし、どのような生活を変えるかが不明瞭であり、住環境に関する生活とわかるようにしましょう。

改善例（※マーカー部分を中心に書き直している）

1 ⓒ環境問題を考える上では、人間の生活圏を縮小し、集合住宅を中心にしたコンパクトシティ化を実現することが望ましいと考える。

2 ⓐ図3を見ると、集合住宅における世帯当たりのCO_2排出量は、戸建ての五十六％程度にとどまることがわかる。戸建てに住んでいる世帯人数は就業住宅に比べ平均して多いため、よりエネルギー使用が必要になるという側面も考慮する必要があるが、人が集まって住むために相互に保温・保冷効果が期待できたり、床面積が戸建てと比較して少ない傾向にあったりすることによる、冷暖房や照明等に関するエネルギー使用量抑制効果は無視できないだろう。

3 ⓑ図2からは、カーボンフットプリントから見た家庭の温室効果ガス排出量が国内全体の六割を超え、日本の家庭のエネルギー使用が気候変動に大きく影響していることがわかる。ⓒそこで市街地や居住地を郊外に拡大させず集積するコンパクトシティ化を進めれば、電気・ガス・灯油のようなエネルギー消費が抑制されるだけでなく、交通や流通によるガソリン等の使用量削減も期待できる。

4 ⓓ日本人の生活を集合住宅中心に替えることが、環境問題への貢献になるはずだ。慣れた住居や生活形態を捨てることに多くの人が抵抗を抱くかもしれないが、慣れた生活を続けるということは、これまでと同様の温室効果ガスを排出し続けるということに等しい。ⓒ実現には長い時間が必要になるだろうが、だからこそ早く着手することが必要だと考える。（599字）

問二 添削例２

1 ⓑ環境省によると、国内消費ベースで見る家庭での温室効果ガスの排出量は国内全体の六割を超える。加えて、ⓐ図４によれば、総合食料自給率は低下傾向にあり、二〇一八年の供給熱量ベースで三十七％となっている。ⓑ日本は、温室効果ガス排出を伴う食料の生産の大部分を海外に頼っているということだ。私が買い物をするときは、輸入された商品を買うこともあるが、当然国内産のものを買う場合もある。おそらく日本人のほとんどがそうであるだろう。しかし、ともかくこのようなデータがある以上、ⓓ1国内の生産に限って排出量削減に努めても、地球規模の環境問題の解決は難しいだろう。ⓒ日本に求められるのは、まず、排出されてしまった温室効果ガスを別の場所で吸収・分解する方法を開発することである。

2 温室効果ガスを別の場所で削減・吸収しようとするアイディアはカーボン・オフセット（カーボン・ニュートラル）と呼ばれ、環境省や農林水産省が主導し推奨している。これを実現する方法としてこれまでに挙げられているのは、森林の管理・育成、再生可能エネルギー利用、省エネルギー機器の導入等である。ⓓ2確かにこれら一つ一つには意義があるが、現状、温室効果ガス削減目標は達成できていない。温室効果ガス削減・吸収方法の抜本的な見直しが必要である。（534字）

課題に対する自分の考えを示す上で必要な情報以外は書かないこと。輸入品も国内産の物も両方買うことは、今回の論証に必要ではありません。

評価基準を踏まえた添削コメント

ⓐ図３または図４の主題を端的に示している
〇図４について、食料自給率の低さについて言及することができています。

ⓑ「カーボンフットプリント」との関連において論じている
△カーボンフットプリントによる図２のデータに触れることはできていますが、図２から読み取ったということを示しましょう。また、このデータと図４の関連があいまいです。データの説明で終わらず、図２と課題文・図４とを考慮した上でどのようなことを指摘できるか考えましょう。

ⓒ「私たちの生活のあり方」についての考えを適切に書いている
×「私たちの生活」と課題にあるため、自分自身を含めた「私たちの生活」について考えを述べることが必要

です。しかし、ここで示されているのは、温室効果ガスの吸収・削減方法の開発を行うべき、という科学技術での解決策です。そうではなくⓓ1を踏まえて、私たちの「衣食住」とくに「食」をどのように工夫すれば、温室効果ガスの排出削減につながるかを考えましょう。

ⓓ筋道立った論証をしている

× 国内生産においてCO_2削減に取り組んでも、国外に頼っている生産分の問題が残るという点という点は説明できています（ⓓ1）。しかし、現状削減目標が達成できていないから抜本的な見直しが必要（ⓓ2）というのは、今回の課題文や図から読み取れません。まず、温室効果ガス削減目標値は二〇三〇年度の達成を前提に算出されたものであることを踏まえる必要があります。

改善例（※マーカー部分を中心に書き直している）

1 ⓑ図2から環境省によると、国内消費ベースで見る家庭での温室効果ガスの排出量は国内全体の六割を超える。加えてⓐ図4によれば、総合食料自給率は低下傾向にあり、二〇一八年の供給熱量ベースで三十七％となっている。日本は、温室効果ガス排出を伴う食料の生産の大部分を海外に頼り、ⓑかつ、それによって日本の家庭が気候変動に大きな影響を与えているということだ。ⓓ1国内の生産に限って排出量削減に努めても、地球規模の環境問題の解決は難しいだろう。ⓒ私たちの生活に求められるのは、まず、排出された温室効果ガスを別の場所で吸収・分解しようとする取り組みに貢献しながら生活する意識である。

2 ⓓ2具体的な方法としては、環境省や農林水産省がカーボン・オフセットという考え方ですでに推奨している、森林の管理・育成、再生可能エネルギー利用、省エネルギー機器の導入等が挙げられる。確かに個人でこれらの実行は困難だ。だが、カーボン・オフセットされた商品の優先購入、これらの活動を行う企業や団体、NPO等への寄付、カーボン・オフセットを可能にする機器の導入の際に費用を補助する自治体の取り組みの利用などで、温室効果ガスの地球規模での削減に貢献することは可能なはずだ。

3 ⓒこのように環境問題を、個人では関与できないものと考えず、個々の人間の消費活動が大きく影響している問題としてとらえ、生活の中で問題の原因を解決していこうとする意識を育む必要があると考える。（598字）

※問題は本体P231

解答例

問A 例 外国語学部英語学科

1 ⓐ私は、英語による異文化でのコミュニケーションに存在するさまざまな障壁について学び、互いの文化の差異を尊重した対話の方法を探りたいと考えている。そのため、異文化コミュニケーションや英語圏の社会や文化について専門的に学べる貴学で、異文化コミュニケーションを円滑に行うための英語の修辞法や文化について専門家から本格的に学びたいというのが、貴学を志望する理由である。

2 ⓑグローバル化が進む現在の社会において、母語や歴史的・文化的背景が異なる人々の間でのコミュニケーションの多くは英語で行われている。そこでは誤解や衝突が日常的に起こっていると言える。他言語を英語に翻訳しようとしても、表現の背景にある習慣や作法、宗教や文学の影響などが理解されなければ、意思の疎通は困難になる。私自身も、異なる文化圏の人間と英会話を試みると、冗談のつもりの言葉やささいな相づちすら伝わらず、困惑することも多い。しかし、その障壁を乗り越えれば、多様な文化や歴史、それを背景にした個々人の考え方の違いを知り、自身の価値観を相対化する好機を得ることができる。

3 以上から、ⓒ異文化間での英語による対話の中で生じる問題について学問的に学び、そしてそのような問題を回避しつつも、それぞれの背景を尊重し理解し合うコミュニケーションのあり方を探るための手段として、異文化コミュニケーションや英語圏の社会や文化を学問として学ぶことに意義があると考える。（599字）

評価基準

ⓐ**志望理由を、学校の特徴とともに明示している**
→自身の学びたい内容を述べており、その内容を学校の特徴と結びつけて説明している
ⓑ**大学や研究を志望する理由について、具体的な説明がある**
→自身が体験したことについて、志望理由を踏まえた考えを説明している
ⓒ**○○を学ぶ意義を示している**
→大学で学問として学ぶ意義、必要性を説明している

問B 例 理工学部情報工学科

1 ⓐ私はデータサイエンスによって大量のデータを分析・解析し、それらのデータを私たちの暮らしに利用したい。とくに興味があるのは、貴学が力を入れている文系科目におけるデータサイエンスの応用で、中でも、教育の分野への活用に関心をもっている。

2 ⓑ私がかつて読んだ書籍では、教育法や指導法は先人の経験や印象によって構築されたものが多く、科学的根拠は十分でないとしていた。これは、実際の現場を対象に環境や条件をそろえて実験を行うことや道徳的に問題のある対照実験を行うことがほぼ不可能であるためである。しかし、すでにある個別のデータを集積して解析することで、ある程度統計データを取得することは可能だと考える。教育の現場では、過重労働、いじめ、不登校など多くの問題が指摘されて久しいが、道徳的問題を考慮すると、一方のグループにのみ効果が見込める方法を試し、他方には試さない実験は批判されるだろう。しかし、すでにあるデータを分析すれば、道徳的に問題のある実験を新たに行うことなく、科学的に適切な方法を発見できる可能性がある。もちろん先人の経験や印象は軽視すべきではないが、それと並行して客観的な傾向を探ることができれば、現状を解決する糸口を複数見つけられる可能性がある。

3 データサイエンスの手法を用いることによって、これまで踏み込みきれなかった分野でも科学的客観的根拠のある結論を導けるという点に、強い魅力を感じている。（596字）

評価基準

ⓐ志望大学でどのような研究を行いたいかを明示し、またそれを行いたい理由を、学校の特徴とともに明示している

↓志望する研究内容を、学校の特徴と結びつけて説明している

ⓑなぜそのように考えるのか、具体的な説明がある

↓自身がどのような研究を行いたいか、あるいはどのような成果を出したいかなどを、具体的に示している

問C　例　看護学部

1 ⓐ看護師になりたい理由は、病や怪我を経験した人が、自立して元の生活に戻っていくまでを目標とした援助を行いたいと考えるからである。

2 ⓑ私は、以前自分自身の怪我による受診を通して、縫合などの処置を受けても、患者が生活に大きな不都合を抱えることを知った。病や怪我の経験は、仕事や家事を含むそれ以降の生活において大きな支障となる。さらに患者自身には、治療が済んでからも痛みや疲労、不安が残り、自分で生活の環境を整えることが難しい場合も多い。そのような事実を自身の体験を通して知り、私は、医療や福祉に従事するさまざまな専門職や、患者の生活を支援できる制度やサービスに患者を接続し、患者が自信をもって元の生活に戻れるような支援を計画することのできる看護師という仕事の重要性を痛感した。

3 ⓒ貴学は専門職連携教育に力を入れ、他大学の医療福祉系学部や地域の病院と協同で学習や実習が可能

であるため、貴学でなら、患者の多様な不安やニーズに多角的に応えられる看護師を目指して実践的に学べると考えている。また、患者やその周囲の人間から、生活に戻るまでに生じる苦労や不安を聞きだすことのできるヒアリング力を身につける必要性を感じており、コミュニケーションスキル評価尺度を使用して学生のコミュニケーション力を育成し支援する取り組みにも強い魅力を感じている。以上が、私が貴学を志望する理由である。（577字）

評価基準

ⓐ医療に従事する職業のうち、何を志すのか、また、それを志す理由を示している
↓その職業に感じている魅力や可能性を説明している

ⓑなぜⓐのように述べるのかを、具体的に説明している
↓自身の体験を踏まえて、医療従事者を志す理由を説明している

ⓒ志望する学校に進学したい理由を、学校の特徴とともに明示している
↓志望する理由を、学校の特徴と結びつけて説明している

設問解説

問A 設問からの指定はないので、ⓐからⓒの要素は書きやすい順で書いてよいでしょう。

ⓐ 6-1 **志望理由を学校の特徴とつなげる**

学校の志望理由（＝あなたがもつ希望や感じている魅力）を示す場合は、志望先のどの点に対してその希望や魅力を感じているのかを合わせて示しましょう。

解答例では、1段落で次のように示しています。

理由
異文化間での英語によるコミュニケーションに存在するさまざまな障壁について学びたい
＋また、
互いの文化の差異を尊重した対話の可能性を探りたい
↓
志望先に魅力を感じるポイント
異文化コミュニケーションや英語圏の社会や文化についての研究コースがある
↓異文化コミュニケーションや英語圏の社会や文化について学ぶことで希望がかなえられる

何らかのポイントに魅力を感じて志望先を決める場合は、そのポイントによって自分にどのような利点があるかを自分の思いとすり合わせつつ考え、

理由
○○をしたいから／○○ができるから…等
志望先の魅力
△△という特徴をもつ××を志望する

という形にまとめると考えやすいでしょう。

実際のところ魅力を感じるポイントがない、という場合もあるかもしれません。その場合は、自分があらかじめ具体化して掘り下げておいた進学・就職先に対してもっている希望をかなえるために必要なものをピックアップし、それらをかなえたり助けになったりする要素が志望先にないか、志望先の情報を探ってみるとよいでしょう。

○○をしたい
↓
これをかなえるためには何が必要？
↓
○○の知識＋△△の力＋□□の経験…
↓××でこれを身につけられる！
＝**志望先の魅力**

ⓑ 6-3 あなたが考える根拠を説明する

あなたが○○をしたい、にあたる内容（↓a）を述べた理由を説明します。ⓐに社会的意義があるから、といった説明でも、個人的体験をきっかけに○○の重要性に気づいた、という説明でも構いません。

ただし、社会的意義から説明しようとする際は、なぜ他

ならぬあなたがそれに携わりたいのかもあわせて説明することが必要です。「社会的な必要性が高いから」だけでは、あなたがそれを選択した理由がわからないからです。また、個人的体験から説明する場合も、とくに大学での志望動機の場合、学問的意義としての一般性に欠けると判断される可能性も考えましょう。体験談に終始せず、あなたがその体験からどのような一般的問題を発見したのか、客観的視点からも説明を行いたいところです。

そこで行ってほしいのが、事実や体験のみを示さず、あなたがその事実・体験を、進学や就職を希望する今、どのように考えるのか、あなたの評価をまとめとして示すことです。たとえば、**解答例**では、次のように示しています。

> **事実＋体験**
> 異文化間でのコミュニケーションには、文化的・歴史的・宗教的背景などの影響で誤解や衝突が生じやすい。自分自身も困難を感じている。
>
> ↓
>
> **考えること**
> しかし、問題を乗り越えれば、互いに異なる背景をもった個々人の考え方の違いを知り、自身の考え方を相対化するチャンスが得られる。

この形を意識することで、自分と直接関わらないことのみを述べていたり、個人的な体験のみを述べていたり、といった事態を避けやすくなります。

C 6-4 大学で学ぶ意義を示す

大学の志望動機を書く際に注意したいのは、単に「知識を得たい」「資格を取りたい」で終わらず、なぜ大学という研究機関で学びたいのかを説明する必要があることです。今回の場合、英会話教室や英語学習アプリの利用という大学でなくても学べる内容ではなく、**大学で学問として英語を学ぶ意義、必要性を説明する必要があります。解答例**では次のように示しています。

> 衝突を回避しつつ互いの差異を尊重し理解し合うようなコミュニケーションをするための手段として、異文化コミュニケーションや英語圏の社会や文化を学問として学ぶ意義がある。

大学では、自分の興味をもつ分野に関してどのような研究が行われているのか、大学の広報資料を見たり、興味のある分野に携わる教授の著書や論文を探したりするなどして、ある程度の知識をもっておくとよいでしょう。

問B　設問からの指定はないので、ⓐ・ⓑの要素は書きやすい順で書いてよいでしょう。

ⓐ 6-5 あなたが志す研究を行いたい理由を説明する

あなたが携わりたい研究について、それを行いたい理由を問われているので、自分がどのような研究をなぜ行いたいのか述べましょう。研究とは、一般に、何らかの事実を明らかにしたり、ある程度一般性のある何らかの問題を解決したりすることを目的とします。したがって、今回の問題で、たとえばデータサイエンスを用いた研究を志望するのであれば、あなたがデータサイエンスを用いて、**どのような事実を明らかにしたいのか、あるいはどのような問題を解決したいのかを考える**とよいでしょう。

解答例では以下のように示されています。

> 誰かの印象や経験によって方針が決まることの多かった分野について、科学的に再度検討を行いたい。
>
> ←**たとえば?**
>
> 実験・検証の不可能性や道徳的問題を回避しながら、教育問題解決の糸口を探る。

ここで示す内容が抽象的であったり一般論で終わってしまったりすると、あなたの希望が採点者に伝わりません。ここで示す希望は、基本的には大学での教育を受ける前の人間が書くものですので、稚拙だとみなされることを極端に恐れる必要はありません。また、ここで示す希望が大学進学以降変化しても構いません。恐れずに具体化して説明しましょう。

自分の行いたい研究を考える際は、前もって自分の進みたい分野や携わりたい研究に関する書籍や論文にいくつか目を通しておくと、どのような研究が可能なのかイメージしやすくなるでしょう。

ⓑ 6-3 なぜⓐで述べたような研究を行いたいのか説明する

体験や知識をもとに、ⓐの根拠を説明します。詳しくは**問A**の**解説ⓑ**を参照してください。**解答例**では次のように示しています。

> **事実**　実験・検証の不可能性や道徳的問題から、教育の分野では指導法や教育法の科学的根拠が不足していると指摘されている。
>
> →**これに対して**
>
> **考えること**　データサイエンスの手法を用いることによって、これまで踏み込みきれなかった分野でも科学的客観的根拠のある結論を導ける。

問C 設問からの指定はないので、ⓐからⓒの要素は書きやすい順で書いてよいでしょう。

ⓐ 6-2 あなたがその職業を志望する理由を示す

職業の志望理由を問われた際は、その職業の社会的意義ではなく、なぜあなたがその職業に就きたいのかを説明することが求められていると意識してください。「○○という職業は△△という点で社会的に必要だから」といった解答のみを示しても、他にも社会的必要性の高い職業はあるのに、なぜ○○なのか、という疑問が残ってしまいます。**「××をしたいから」「□□に魅力を感じるから」といった表現を意識するとよい**でしょう。

もう一点注意が必要なのは、**その理由が他の職業にも当てはまるものになっていないかということ**です。今回の問題の場合は、「人の役に立ちたい」「命に携わる仕事がしたい」「人の命を救いたい」といった解答が多くなると予想されますが、**人やその命に関係する仕事は医療職すべてに当てはまるために、なぜ医療職からあなたの志望する職業を選んだのかの説明には不十分です**。また、〈人の命に関わる〉ことだけを考えれば、そもそも医療従事者に限らずさまざまな仕事がこの条件に当てはまると考えられます。

そこであなたが具体的にどういった意味でそのような志望動機を抱いているのか、さらに自分の中で掘り下げた上で文章化しましょう。**解答例**では、看護師を志す志望動機として次のように示しています。

> 病や怪我を経験した人が、自立して元の生活に戻っていくまでを目標とした援助を行いたいと考えるからである。

ⓑ 6-3 なぜⓐのように述べるのか具体的に説明する

体験や知識をもとに、ⓐの根拠を説明します。詳しくは**問A**の**解説**ⓑを参照してください。**解答例**では次のように示されています。

> **体験** 怪我を経験し、処置を受けても、生活には大きな不都合を抱えることを知った。
>
> ↓
>
> **考えること** 他の医療従事者や患者の生活を支援できる制度やサービスと、患者を接続する看護師の役割は重要である。

ⓒ 6-1 学校志望理由を、学校の特徴とともに示す

ⓐ・ⓑの内容と関わる学校の特徴を挙げ、それがどのような点であなたの利益になるのかを説明します。詳しくは**問A**の**解説**ⓐを参照しましょう。

問A 添削例

法学部

この例は個人のミスや言動についての誹謗中傷であり、あなたが注目する法解釈を含んだ書き込みとは直接関係がありません。省きましょう。

1 ⓒ私は、法や司法の存在意義について過去の論考を知り、また自分自身でも考えていくために、法学を専攻することを希望している。

2 ⓑインターネット上、とくにSNSや掲示板といった個人の意見が集約される場が一般的になることによって、多数の人間が個人を攻撃する場面が増えたという指摘が、新聞やテレビなどでなされている。私自身も、著名な国会議員が漢字の読み間違いやレストランで頼んだメニューの値段などから、SNS上でたたかれているのを目にしたことがある。プロバイダー責任制限法の改正なども行われ、インターネット上での誹謗中傷を防止する動きもあるが、私が気になるのは、「表現の自由」や「基本的人権」をはじめ、さまざまな法への個人的解釈が書き込みの中に散見されることだ。

3 ⓐそのため、法律専門職養成コースや応用法学コースとは別に、法学研究に特化した学習・研究を行えるコースを学部に設ける貴学で、法学についての知識や考察を深めたいと考える。貴学法学部が、講義後や研究室で有志の学生同士の議論を推奨すると公言していることについても、学生同士でも法学についての学びを深められる可能性を感じ、強い魅力を感じている。貴学で、法の存在意義について学び、またそれの今後の変化について考えていきたい。（528字）

「気になる」はやや主観的でカジュアルすぎる表現です。「不安視する」「危惧する」「注目する」などとしましょう。

評価基準を踏まえた添削コメント

ⓐ**志望理由を、学校の特徴とともに明示している**

○志望する大学の特徴を踏まえながら、自身が学びたいこととの関連を示すことができています。

ⓑ**大学や研究を志望する理由について、具体的な説明がある**

△事実を用いて具体的に説明しようとする意識はありますが、この例とあなたが学びたいこととの関連が明確ではありません。〈インターネット上での他者を攻撃するコメントの根拠に、法に対する誤解釈が用いられ

ている→そのことに恐怖を感じる〉という内容が、法や司法の存在意義について学び、考察したい、という志望理由にどうつながるのか、もう少し丁寧な説明をしましょう。

ⓒ○○を学ぶ意義が示している

× 示そうとしている内容は、推測できないわけではありませんが、採点者の推測に委ねるような書き方をしてはなりません。「私が考える○○を学ぶ意義とは……」のように、はっきりと示しましょう。

改善例（※マーカー部分を中心に書き直している）

1 ⓒ私が考える法学を学ぶ意義とは、単に現行の法を網羅的に知るだけでなく、法や司法の存在意義について過去の論考を知り、また自分自身でも考えていけることである。

2 ⓑSNSや掲示板のようなインターネット上の個人の意見が集約される場が一般的になることによって、多数の人間が個人を攻撃する場面が増えたという指摘が、新聞やテレビなどでなされている。法の改正等でインターネット上での誹謗中傷を抑制する動きもあるが、私が注目するのは「表現の自由」や「基本的人権」をはじめ、さまざまな法への個人的解釈がその攻撃的な書き込みの中に散見されることだ。解釈の多様性の範囲を逸脱した誰かのコメントを根拠に、公然と私刑が行われている現状に対し、私は強い恐怖を感じる。私は、法の存在意義が現在どのように認識されているのか、また、これまでどのように論じられ、これからその意義はどう変化するのかについて考察する必要性があると考える。

3 ⓐそのため、法律専門職養成コースや応用法学コースとは別に、法学研究に特化した学習・研究を行えるコースを学部に設ける貴学で、法学についての知識や考察を深めたいと考える。貴学法学部が、講義後や研究室で有志の学生同士の議論を推奨すると公言していることについても、学生同士でも法学についての学びを深められる可能性を感じ、強い魅力を感じている。貴学で法の存在意義について学び、またその今後の変化について考えていきたい。（598字）

何からの情報（引用）であるのかは、伏せずにできるだけ明確にしましょう。

問B　添削例

環境学部

1 ⓐ私は現在、地球環境保全や社会的文化的活動の持続の一環としての廃棄物や不用品利用に関する研究の中でも、とくに食物を生産する際の廃棄物や不要物利用について関心をもっており、その方法について研究を行いたいと考えている。貴学であれば、さまざまな方法での廃棄物利用の方法を考えることができると考えている。

2 ⓑ私が現在考えているのは、私の生まれ育ったこの県で盛んなワインの醸造過程において数千トンの単位で生まれるブドウの搾りかすを再利用する方法についてだ。すでに菓子やパンに加工する。ブランデーをさらに醸造するという方法がとられているが、これによって生産した商品は流通が少ないため、搾りかす利用に関する課題が残るという。食品という枠組みの中で利用を考えるだけでなく、別ジャンルの材料としてもみなし、また、経営の視点からも廃棄物利用の流通を考えることができれば、この県の文化と経済を支える一助になれるのではないかと考えている。

3 ⓐ貴学の環境学部で、この県の地域文化、地域経済について考えていきたい。（438字）

句点（。）の使用が適切ではありません。「菓子やパンに加工する～という方法がとられている」で一まとまりの意味を示すため、句点で区切らないようにします。

評価基準を踏まえた添削コメント

ⓐ志望大学でどのような研究を行いたいかを明示し、またそれを行いたい理由が、学校の特徴とともに明示している

×どのような研究を行いたいのかについては明示されています。しかし、志望する大学や学部の特徴が明示されておらず、「貴学であれば、さまざまな方法での廃棄物利用の方法を考えることができる」とあなたが述べる理由が読み取れません。その大学、学部のどのような点からそのように判断したのか、具体的な特徴を挙げて示しましょう。

ⓑなぜそのように考えるのか、具体的な説明がある

○あなたが志望する研究をなぜ行いたいかについて、〈地元のワイン事業の廃棄物利用法を考えたい〉→〈地域の文化、経済に関わる問題を解決したい〉という内容で具体的に説明することができています。

改善例（※マーカー部分を中心に書き直している）

1 ⓐ私は現在、地球環境保全や社会的文化的活動の持続の一環としての廃棄物や不用品利用に関する研究の中でも、とくに食物を生産する際の廃棄物や不要物利用について関心をもっており、その方法について研究を行うことを希望している。貴学には、経営学科、食物工学科の他、バイオ燃料についての研究を行う生命工学科を含んだ環境学部があり、貴学であれば、さまざまな方法での廃棄物利用の方法を考えることができると考えている。

2 ⓑ私が現在思案しているのは、私の生まれ育ったこの県で盛んなワインの醸造過程において数千トンの単位で生まれるブドウの搾りかすを再利用する方法についてだ。すでに菓子やパンに加工したり、ブランデーをさらに醸造したりという方法がとられているが、これによって生産した商品は流通が少ないため、搾りかす利用に関する課題が残ると県の新聞で報じられていた。食品という枠組みの中で利用を考えるだけでなく、別ジャンルの材料としてもみなし、また、経営の視点からも廃棄物利用の流通を考えることができれば、この県の文化と経済を支える一助になれるのではないかと考えている。

3 ⓐ貴学の環境学部で、経営学、食物工学、生命工学などを体系的に学び、また、貴学と連携する地元自治体や多くの地元企業と連携し、この県の地域文化、地域経済の発展に貢献していきたい。（554字）

問C　添削例　医学部

豊かな人生、というものをどう考えるかは人によって異なります。個人の思いや考えを、公然の事実のように扱ってはいけません。

1 ⓐ私は医師として、人の心に寄り添い、患者の豊かな人生の実現を応援したい。

2 ⓑ私は、十年前に震災のあった地域に現在暮らしている。友人たちの中には、今も精神的な問題を抱えている人が多い。悩みがなければ、人生は豊かになる。よって、私は彼らのような人を救うため、病んだ心に寄り添い、悩みを解決できる医師になりたいと考えている。

3 貴学を志望したのは、私のかかりつけ医だった小児科の医師が、貴学の出身だったからである。その医師は、私の身体を診るだけでなく、心も診てくれる医師だった。先生のような医師になるために医学部を受験したいと打ち明けた際も、貴学の特色を教えてくれ、受験を後押ししてくれた。

4 ⓒその医師に聞いた話の中でもとくに魅力を感じたのは、貴学では災害医療についての講義を学部のうちから履修できるということだ。被災地にいたので、災害医療の重要性は理解できているつもりだ。災害医療の講義を担当する教授の本を読んだが、そこでは被災地支援の経験からこころのケアのアプローチにおける課題が指摘されており、これが実現すれば、私の悩んでいる友人も救えるかもしれないと考えた。ぜひ貴学で学び、医師として患者の悩みに寄り添った医療を実現したい。(506字)

理解できているということが、あなたの志望理由とどう関連するのかわかりません。全体の論旨に無関係な内容は、論の一貫性や説得力を失わせるので注意しましょう。

評価基準を踏まえた添削コメント

ⓐあなたが医療に従事する職業のうち、何を志すのか、また、それを志す理由を示している

× 「人の心に寄り添い、患者の豊かな人生の実現を応援したい」と志望理由を示そうとはしていますが、〈心に寄り添う〉〈豊かな人生を応援する〉というのがどういった行動を指すのか具体性がなく、理由が判然としません。たとえば〈寄り添う〉であれば、これは文字通り〈そばにいる〉という意味ではないはずです。どのような行動を指すのか、あなたのイメージを客観的に理解できるように説明しましょう。

ⓑなぜⓐのように述べるのかを、具体的に説明している

×具体例を挙げ、説明しようという姿勢はわかります。しかし、被災した友人の話は「精神的な問題」がどのような問題なのか、お世話になった医師の話は「身体を診るだけでなく、心も診てくれる」というのがどういうことなのかなど、抽象的な表現で読み手に伝わらず、それによってどのような医師になりたいのか、なぜ医師になりたいのかを把握するのが困難になっています。さらにⓐとの関連も把握できませんので、具体的に関連がわかるように説明しましょう。

ⓒ志望する学校に進学したい理由を、学校の特徴とともに明示している

○〈教授の書籍を読み、教授の挙げる課題が自分の医師としての理想像につながる〉と説明できています。ⓐ、ⓑの要素との関連が明示され、内容が整理されれば、なお要点が明確になるでしょう。

改善例（※マーカー部分を中心に書き直している）

1 ⓐ私は医師として、自分が生きることに強い違和感や罪悪感を覚える人を一人でも多く医療につなげ、自分が生きていることを肯定できるよう治療を行いたいと考え、貴学への進学を希望する。

2 ⓑ私は、十年前に震災のあった地域に現在暮らしている。私たちは互いにただ励まし合って生きてきたが、被災経験のある友人の多くは、今でも自分が生き残ったことに対して受け入れがたさを感じている。友人の一人がかかりつけ医の薦めによって心療内科に通うようになったと聞き、そのような気持ちが医学的治療によって解消しうることを知った。

3 自分の命に違和感をもちながら、それを治療できるものだと知らずにいる人は私たちに限らないだろう。その人たちに対し、ただ話を聴き励ますといった方法を超えて、適切な診断と必要な治療を届けることが必要だと私は考える。そのために、まず自分自身が医師として精神的・身体的異常への治療を行えるようにしたい。また、治療が必要な人がその自覚をもてるよう、たとえば急性期を過ぎた被災地などへのアプローチの方法について学び、必要な人へ必要な医療を届けたい。

4 ⓒ貴学で災害医療の講義を担当される教授の被災地支援の経験をもとに、こころのケアのアプローチにおける課題を指摘する本を読み感銘を受けた。ぜひ貴学で医学を学び、患者がアクセスしやすいこころのケアを実現するための方法を考えていきたい。（574字）

学習チェックシート

［学習後にチェックをして、問題の合計点と小計・自己評価を記録します。小計・自己評価には各章の参照項目を掲載していますので間違えた場合など、該当の項目を振り返りましょう。このページをコピーなどして繰り返し使うと効果的です。］

章	チェック	節項目	合計点	小計
第１章 学習法編	□	第１節　小論文学習をはじめる前に――小論文学習のイメージをつかむ		
	□	第２節　学習モデルを最適化する――自己分析フローチャート		
	□	第３節　小論文の学習フロー――小論文学習を分類する		
	□	第４節　添削の活用法――答案をアップデートする		
	□	第５節　小論文の必須スキル――スキル学習のポイントを知る		
	□	第６節　よくある小論文Q＆A――陥りがちな誤りを知る		
第２章 表現スキル編	□	第１節　読む①　「問い」を読み取る――書くことを整理する 短文演習「ＳＮＳの功罪」に関する学習ノート	合計　点	問一 1-2　点 問二 1-2　点 問三 1-1　点
	□	第２節　読む②　「課題文」を読む――「読み」と「要約」のポイント 短文演習　朝日新聞「ケアを担う子　家族任せにせず支援を」	合計　点	問一 2-2　点 問二 2-3　点
	□	第３節　読む③　「データ」を読む――数値を言語化する 短文演習　厚生労働省「平成二十九年　国民健康・栄養調査結果の概要」 スポーツ庁「幼児期の外遊びと小学生の運動習慣・体力との関係」	合計　点	問一 3-2　点 問二 3-3　点
	□	第４節　考える①　「何」を考える――「事実」と「意見」を区別する 短文演習　日本財団「第三十回十八歳意識調査『テーマ　読む・書くについて』要約版」	合計　点	問一 4-2　点 問二 4-3　点
	□	第５節　考える②　論理的に考える――論拠をもって組み立てる 短文演習　川添愛「【コント】ミスリーディング・セミナー」	合計　点	問一 5-4　点
	□	第６節　考える③　相手の立場で考える――説得する方法 短文演習　高校生の「食品ロス」に関する相談文	合計　点	問一 6-2　点 問二 6-3　点

章		節・課題								
第2章 表現スキル編	□	第7節 考える④ 考え方のヒント——「違い」「具体と抽象」の活用 短文演習「コンビニエンスストアの工夫」に関する文章	合計 点	問一 7-2 点	問二 7-3 点					
	□	第8節 書く① 書くことの準備——原稿用紙の正しい使い方 短文演習 森いづみ「塾 豊かな社会における格差問題とは」	合計 点	問一 8-2 点	問二 8-1 点					
	□	第9節 書く② 小論文の構成——「序論・本論・結論」の書き方 短文演習「演劇やコンサートなどの公演をライブ配信で見ることの是非」の構成メモ	合計 点	問一 9-1 点	問二 9-2 点					
	□	第10節 書く③ 書く際の注意点——論理・表現面から検討する 短文演習「高齢ドライバーの運転免許の返納」に関する生徒の小論文	合計 点	問一 10-2 点	問二 10-1 点	問三 10-1 点				
	□	第11節 書く④ 書くプロセス——「下書き・推敲・清書」の役割を知る 短文演習「多様性についてどう考えるか」という生徒の小論文	合計 点	問一 11-3 点	問二 11-2 点	問三 11-5 点				
	□	第12節 知識と教養——調べて書くことの意義とルール 短文演習 松尾芭蕉『おくのほそ道』	合計 点	問一 12-2 点	問二 12-2 点	問三 12-3 点				
第3章 問題演習編	□	第1節 テーマ型小論文演習——課題の分析・考察・マッピング法 問題「評価することの意義」に関するテーマ課題【人文系】	ⓐ 問一 1-1	ⓑ 問一 1-3	ⓒ 問一 6-2	ⓓ 問一 9-1				
	□	第2節 課題文型小論文演習——読解・課題発見・引用 問題 落合陽一『日本進化論』【医療・福祉系】	ⓐ 問一 2-1	ⓑ 問一 2-2	ⓒ 問一 5-1					
	□	第3節 データ型小論文演習——統計データ・図表の読解・引用 問題 内閣府「我が国と諸外国の若者の意識に関する調査」【教育系】	ⓐ 問一 3-2	ⓑ 問一 3-2	ⓒ 問一 3-2	ⓓ 問一 3-2	ⓐ 問二 3-3	ⓑ 問二 3-4	ⓒ 問二 10-1	
	□	第4節 要約＋課題文型小論文演習——要約の書き方・整理・敷衍 問題 渡辺裕『感性文化論〈終わり〉と〈はじまり〉の戦後昭和史』【社会系】	ⓐ 問一 4-1	ⓑ 問一 4-2	ⓐ 問二 4-3	ⓑ 問二 4-3	ⓒ 問二 9-2	ⓓ 問二 9-1		
	□	第5節 データ＋課題文型小論文演習——テクストと情報・リンク 問題 環境省『環境・循環型社会・生物多様性白書』【自然科学系】	ⓐ 問一 5-2	ⓑ 問一 2-2	ⓒ 問一 3-2	ⓐ 問二 3-3	ⓑ 問二 5-3	ⓒ 問二 7-3	ⓓ 問二 9-1	
	□	第6節 志望理由書演習——自身の考え・具体性・他者の理解 問題 文系、理系、医療・看護系に関する志望理由書【文系、理系、医療・看護系】	ⓐ 問A 6-1	ⓑ 問A 6-3	ⓒ 問A 6-4	ⓐ 問B 6-5	ⓑ 問B 6-3	ⓐ 問C 6-2	ⓑ 問C 6-3	ⓒ 問C 6-1

学習項目一覧

※本冊のページ数を掲載しています。学習内容の振り返りに活用しましょう。

第1章 学習法編

Z-KAI